우송 김태길 선생의 삶과 사상

이명현 외 지음

우송 김태길 선생의 삶과 사상

이명현 외 지음

철학과현실사

1975년경 황경식 교수(맨 왼쪽)가 육군사관학교 교수요원으로 있을 때
함께한 우송 김태길 선생(오른쪽에서 2번째)

가운데 꽃을 들고 있는 우송 김태길 선생
하와이로 가기 전 공항에서 제자들로부터 배웅을 받는 모습이다.

1962년 가을 서오릉, 서울대 문리대 철학과 야유회에서
독창을 하시는 우송 김태길 선생

1962년 가을 서오릉, 서울대 문리대 철학과 야유회에서 우송 김태길 선생이
합창을 지휘하고 있다. 사진 오른쪽부터 김상기, 박홍규, 최재희 교수

우송 김태길 선생과 김영진 교수

1979년 8월 하순 경북 울진의 어느 시장에서
대철학자 소크라테스도 시장에 자주 들렀다고 한다.

1988년 3월 5일 철학문화연구소 개원 기념 세미나에서
연설하는 우송 김태길 선생

『철학과 현실』 운영위원들
사진 왼쪽부터 김광수, 손봉호, 이삼열, 길희성, 이태수, 이명현,
황경식 교수, 우송 김태길 선생, 엄정식 교수

1992년 러시아아카데미 초청 한·러 철학자대회에 참석하여
사진 왼쪽부터 우송 김태길 선생, 엄정식, 이명현, 김영진 교수

1992년 러시아 철학계 대표인 렉토르스키와 함께한
우송 김태길 선생(오른쪽에서 2번째)과 차인석 교수(맨 오른쪽)

우송 김태길 선생과 김광수 교수

2008년 철학문화연구소에서
우송 김태길 선생과 김재권 교수

2006년 당진에 있는 은곡철학당 개관식에 참석한
우송 김태길 선생(왼쪽에서 5번째)

2008년 만해대상 학술상 수상 기념 대담 중
우송 김태길 선생과 엄정식 서강대 명예교수

2007년 프레스센터에서 열린 성숙한 사회 가꾸기 모임 세미나
사진 왼쪽부터 김경동 교수, 우송 김태길 선생, 손봉호, 이한구 교수

2009년 1월 철학문화연구소에서 연구소의 향후 운영에 관해 논의하며
우송 김태길 선생과 이한구 교수

2008년 11월 일본 아라시야마에서
우송 김태길 선생과 고봉진 이사

2005년 10월 29일
분당 샛별마을 동성코트에서
우송 김태길 선생과
김광수 교수

2005년 9월 29일 한국휴머니스트회 창립 45주년 기념식에 참석한
우송 김태길 선생(앞줄 왼쪽에서 6번째)

2007년 11월 제3회 성숙 사회 이슈 토론장에서
우송 김태길 선생과 박이문 교수

2005년 2월 4일 세종문화회관에서 있었던 성숙한 사회 퍼포먼스
수능 부정과 교사의 답안지 대리작성 등에 대해 지식인으로서 사죄하는 모습
우송 김태길 선생과 손봉호 교수

성숙한 사회 가꾸기 모임 대표들이 광복절을 맞아 성명을 발표하고 있다.
사진 왼쪽부터 박이문, 김용준, 엄정식 교수, 우송 김태길 선생,
이호왕 학술원 회장

우송 김태길 선생의 묘역에서
사진 왼쪽부터 박건우, 최혜성, 이한구, 이삼열, 엄정식, 고봉진,
이명현, 서숭덕, 강지원

책머리에

이 책은 원래 우송 김태길 선생님의 구순을 기념하기 위해서 준비했던 것이다. 우송 선생님께서 갑자기 타계하시는 바람에 선생님의 일주기를 기념하는 책이 되고 말았다.

이 책의 필자들은 우송 선생님의 제자이거나 오랜 세월 동안 우송 선생님과 깊은 우정을 나누면서 교류해 온 분들이다. 모든 분들의 글 속에 우송 선생님의 인품과 사상이 녹아 있다.

1부 '우송을 만나다'에 실린 글들은 여러 분들이 우송 선생님과 개인적인 친분을 나누면서 체험한 이야기들이다. 대다수가 기록으로 남겨둘 만한 가치 있는 이야기들이다. 2부 '우송의 사상을 논하다'에 실린 글들은 우송의 철학 사상을 학술적으로 논의한 것이다. 논문의 수는 많지 않지만 모든 글들이 여러 측면에서 우송의 철학 사상을 명료하게 조명하고 있다. 3부 '우송을 기리다'는 우송 선생님께서 타계하신 후 제자들이 우송의 인품을 회고하며 쓴 글들이다.

이 책은 우송 선생님과의 개인적 교류에 관한 이야기를 넘어 한 시대의 이면을 보여주는 기록이기도 하다. 이 책을 통해 우송 선생님의 고고한 인품과, 시대가 제기한 문제를 고뇌하며 그 해결을 모색했던 우송 선생님의 사상이 길이 계승되기를 희망한다.

2010년 5월 20일
우송 선생님의 일주기를 맞아
집필자를 대표하여
이 명 현

차 례

책머리에 … 5

■■■■■■■ 우송을 만나다

우송 선생의 삶 속에 스며들어 있는 나의 삶 _ 이명현 … 11
우송 선생님과 음악 _ 고봉진 … 23
우송 선생님과 맺은 30여 년의 인연 _ 김경동 … 31
아버지 _ 김도식 … 37
심경 선생과의 세 번의 만남 _ 박영식 … 55
김태길 선생과의 인연 _ 박이문 … 62
다시 무심 선생 _ 서숭덕 … 66
자승자박 윤리운동 _ 손봉호 … 72
우송과 함께한 반세기 _ 송상용 … 77
그립고 생생한 감은의 정 _ 송영배 … 82
휴머니스트회 활동과 김태길 교수님을 회고하며 _ 신영무 … 87
제자 _ 엄정식 … 92
수요일의 산책 _ 오병남 … 94
댓잎 위에 내리는 빗소리처럼 _ 우애령 … 100
보람의 윤리를 체현한 우송 김태길 선생님을 추모하며 _ 이영호 … 104
군자의 삼변 _ 정명환 … 112
김태길 교수와의 대담 _ 엄정식 … 118

우송의 사상을 논하다

윤리적 이상사회에의 꿈 _ 김광수 … 145
우송 김태길 선생의 메타윤리학과 규범윤리학 _ 김영진 … 181
자아실현의 윤리학 _ 엄정식 … 200
우송의 사회철학: 한국 최초의 공동체 자유주의자 _ 이한구 … 230
해석적 담론으로서의 수필철학 _ 정대현 … 250
김태길 선생님의 생애와 사상 _ 황경식 … 273

우송을 기리다

'작은 나' 벗어난 '큰 나'의 가르침 한줄기 빛으로 _ 이명현 … 297
[조시(弔詩): 우송 김태길 선생님 가시는 길에] 길 _ 김광수 … 299
그리운 우송 선생님 _ 이정화 … 301
김태길 선생님 영전에 _ 이한구 … 307
학은 가고 솔만 남아! _ 황경식 … 312
아버지 영전에 드리는 편지 _ 김도식 … 314

우송을 만나다

우송 선생의 삶 속에 스며들어 있는 나의 삶

이명현
서울대 명예교수/전 교육부장관

　내가 김태길 선생님을 처음 대면한 것은 근세철학사 강의를 수강하면서부터다. 당시 김태길 선생님은 연세대학교 철학과 교수로 계시면서 서울대학교 문리과대학 철학과에서 외래 교수로 출강하셨다. 그전에는 서울대 사범대에 교수로 봉직하시던 김계숙 교수가 철학과 외래 교수로 전담하던 강의였는데, 그분이 정년으로 퇴임하셔서 김태길 선생님이 맡게 되신 강좌였다.
　김태길 선생님의 근세철학사 강의 시간에 내가 자주 질문을 하는 바람에 강의가 끝난 다음에도 철학적 물음에 대한 대화가 이어지는 때가 많았다. 이것은 1962년 내가 대학 3학년 때 일이었던 것으로 기억되는데, 1년이 지나서 김태길 선생님은 연세대를 떠나 박종홍 선생님의 뒤를 이어 서울대 철학과로 교수직을 옮겼다. 나는 선생님의 헤어(R. M. Hare)의 도덕언어(*Language of Morals*) 강독, 현대 메타윤리학 등의 강의를 수강하면서 그 당시 문리과대학의 여타 강의에서 흔히 느끼지 못했던 명료한 강의에 크게 매료되었다. 그리고 박종홍 선생 회갑을 계기로 그 당시 젊은 철학교수들이었던 서울대 철학과 초기 졸업생들이 주축이 되어 기존 한국철학회와 별도로 철학연구회라는 명칭을 단 새로운 학회를 창립하였다. 김태길, 이석희, 윤명로, 천옥환, 최명관, 한전숙, 조가경, 조요한, 안상진 같은 분들이 그 주축이었다. 그때 철학연구회가 발행하기 시작한 『철학연구』 제1호에 김태길 선생님께서 나의 비트겐슈타인의 Tractatus에 관한 학사학위 논문을 「Tractatus의 중심사상」이라는 제목을 붙여 실어주셨다. 그때 나는 공군장교로 입대하여 공군사관학교 철학교관으로 근무 중이던 때였다. 학사 논문을 새로 시작한 학술지 제1호에 실어준다는 것은 김태길 선생님께서 비록 나의 논문지도 교수는 아니셨지만, 나에 대한 특별한 배려와 관심임에 틀림없었다.

이때 즈음해서 따님 셋을 낳으시고 아들의 탄생을 고대하시던 사모님께서 고추와 숯을 줄에 매어 방문 앞에 매달아 놓는 경사가 있었다. 그 고추와 숯을 보며 선생님의 혜화동 한옥을 드나들며 나의 인생 상담을 선생님께 받곤 했다.

나는 대학 졸업 무렵, 대학 졸업과 함께 철학 공부를 그만두고 경제학을 공부하면 그 당시 한국이 처한 가난의 비참으로부터 벗어나는 데 좀 기여할 수 있지 않을까 생각하고 있었다. 그래서 김태길 선생님 댁을 방문해서 나의 그런 계획의 타당성에 대해 선생님의 고견을 구했다.

"자네가 하고 싶은 것은 경제의 실무세계에 종사해서 돈을 벌자는 것이 아닌 것 같은데, 그렇다면 그런 경국(經國)의 문제에 관심이 있는 것이라면 철학을 공부하면서도 함께 탐구할 수 있는 영역이라고 나는 생각하네. 그러니 굳이 철학이라는 학문과 이별할 것까지는 없는 것 같네." 김태길 선생님의 자상한 충고의 말씀이었다. 그렇게 해서 철학과의 인연, 그리고 김태길 선생님과의 인연은 끊이지 않고 오늘까지 이어지게 된 것 같다.

그 당시 나 같은 촌놈의 눈에 비친 김태길 선생님은 '테니스를 칠 줄 아는 신사'였다. 그때 테니스는 극히 소수의 신사들 사이에서만 향유되는 예외적인 스포츠였다. 훤칠한 키에 문리대 테니스장이나 의대 테니스장 근처를 활보하시는 선생님의 모습은 촌놈의 수준을 못 벗어난 그 당시 학생들에겐 참으로 멋있는 신사로 보였다. 그러나 개인적으로 선생님께 다가서면 그렇게 즐거운 분은 아니었다. 근엄하시고 과묵하신 편이어서 농담 같은 것은 할 이유도 없고, 너구나 당시 학생들이 즐겨 먹던 막걸리를 함께 마신다든지, 혹은 가난한 학생들의 단골집이던 중국집에서 자장면을 같이 먹는 것 같은 일은 김태길 선생님 주변에서 일어날 수 있는 일에서 제외되어 있었다.

김태길 선생님께서는 수필집을 출간하실 때마다 한 권씩 나에게 주셨다. 맑고 정갈한 문체에다 세상사의 앞뒷면을 읽어내는 독특한 눈과 지혜가 독자인 나를 무척 매료시키곤 했다.

내가 4년 반 동안의 공군장교 의무연한을 복무한 후, 미국 브라운 대학에서 박사를 마치고 돌아와서 몇 년이 지나지 않았을 때, 선생님은 이름도 독특한 책을 출간하셨다. 『흐르지 않는 세월』이 그것이다. 보통 수필 하면 몇 페이지를 넘기지 않는 글인데, 이 책은 한 권 전체가 하나의 줄거리로 이어져 있으니 보통 수필과도 다를 뿐 아니라 스승과 제자의 대화로 엮여져 있어서 일견 논픽션 같기도 하지만, 논픽션이라고 볼 수 없는 기나긴 수필이라고 할까. 흐르지 않는 세월이 어디 있으랴마는 김 선생님 자신의 젊은 시절과 장년 시절이 마주하여 대화를 나누게 함으로써 시간을 정지시켜 놓은 듯한 상황을 설정한 기묘한 글쓰기라 할 수 있다. 나는 철학개론 시간에 이 책을 학생들에게 읽히곤 했는데 철학적 사고를 유발시키는 데 꽤 성공적이었다. 이 책은 김 선생님의 장녀 지련에게 바치는 것으로 되어 있는데, 비명에 세상을 떠난 딸의 원혼을 달래고 싶은 마음에서 쓴 것으로 보인다.

김태길 선생님의 생애에는 두 가지 커다란 마음의 상처가 있다. 그 하나는 거제도 전쟁포로수용소 생활이요, 다른 하나는 비명에 목숨을 잃은 큰따님에 대한 연민과 고통이다. 6·25 때 의용군으로 끌려 나갔다 도망쳐 나와 남한군의 포로가 되어 거제도 포로수용소에서 수감생활을 하다가 이승만 대통령이 선포한 반공포로 석방조치 때 탈출했던 고난의 체험은 그의 젊은 삶을 사로잡았던 마음의 상처가 되었다. 선생님의 차분한 표정 뒤에는 이런 그의 생애의 비극적 체험이 드리우는 어두운 그림자가 놓여 있었던 것 같다.

김태길 선생님께서 한국철학회 회장으로 일하셨을 때 주목할 만한 두 가지 일을 수행했다. 그 하나는 한국철학회 안에 여러 연구 분과 학회를 둠과 동시에 종전의 회장, 부회장, 그리고 평이사들과 간사 정도를 둔 단순 조직으로부터 총무이사, 연구이사, 편입이사 등 분야별 책임 상임이사제를 도입하는 대대적 정관 개정을 단행했다. 그 다른 하나는 한국철학사 간행 사업을 추진하신 일이다. 이렇게 출간된 한국철학사는 삼성문화상을 수상하기도 했다. 이때 나에게는 선생님을 도와드릴 수 있는 기회가 주어졌다.

선생님은 서울대학교에 봉직하는 동안 대학원 학생과장과 문리과대학 문학부장을 맡으신 것 말고는 교수의 고유 업무인 가르치는 일과 연구하는 일에만 몰두하셨다. 그러다가 유신 말기에 이르러 정신문화연구원 창립에 관여하게 되었다. 이와 관련하여 밖에 별로 알려지지 않은 내막을 내가 이 글에 적어 놓는 것이 정신문화연구원과 관련된 김태길 선생님의 처신에 대한 항간의 오해를 해소하는 데 도움이 될 것이다.

어느 날 나에게 김태길 선생님으로부터 전화가 왔다. 사당동 예술인 마을에 있는 선생님 댁으로 오라는 말씀이었다. 댁을 찾아갔다.

청와대에서 한 수석비서관이 오라고 해서 갔다가 이런 요지의 말을 듣고 돌아왔다는 것이었다. 대통령 명령으로 그동안 우리나라의 저명한 학자 50인을 놓고 여러모로 검토한 결과 김태길 교수가 가장 적합한 인물이라고 대통령이 낙점했다는 것이다. 맡길 일은 과거 왕정시대의 집현전과 같은 기구를 만들어서 대통령 국정운영에 좋은 제안과 자문을 한다는 것이었다. 김태길 선생님은 이런 말씀을 나에게 전하면서 그동안 청와대가 중심이 되어 만들어놓은 기획안이라고 하여 받아놓은 서류를 나에게 보여주셨다. 나는 그 서류를 대충 훑어보았다. 그러고 나서 나는 김 선생님께 자문만 해주고 그 일을 맡지 않는 것이 좋을 것 같다는 나의 의견을 말씀드렸다. 처음부터 무조건 하지 않겠다고 거절하는 것보다 우회적인 방법으로 물러서는 것도 괜찮을 것 같다고 하시면서 나의 의견에 반응을 보이셨다.

그러면서 테헤란로 국기원 근처에 있는 정신문화원 건설본부가 있는 곳에 동행하자고 하여 거기서 보낸 검은색 승용차를 타고 갔다. 거기서 건설본부장과 그의 차석으로 있는 두 사람을 만났다. 본부장은 예비역 장군이었고 차석은 현역 준장이었다. 거기서 초안이라고 하여 건네받은 기획안을 보며, 창설하려는 연구원의 설립목적, 조직 구성과 충원할 학자들의 명단 등에 관해 김태길 선생님과 내가 두 장군들과 대체 토론을 했다. 반나절씩 모두 3일 동안에 이런 일들을 대충 끝냈다. 그러고 나서 나는 더 이상 도와줄 수 없음을 장군들에게 분명히 했다. 김태길 선생님은 거기서 그냥 손을 털 수 없으니, 자신은 분위기를 봐가며 자문하는 수준에서 일을 해준 다음 그 기관의 장의 책임을 맡는 것은 피하겠다는 뜻을 나에게 내비쳤다. 밖으로 이 새로운 기관의 설립이 알려지면서 '새마을 대학원' 냄새가 나는 새 기관이 설립될 것이라는 소문이 지식인들 사이에 떠돌았다.

김태길 선생님은 그 후 약 1년 동안 준비작업을 이상주 선생의 보좌를 받으면서 수행했다. 애당초부터 나는 정신문화원이라는 명칭 자체가 적합하지 않으므로 한국학연구원으로 못을 박고 일을 준비하는 것이 좋겠다는 견해를 김태길 선생님에게 말씀드렸다. 처음에는 건설본부의 장군들은 명칭을 포함한 모든 기획안 만드는 일을 선생님께서 마음대로 하시라고 하였으나, 1년의 준비기간이 지나자 정신문화원이라는 명칭은 이미 대통령의 결재가 난 사안이니 이제 와서 바꿀 수 없다는 강경한 입장을 내세웠다. 그러자 김태길 선생님은 1년 동안 마음대로 하라고 하고 나서 정작 개원에 즈음하여 본색을 드러내자 마음의 결심을 굳히기 시작했다. 점잖게 손을 떼는 방법은 건강상 이유를 대는 것이라 생각하고 혼자 몰래 단식을 시작했다. 그러자 점점 체중이 줄어들면서 다른 사람들의 눈에 보기에도 병색이 나타나기 시작했다. 그래서 건강상 이유를 말하며 더 이상 일을 수행할 수 없다고 말하여 간신히 연구원으로부터 빠져나왔다. 내가 이 사실을 이렇게 자세하게 아는 것은, 하루는 김태길 선생님이 서울대학교 나의 연구실로 조용히 찾아와서 모든 것을 털어놓고 말씀을 해주셨기 때문이다. 호랑이 굴에 끌려가서도 정신만 바짝 차리면 살아나온다는 말이 그냥 듣기 좋은 말만이 아니라는 것을 김태길 선생님은 역사의 현장에서 체험하셨던 것 같다.

정년퇴임 후 김태길 선생님은 들어가기 싫은 호랑이 굴속이 아니라 거닐고 싶은 푸른 초원과 같이 그가 즐기셨던 두 가지 일을 맡으셨다. KBS 이사장과 대한민국학술원 회장이 바로 그것이다. YS 정부 시절 교육개혁위원회 위원장직을 당시 대통령이 위촉하려 했으나 KBS 이사장 일에 충실하는 것이 본분에 맞는 일이라고 하며 고사하였다. 선생님의 사람됨의 단면이 여기에서도 드러나는 것 같다. 이것저것 가리지 않고 덤비며 날뛰는 사람들과 너무나 대조가 된다.

선생님께서 정식으로 심경문화재단을 설립하신 것이 1992년 5월 7일이니 벌써 18년째가 되었다. 그에 앞서 1987년 10월에 철학문화연구소 간판을 달고 1988년과 1989년에 걸쳐 『철학과 현실』을 무크지로 3권을 낸 후, 1990년 봄부터 『철학과 현실』을 계간지로 발간하기 시작했다. 선생님께서 2009년 5월에 세상을 떠나셨으니 계간 『철학과 현실』을 19년 동안 발행하신 셈이다. 우송 선생님께서 철학문화연구소를 열게 된 것은 정년퇴직 후 연구실을 하나 마련하기 위해서 1억 원을 주고 사당동에 사놓은 땅이 밑천이 되었다. 그 1억 원은 『인간회복 서장』이라는 저술로 인해 삼성문화상 상금으로 받은 백만 원을 가지고 이천에 과수원 만 평을 20여 년 경영하여 얻은 돈이다. 과수원 경영은 본인이 직접 한 것이 아니라, 형님의 아들들, 조카들에게 위탁하여 이루어졌다. 그 사당동 땅을 팔아 현재 심경문화재단 소유로 되어 있는 서초동 1656-4번지의 땅을 황경식 교수 내외와 합작으로 매입하여 오늘의 심경문화재단의 재정적 토대가 마련된 것이다.

선생님께서는 선친(先親)께서 일제강점기에 독립운동의 죄과로 10년 동안 옥살이를 하시고 1920년 출옥하여 낳은 둘째 아들이다. 외할아버지 댁에서 자라서 외할아버지의 재정적 지원으로 일본 제3고등학교와 동경대학 법학부에서 수학했다. 선생님께서 법학부에 들어간 것은 우리가 일본의 식민지 통치에서 벗어나는 날 나라를 위해 일하고자 하는 깊은 뜻이 있었다고 한다.

입학 후 1년도 채 공부하지 못했을 때 고향에 돌아와 이장을 하면서 군복무를 대신하고 있다가 해방을 맞이했다. 해방 후 혼란스러운 정국(政局)을 보면서 정치에 환멸을 느낀 나머지 철학을 공부하여 청년들의 윤리운동을 진작시키는 것이 나라 발전에 이바지하는 길이라고 믿고 당시 서울대학교 문리과대학 철학과에 편입하여 서울대학교

1회 졸업생이 되었다. 대학원에서 석사학위를 얻은 후 이화여자대학교, 수도여자의과대학교, 건국대학교 등에서 교편을 잡다가 미국 정부의 스미스 플랜(Smith Plan)으로 미국 볼티모어에 있는 존스홉킨스 대학 철학과에서 현대 메타윤리학을 전공하여 2년 반 만에 박사학위를 받았다. 미국에 유학 중에 부친의 도움으로 장만했던 혜화동 한옥이 사기꾼의 농간으로 타인의 소유가 되어 버려 식구들이 길거리에 나앉아야 하는 어려운 고초를 당하기도 했다.

귀국 후 연세대학교 철학과로 초빙을 받고 철학자로 새로운 출발을 하게 되었다. 얼마 안 되어 서울대학교 철학과 교수로 재직하던 박종홍 교수가 서울대 대학원장으로 옮김에 따라 철학과 전임교수 자리가 공석이 되어 박종홍 교수의 후임으로 서울대학교 철학과 교수가 되었다. 당시에 서울대 대학원장의 자리는 보직인 동시에 대학원 교수의 TO로 채워져 있었다. 대학원엔 원장 한 사람의 전임교수가 있었던 셈이다. 대학원 제도가 당시의 교육법에 제대로 자리매김이 안 되어 있었던 시절의 일이다. 한국의 교육법에서 대학원 제도가 자리매김을 하게 된 것은, 이른바 '5·31 교육개혁' 이후 새로 제정된 고등교육법으로 가능하게 되었다.

사람들은 잘살기를 원한다. 먹을 것, 입을 것이 풍족하고 좋은 집이 있다면 사람들은 잘살게 되었다고 생각한다. 우리가 동경해 마지 않는 선진국, 그것은 바로 이런 것들이 풍족한 나라라고 사람들은 생각한다. 과연 그럴까? 우송 김태길 선생님은 그것만 가지고서는 인간이 잘살 수 없다고 생각한다. 그런 물질적 여건 이외에 윤리적 가치가 제대로 잡혀 있는 세상이 사람이 사람답게 살 수 있는 세상이라고 우송은 믿는다.

'성숙한 사회 가꾸기 모임'은 윤리학자 김태길 선생님이 노년에 접어들어 심혈을 기울여 노력한 시민운동이다. 민주화와 산업화를 단시일 안에 성취한 나라라고 스스로 자랑스럽게 내세우는 한국이지만, 아직도 한국은 도덕적으로 미성숙한 사회다. 도덕적, 법률적 규범들이 즐비하게 있긴 하지만, 그것을 지키기보다 안 지키는 것을 능사로 삼는 사회, 반칙(反則)이 일상화되어 있는 반칙 사회가 오늘 한국의 부끄러운 모습이다.

우송 김태길 선생님은 윤리를 강의실에 가두어 두어서는 안 된다고 믿었다. 길거리에서 윤리가 살아 숨 쉬는 세상을 만드는 것이 이 시대의 매우 중요한 과제라고 그는 믿었다. 그런 믿음으로 우송 선생은 한국 사회의 여러 어른들과 교수님들, 그리고 주위의 제자들을 모아 '성숙한 사회 가꾸기 모임'을 창립하고, 성숙의 불씨를 이 땅에 파종하는 일에 그가 숨을 거두는 날까지 열과 성을 다 바쳤다.

인간 김태길을 보고 흔히 사람들은 근엄한 윤리학자, 올곧은 선비, 맑고 투명한 글을 쓰는 글쟁이, 테니스를 즐기는 건강한 신사, 오늘의 책임 있는 어른, 이런 유의 언어를 내뱉기 십상이다. 그래나 어딘가 사람 냄새는 덜 나는 사람 정도로 인식하기 쉽다. 인간 김태길도 사람 냄새 나는 사람이라는 것을 보여주는 그의 언행들 가운데 두 가지 사례만 들어보겠다.

인간 김태길이 동경대학 법학부에 다니고 있던 때였던 것 같다. 집안 어른들로부터 장가를 들라고 요구를 받았던 모양이다. 당시 영등포에 사시는 큰형님 댁에 머물고 있었는데, 전차를 여러 번 갈아타고 혜화동에 와서 하차했다. 그렇게 도시락을 싸들고 하루의 사업을 시작했다. 길가에서 오가는 사람들을 주의 깊게 응시하고 있었다. 물론 나이가 든 사람들과 남자는 응시의 대상이 아니었다. 그의 시야를 거치고 사라진 젊은 아가씨들이 꽤나 되었다. 그러다 용케도 청년의 눈을 사로잡는 미녀가 청년 앞을 총총히 걸어갔다. 되었다 싶어 일정한 거리를 두고 아가씨의 발자취를 따라 행선지를 확인해 두었다. 어느 골목 몇째 집 대문 안으로 사라진 그 미녀의 모습을 눈에 각인시켜 놓았다.

그러고 나서 한참 후에 그 골목길에 들어섰다. 그리고 그 미녀가 들어간 그 집의 대문 앞에 버티고 섰다. "여봐라, 주인 계시냐고 여쭤라." 이렇게 고함을 지르자 안에서 발자국 소리가 들리더니 "어디서 오셨느냐고 여쭤라."라는 소리가 들렸다. "호구조사 나왔다고 여쭤라."라고 능청을 떨었다. 그러자 대문이 열렸다. 청년은 대문 안으로 들어갔다. "호구조사 나왔으니, 집에 있는 모든 식구들은 밖으로 나와서 일렬로 서시오."라고 천연스럽게 청년은 말했다. 그러자 그 미녀를 포함하여 집 안에 있는 모든 식구들이 일렬로 늘어서는 것이 아닌가. 이름, 생년월일 등을 물어본 후 호구조사가 끝났음을 알리고 대문 밖으로 나왔다. 이런 방식으로 '기상천외의 맞선'을 하루에도 몇 번을 보았다. 가지고 온 도시락을 길 한 모퉁이에서 먹어가며 말이다. 참으로 인간 김태길이 아니고서는 감히 생각조차 해볼 수 없는 기행(奇行)이 아닐 수 없다. 유감스럽게도 일생을 같이 모시고 사신 현재 사모님은 다른 출구를 통해서 맞아들인 분이라고 한다. '도시락 싸들고 미녀 찾기 3천 리'라고나 할까. 소설 속의 이야기가 아니라 이것은 인간 김태길의 다른 면을 보여주는 역사적 사실이다.

또 다른 이야기 하나.

근세철학사 강의실. 데카르트는 근세철학의 아버지로서 그의 철학적 사유행각을 '방법론적 회의'라고 그가 부른 철학적 방법에 따라 모든 것에 대해서 의문을 제기했다. 눈으로 볼 수 있는 모든 사물들과 사람들 그리고 수학의 공식과 계산들이 참이 아닐 수 있다고 데카르트는 주장했다. 이 대목에서 교수 김태길은 데카르트가 빼먹고 거론하지 않은 물음이 있을 수 있다고 주장한다.

"학생 여러분, 여러분 각자는 자기의 성씨(姓氏)가 확실하다는 것을 어떻게 알 수 있다고 봅니까?" 교수 김태길은 자기의 성(姓)인 김씨가 확실한지를 의심할 수 있다는 말이 된다. 인간 김태길이 아니고서는 의심하기 어려운 일이 아닐까? 인간 김태길다운 해학에 웃지 않을 사람이 몇이나 될까?

우송 선생과 나는 반세기 동안이나 한반도에서 함께 살아 숨 쉰 특이한 인연의 삶을 누렸다. 옷깃만 스쳐도 인연이라 하는데, 50년에 가까운 기나긴 시간과 한반도라는 공간의 엮임 속에서 생명의 호흡을 함께했다는 것을 어찌 우연이라 할 수 있으랴!

저 우주적 인연이 아니고서 무엇이겠는가? 우송 선생과 비슷한 삶의 시간이 나에게도 허락된다면 얼마나 다행이랴마는, 다른 것은 제쳐두고 우송 선생의 마지막 깔끔한 끝내기와 같은 아름다운 삶의 뒷모습은 우송 선생을 따르는 많은 후생(後生)들이 감히 부러워하는 삶의 멋진 장면이 아닐 수 없다.

그의 삶을 관통해 간 역사의 시간들은 예사로운 것이 아니었다. 그것은 한반도의 5천 년 역사 속에서도 굴곡이 너무나 많은 시간이었다. 우송 선생의 삶의 이야기들이 그런 굴곡의 현장을 우리에게 보여주고 있다.

제국주의 광풍이 동방의 한구석에 놓인 농경문명의 전통 사회에 휘몰아치는 가운데 동양의 전통과 서양의 전통이 격렬하게 맞부딪치는 혼란의 도가니가 우송 선생의 삶을 벌겋게 달아오르게 했다. 그의 삶의 세계는 그런 혼란의 미로(迷路)를 헤치고 나와 제정신으로 살아가려는 사고와 행동의 결연한 혈투의 현장이었다. 그의 삶의 세계에 일시적 방황은 있었으나, 종국에는 올바른 역사를 찾아가는 파우스트와 같은 모험의 기록을 그의 삶은 보여주고 있다. 그의 몸은 우리와 함께하지 않으나 그의 파우스트적 삶의 숨결소리는 우리들과 더불어 살아 숨 쉬고 있다. 무엇보다도 선생님께서 평생 추구해 마지않았던 '큰 자아'의 씨앗이 그의 삶의 궤적에 관한 이야기를 읽는 후생들의 마음 밭에 배태되어 세상을 밝게 할 것이라고 나는 믿는다.

우송 선생님과 음악

고봉진
민영통신사 '뉴시스' 상임고문/수필문우회 부회장

    1962년 10월 15일, 동숭동 문리대 교정에 있던 대학 본부 대강당에서 개교 기념행사의 하나로 김태길 선생님의 공개 특강이 있었다. 관례적으로 모든 강의가 휴강을 하는 날이라 평소 같으면 등교를 하지 않았을 텐데, 그날은 선생님의 특강을 듣기 위해 일부러 학교를 나갔다. 선생님은 그해 1학기에 연세대학교에서 서울대학교 문리대로 전임해 오셨는데 명강의를 하시는 분으로 벌써부터 학생들 간에 인기가 대단했다. 나도 1학기부터 선생님 강의를 두 과목씩 계속 수강하고 있었다. 그러나 선생님은 강의시간에 기념 특강에 대한 말씀을 전혀 하시지 않아 자칫하면 모르고 지나갈 뻔했는데, 운 좋게 기념일 전날 우연히 교정 게시판을 보고 알게 됐다. 내가 이 특강을 절대 놓쳐서는 안 된다고 생각한 것은 연제가 바로 '음악의 의미'였기 때문이었다.

    그때 나는 음악이란, 지적으로 천착을 해야 그 음악을 올바르게 이해할 수 있다는 생각에 사로잡혀 있었다. 그래서 나는 많은 음악을 듣고 그것에 관한 여러 가지 정보를 얻으려고 꾸준히 노력을 기울여 왔다. 재학 중 군에 입대를 해서도 휴일에는 외출을 해서 소위 '음악 감상실'이라는 곳에서 대부분의 시간을 보냈다. 요즘같이 어디에나 오디오가 널려 있어 쉽게 여러 가지 음악을 접하거나 또 음악에 관한 여러 가지 정보를 입수할 수 있는 시절이 아니었다. 그런데 해방 전 일본의 제3고를 거쳐 동경제국대학에 합격해서 수학하셨고 미국 존스홉킨스 대학에서 그곳의 새로운 학문인 '메타윤리학'으로 단기간에 박사학위를 취득하셔서 뛰어난 두뇌의 소지자로 알려진 김태길 선생님이 '음악의 의미'에 관하여 특강을 하신다니 그보다 더 기대가 가는 일이 달리 있을 수가 없었다.

개교 기념행사는 오후에 치러졌다. 늘 되풀이되는 의례적인 기념의식이 끝나자 바로 선생님의 특강이 이어졌는데 넓은 강당은 청강생들로 가득 차 문자 그대로 입추의 여지가 없을 정도였다. 나는 일찌감치 입장을 해 강단 가까운 자리를 잡은 탓으로 선생님의 강의를 분명하게 듣고 쉽게 노트까지 할 수 있었다.

그때 노트한 것을 지금까지 보관하고 있는데 그 내용은 대략 다음과 같다.

우리의 주위에 흔히 '음악에 의미가 있느냐 없느냐' 하는 쟁론이 오랫동안 되풀이되고 있다. 이와 같이 각기 상이한 주장을 하고 있는 사람들을 호스퍼스(J. Hospers 1918-)는 두 그룹으로 나누어 볼 수 있다고 했다.

첫째로는 순수주의자라고 할 그룹이 있는데 그들 주장의 요점은, 우리가 음악을 들을 때, 그 음악이 의미하는 바를 언어로서는 만족하게 표현해 낼 수가 없다. 음악이 나타내고 조성하는 감정을 우리가 일상생활에서 느끼는 희로애락의 감정으로 해석하려고 하는 것은 잘못이다. 무엇이 의미가 있다고 할 때는 언어로 표현될 수 있음을 말하는데, 음악은 그런 뜻으로는 의미를 지니고 있지 못한 것이다. 음악의 기능이나 사명은 어떤 의미를 표현하거나 감정을 환기하는 데 있지 않고 음악 자체적인 특질을 성공적으로 성취하는 데 있다. 순전히 음악적인 것, 그것 이외는 음악과 아무런 관계도 없다는 것이다.

둘째 그룹은 반(反) 순수주의자, 즉 음악이 인생 일반과 필연적으로 어떤 관련을 가지고 있다고 보는 연관론자의 주장이다. 음악은 우리의 실생활과 불가분의 관계를 맺고 있기 때문에, 우리가 위대한 음악과 접촉할 때는 인간의 위대한 정신과 접촉하는 것이다. 음악이 음악 자체의 특이한 성질을 지니고 있다고 그러한 면에만 주목을 해서 음악을 인생 일반과 아무런 관계가 없다고 단정하는 것은 잘못이다. 음악은 언어로 표현하는 것과 같은 의미를 지니지 못한다고 하지만, 우리가 사물을 언어로 표현할 때도 어떤 개별적인 사물에 대해서 특유한 성상(性狀)을 남김없이 다 표현할 수 있는 것은 아니다. 베르그송이 밝힌 바에 따르면 언어는 어떤 사물이 지닌 공통성에 대한 것만 기술 묘사할 뿐이다. 반면에 음악은 오히려 언어가 표현하기 어려운 세계를 취급하고 있다고 볼 수 있다. 따라서 인생 일반에 대한 두 표현 간의 차이는 정도의 차이에 지나지 않는다고 본다.

달리 말하면 순수주의자는 음악 그 자체에 인간의 생활 관념이 관여되는 것을 반대하고, 그것이 인생 일반과 유리되어 있기에 가치가 있는 것이라는 주장을 하고, 그 반대론자는 그것이 인생 일반과 유리되어 있지 않음으로써 가치가 있다고 주장하는 것이다.

그런데 이상의 대립된 양 견해를 음미해 보면 도대체 그들이 주장하고 있는 것이 음악에 대한 이상론인지, 또는 음악이 사실상 그렇게 존재한다는 사실론인지 분명하지 못하다. 그들의 음악관의 대립이 이상론이라면 주관이 개재되는 것은 불가피하다. 그렇다면 더 이상 시비를 가릴 여지가 없는 문제가 된다. 어느 쪽의 이상을 바람직하다고 생각하느냐 하는 각자의 기호에 의한 선택만이 남을 뿐이다.

그러나 여기에서 우리가 알고자 하는 것은 그러한 음악에 대한 이상관이 아니다. 우리가 목적하는 것은 음악의 현실에 대한 사실판단인 것이다. 그러면 음악의 현실은 어떠한가?

음악은 그것을 듣는 사람에게 그리고 그 음악과 관계를 맺고 있는 사람에게 어떠한 감각적 영향 즉 감정을 준다. 그러한 의미에서는 음악은 의미가 있는 것이다. 그러나 이러한 뜻으로 의미를 본다면 인간과 관계를 갖는 모든 사물들이 다 의미를 지녔다고 해야 할 것이다.

우리가 여기에서 알고자 하는 것은 그러한 뜻의 의미가 있느냐 없느냐 하는 것이 아니다. 음악이 구체적으로 어떤 의미를 묘사 표현하느냐 하는 것이 우리가 의도하는 물음일 것이다. 이때의 의미란 호스퍼스에 의하면 기호(symbol)다. 'X가 Y를 의미한다'고 하는 것은 'X는 Y의 기호이다'라는 것이 된다. 음악이 무엇을 의미한다고 할 때 그 음악이 바로 무엇의 기호라는 뜻이 되는 것이다. 이때의 기호가 어떠한 뜻의 혹은 어떠한 종류의 기호인가 하는 것을 규정하거나 한정해야 할 것이다. 호스퍼스는 기호에는 세 가지 종류가 있다고 했다. 즉 관례적인 기호(conventional symbol)와 반관례적인 기호(semi-conventional symbol), 그리고 자연적 기호(natural symbol)가 그것이다.

관례적 기호는 사회적, 역사적 약속으로 성립되는 기호로 대표적인 것은 언어다. 음악은 무엇을 묘사한다고 해도 어떤 확립된 관례적 기호로 묘사하는 것이 아니다. 따라서 이러한 뜻으로 볼 때 음악은 '의미'가 없는 것이 된다.

반관례적 기호는 '꽃말'과 같은 것이다. 진달래가 첫사랑을 의미한다고 할 때 그것은 어느 정도 관례적으로 형성된 것이나 약간의 제한이 따른다. 음악에는 국한된 의미에서 이러한 반관례적인 기호로서의 의미가 있다고 할 것이다. 바로크 음악에서는 하강음정으로 '밤과 어둠'을 표현하고 저음으로 '깊은 나락'을 의미하였으나, 모든 시대의 음악에서 같은 의미를 지니는 것은 아니다.

자연적 기호는 그것이 상징하는 것과 자연적 유사성을 가지며 모방관계를 갖는 경우의 기호다. 그 예로서 사진 지도 같은 것을 들 수 있다. 역시 음악에는 매우 한정된 범위 내에서만 이런 모방 재현에 의한 기호가 성립된다. 교회의 종소리, 뻐꾹새 울음소리 같은 것이 그러한 것이다.

우리는 음악에서 순수한 형식미만을 추구하는 절대음악과 그렇지 않은 표제음악이 있음을 알고 있다. 표제음악은 어떠한 아이디어를 음악을 통해 전달하려고 한다. 이러한 표제음악에서의 기도(企圖)는 실현 가능한 것일까?

표제음악에는 '음화(音畵)'와 '음시(音詩)'가 있어서 각각 어떤 상태를 그려내거나 어떤 느낌을 나타내려고 하고 있으며, 우선 그러한 묘사에 성공을 거두고 있는 것으로 간주되고 있다. 예를 들면 드뷔시의 『바다(La mer)』나 『구름(Nuages)』 같은 곡이 그렇다. 자연적 기호를 사용한 묘사가 아니기 때문에 아무런 예비지식이나 제목 같은 것에 대한 전제지식 없이 그 음악을 듣는다고 할 때 그것이 그리고 있는 것이 무엇이라는 것을 아는 사람은 드물다. 이와 같이 음악이 소리 이외의 것을 표현하려고 할 때는 의도한 바를 또렷이 그려낼 수 없다. 그럼에도 불구하고 음악에는 소리 이외의 것을 나타내려는 의도로 작곡된 것이 적지 않다. 무소르크스키가 작곡한 『전람회의 그림』의 경우처럼 어떤 음조로 결합된 음악으로 어떠한 연상작용을 일으켜, 어떤 장면이나 광경의 정서적 이미지, 인상을 느끼게 할 수가 있다. 이러한 작용을 호스퍼스는 제2차적인 수준의 자연적 기호의 효과라고 했다.

이상 살펴본 것으로 음악의 음조, 멜로디, 리듬과 그것이 표현하려는 대상 사이에는 어느 정도의 유사성과 공통점이 있다. 우리는 그것이 일으키는 연상의 덕분으로 작곡가가 의도한 이미지나 정서를 느낄 수 있게 된다. 따라서 우리가 표제음악 감상에서 얻는 것은 첫째, 음악 자체의 형식적 조화에서 오는 쾌감이고, 둘째로 그 음악이 나타내려는 의미의 포착이다.

여기에서 우리가 한 번 더 주의를 해보면 이 표제음악에 적용된 이론은 상대적 차이는 있으나 음악 일반에도 타당하다는 것을 알 수 있다. 음악의 의미는 작곡하는 순간 작곡자 한 사람에 의해서 결정지어지고 만들어지는 것이 아니라 그 음악의 이력을 통해, 즉 역사적, 사회적 영향에 의하여 점진적으로 형성된다. 이러한 의미 형성의 과정은 '신어조성(新語造成)'의 경우와 유사한 것이다.

이제 '음악에 의미가 있느냐?'라는 우리의 물음에 결론을 내려봐야겠다.

음악에는 그것의 고유한 특질, 즉 형식미가 있다. 이 특질이 음악에 있어서 가장 근본적인 것이다. 그러나 음악도 다른 예술과 같이 인생의 일부분이다. 따라서 음악가도 당연히 음악으로 어떤 의미를 표현하려고 할 것이다. 이러한 견지에서 볼 때 음악은 그 표현력이나 혹은 묘사력이 문학이나 조형미술과 같은 다른 예술에 비해 빈약하다. 그렇다고 아주 표현이 불가능한 것은 아니다. 음악도 어느 정도의 의사 전달은 그 음악의 작곡 동기나 이력, 해설 등 일종의 조건 형성을 추가함으로써 가능하다. 다시 말하면 음악 자체만으로는 표현할 수 없는 것을 음악의 특질에 다른 요소를 첨가함으로써 표현이 가능하게 되는 것이다. 따라서 한 음악에 대한 전통이 확립되면 될수록 그 음악의 표현력이 강화되며 풍부한 의미를 지니게 되는 것이다.

1964년 학부를 졸업하고 나는 바로 선생님이 하버드 대학 연경학사(燕京學舍) 지원 자금으로 착수하신 '고대 유가와 한국 대학생의 도덕관념 비교 연구' 프로젝트의 조수역을 맡았다. 1년 가까이 그 일을 하는 동안 선생님이 명륜동에서 혜화동으로 이사를 하시게 되었다. 도보로 5분도 채 걸리지 않는 바로 이웃이라, 짐을 옮기는 데 차량을 이용하지 않고 큰 짐은 짐수레로, 작은 짐은 사람 손으로 날랐다. 그때 나는 선생님의 이삿짐 중 내 생각으로는 가장 중요한 짐을 옮기는 역할을 담당했다. 즉 선생님이 미국 유학 중 구입해 오신 LP 레코드와 오디오 시스템을 새집으로 옮겨서 설치하는 일을 맡았던 것이다. 그때만 해도 두껍고 화려한 재킷에 들어 있는 레코드 원판은 시중에서 그리 쉽게 찾아볼 수 없는 귀중품이었다. 소중하기 이를 데 없는 그 판에 혹시 무리한 힘이 가해져 못쓰게 되는 일이 생길까, 대여섯 장씩 묶어서 양손에 나누어 들고 조심조심 날랐다.

이상과 같은 일이 계기가 되어 나는 음악의 의미를 끊임없이 천착하면서, 또 레코드를 모으고 오디오를 장만해 즐기는 가운데 나의 머릿속에는 언제나 본받고 따라야 할 분으로 선생님이 자리 잡고 계셨다.

그러나 훨씬 뒤에나 알게 된 일이지만, 뜻밖에도 선생님은 음악을 듣는 것을 그리 즐기신 편은 아니었다. 무엇이나 분명하고 명석한 것을 좋아하셔서, 수필에서도 시적인 표현을 금기시하셨고, 그림에서도 추상화는 사기(詐欺)에 가까운 것이라고 싫어하셨다. 쇼펜하우어의 말처럼 음악은 현상의 묘사가 아니고 물자체의 표현이기 때문인지, 언어가 개입할 여지가 없는 경우가 많다. 그래서 음악을 듣는 것은 무언가 분명치 못한 것을 마치 다 알고 있는 것처럼 가장하는 행위가 될 수도 있다고 부담스러워하신 것 같다.

좋은 음악회라고 표를 특별히 구해 주신 적은 몇 차례 있으나 연주회에 동행을 해주신 적은 한 번도 없었다. KBS 이사장을 하실 때 기증 받으시거나, 여행하실 때 특별히 사 오신 국내외 많은 음악 CD를, 좋아하는 사람이 즐기는 쪽이 바람직하다며 때마다 나에게 넘겨주셨다.

선생님이 하신 특강도 미국 유학 중, 하버드 대학의 하기 대학에서 미학에 관한 숙제로 급히 작성해서 제출했던 리포트를 간추린 것으로, 호스퍼스의 『예술에 있어서의 의미와 진리(Meaning and Truth in the Arts)』 가운데서 「음악에서의 의미(Meaning in Music)」라는 장을 읽은 것을 토대로 쓴 것이었다는 말씀을 언젠가 해주셨다. 선생님도 역시 젊으실 때 음악, 특히 표제음악을 듣게 되면, 사람들이 그 속에 표현되어 있다고 말하는 것들이 머릿속에 잘 떠오르지 않아, 혹시 당신이 음악에 특별히 둔감한 사람은 아닌지 고민 비슷한 것을 한 적이 있다고 하셨다. 그래서 '음악의 의미'에 주목하게 되었고, 그러한 물음에 대한 답을 얻는 데 적절한 시사점을 제공해 주는 책을 읽은 김에 한 번 평소의 생각을 정리해 본 것이라고 하셨다.

회고해 보면 선생님이 내 삶에 끼치신 영향이 너무나 컸다. 철학이라는 본 학문의 길에서는 개인적인 사정으로 비록 선생님의 권고나 기대에 부응하지 못하고 다른 길을 택하고 말았지만, 그래도 언제나 가능한 한 선생님 주변에 머물면서 평생을 걸쳐 많은 가르침을 받았다. 수필 쓰는 법을 익히고, 테니스를 하고, 등산을 즐기는 습관도 길렀다. 그러한 영향 중에서 음악을 천착하고 감상하는 취미는 선생님께서 애초에 의도하신 바는 아닐지 모르지만, 내 일상의 삶에서 가장 즐겁고 소중한 부분을 이루고 있다.

우송 선생님과 맺은 30여 년의 인연

김경동
KDI국제정책대학원 초빙교수/대한민국학술원 회원

　우리가 대학에 다니던 1950년대 후반에는 우송 김태길 선생님의 강의를 직접 수강할 기회가 없었기 때문에 내가 선생님과 인연을 맺게 된 것은 한참 뒤의 일이다. 그런데 선생님과 어떤 관계 속에 만나게 될 때마다 묘하게도 한 가지 공통점이 있었다. 그것은 주로 특정한 목적의 일과 관련이 있었다는 점이다.
　우선 우송 선생님과 간접적인 경로로 동참하게 된 일부터 기억에 떠올린다. 내가 미국 교편생활을 접고 모교의 부름을 받아 귀국한 1977년의 일이다. 한국개발연구원(KDI)에서 향후 15년을 내다보는 경제사회개발계획 수립을 위한 기초 작업을 추진하고 있었다. 시대적 상황은 박정희 정권 말기에 해당했으므로 세상은 상당히 어지러웠지만, 이 프로그램의 성격을 잘 살펴보면 특별한 측면이 있었다. 우선 그때까지 정부가 추진하던 경제성장의 철학은 기본적으로 '경제제일주의' 테두리를 크게 벗어나지 못했던 데 비해, 이때는 상당한 경제성장을 이룩하였으므로 경제 아닌 다른 부문에 대한 관심으로 발전정책도 진화가 필요하게 된 시점이었다. 하여간 그 연구과제가 내세운 과업은 제목부터가 달랐다. 느닷없이 '경제사회개발계획'으로 바뀌어 있었던 것을 볼 수 있다. '사회'를 추가한 것이다.

게다가 이와 같은 장기 계획 수립을 위한 기초연구에 우송 선생님과 내가 참여했다는 사실이 중요하다. 애당초 이 연구에서는 15년을 내다보고 주로 경제문제만을 집중적으로 다루는 15개 분야에 대한 계획 수립 연구를 하려고 했던 것인데, 어떤 연유에서인지는 알 수 없었으나, 제16분과를 추가하기로 했다는 설명이었다. 그 16번째 분야에는 소위 경제 외적인 문제를 다루어야 하고 이를 위해서 철학을 위시하여 사회학, 심리학 등 일부 사회과학 분과에서도 전문가를 초빙하게 되었다는 말이다. 이런 연유로 우송 선생님과 같은 분과에 참여하는 영광을 입을 수 있었던 것이다.

그것이 하나의 계기가 된 것인지는 알 길이 없지만 하여간 같은 해 어느 날 나는 직접 우송 선생님의 부름을 받고 어떤 과업에 동참하게 되었다. 이 과제는 청와대에서 직접 관장하는 사업으로서 앞의 KDI의 15개년 계획이 비경제 분야를 고려 대상에 포함한 정신과도 일맥상통하는 일이었다고 볼 수 있다. 후일 정신문화연구원(현재 한국학중앙연구원)이라는 이름을 단 새로운 국책연구기관의 설립 계획 수립이었다. 당시 이 일을 우송 선생님께서 주재하셨던 것이다. 선생님의 제자 중 이명현 교수가 실무 책임의 일부를 맡았던 것으로 기억하거니와 하여간 이 연구원 설립 준비위원회에 나도 한구석을 차지해서 작업에 동참한 일이 있었다.

실은 그때 선생님을 중심으로 젊은 세대 학자들은 당연히 그것은 한국학 연구를 위한 국가적 연구기관으로 한국학의 세계화를 추구하는 원대한 이상을 실현하고자 하는 포부를 안고 일에 임하고 있었다. 그런데 작업 과정에 우리는 이상한 기류를 포착하게 되었다. 경제는 어느 정도 성장했으니 이제는 국민의 정신교육이 필요하다는 취지에서 출발한 것인데, 청와대의 참모들이 직접 개입하면서 그 기구를 일종의 '새마을운동 교육 훈련을 위한 연구원' 비슷한 것으로 추진하려 한다는 풍문이 돌고 있었다. 물론 우리는 이에 반대하고 어떻게 해서든 한국학 연구의 중심을 만들어야 한다고 주장했으나, 결국은 일종의 절충안으로 정신문화연구원이라 명명하는 기관이 태어나게 되었다. 그리고 당시의 희망이나 분위기로 보아서는 당연히 우송 선생님이 초대 원장으로 취임하시리라 기대했는데, 뚜껑을 열어 보니 상당히 정치색이 짙은 인사를 발탁하고 우송 선생님께서는 부원장으로 취임하시는 것으로 결말이 났다.

이제야 정신문화연구원이 아니라 한국학중앙연구원으로 제 모습을 찾게 된 것은 만시지탄이 없을 수 없으나 그래도 최초로 구상하신 우송 선생님의 뜻이 결실을 맺게 되어 참으로 다행이라 생각한다. 선생님께서도 생전에 이런 변화를 보시고 마음속으로는 흡족하셨을 터인데도, 전혀 그런 내색을 하지 않으셨던 선비의 자태가 지금도 가슴 뿌듯하게 한다.

그 후로는 선생님을 여러 모임에서 뵐 기회가 많아졌고, 또 연대는 정확히 기억하지 못하지만 한 번은 KBS에서 연초의 명사 새해 특별 대담 프로그램을 맡아 진행할 때 우송 선생님과 뜻있는 대화를 나누는 기쁨을 누리기도 하였다. 그런 세월이 흐른 다음 내가 2002년에 서울대학교에서 정년을 마치기 2년 전부터 시작한 시민사회포럼을 운영하고 있을 때였다. 하루는 선생님께서 전화를 주셨다. 듣자 하니 시민운동, 특히 윤리운동에 관심을 가지고 활동을 하고 있다는데, 함께 좀 참여해 주면 좋겠다는 말씀을 하시기 위해서였다. 감히 거절을 하지 못하고 결국 '성숙한 사회 가꾸기 모임'의 공동대표라는 거창한 명의를 업고 이 운동에 동참하게 된 것이다. 그러다가 2005년부터는 상임 공동대표라는 더 무거운 짐을 지고 별로 기여한 일도 없이 서성

거리다가 결국 올해 자진 사퇴하기에 이르렀다. 별로 한 일도 없지만 요사이 자원봉사계의 일이 더 많아진 탓에 그 핑계로 일단 물러난 것이다.

실은 처음 이 모임에 참여하게 되었을 때는 시민윤리교육의 중요성을 절감하고 간단한 프로그램을 구상해서 대학교, 초중등학교, 각종 평생교육기관 등에 홍보물을 배포하고 전화 연락도 하면서 우리가 제공하는 시민윤리교육 프로그램을 보급하고자 나름대로 애써봤는데, 의외로 호응이 신통치 않았던 것이 못내 아쉽다. 모든 일이 때가 있는 거라지만, 요즘에 와서야 인문학 교양교육이 일종의 붐을 이루고 있는 것을 보면서 우리가 한 발 너무 일찍 시작했던 것은 아닌가 하는 생각을 하게 된다. 하여간 이 모임에서 그러한 프로그램을 실시하자는 제안을 했을 때 우송 선생님은 적극 격려해 주시고 성공하기를 바라셨는데 기대에 못 미쳐 송구할 따름이다.

그래도 '성숙한 사회 가꾸기 모임'에 참여하면서 개인적으로는 우송 선생님의 각별한 인품을 배울 기회가 있어서 좋았다. 천진할 정도로 순수한 인품에 늘 감동하며 지냈다. 가령 연말 송년 모임 같은 데서 진행자가 짓궂게 연로하신 선생님을 일으켜 세우고 노래를 하시라고 해도 조금도 스스럼없이 일어나서 어린 시절의 노래를 부르시는 모습은 참으로 아름다웠다. 그리고 아주 오래전의 일을 기억해서 들려주실 때는 우선 모두가 그 기억력에 놀라워했고, 얘기 또한 인간미 넘치는 내용에다 구수한 말씀씨가 듣는 이들을 즐겁게 해주었다.

2002년에 내가 대한민국학술원 회원이 되었을 때, 당시 선생님께서는 부회장으로 계시다가 그 후 회장에 취임하셨다. 회장 취임 후에는 몇 가지 중요한 과업을 부탁하셔서 추진하게 되었다. 첫째는 학술원의 발전을 위한 기초연구가 필요하다는 취지로 이 연구를 내게 맡기셨다. 선생님은 회장으로 취임하시자 곧 학술원이 좀 더 활기를 띠고 발전할 수 있기를 희망하셔서 이와 같은 기초연구를 부탁하신 것이었다. 그 결과 보고서에서 연구진은 많은 프로그램을 권유하였으나 여러 가지 여건을 고려하여 전부 시행하지는 못했고, 회원의 수당 인상과 같은 매우 의미 있는 일을 성취하셨다. 이어서 학술원에서 매년 실시하는 우수학술도서 선정 배포 프로그램에 대해서도 한 번 평가 작업이 필요하다는 인식으로 다시 내게 그 연구 사업을 위탁하셔서 역시 연구 보고서를 제출한 일도 있다.

 이 밖에도 내가 글로벌서울포럼의 이사장으로 서울시가 매년 주최하는 국제회의를 주관하게 되었을 때, 마침 회장으로 계시던 우송 선생님께 상의해서 이 회의를 서울시와 공동 주최하도록 주선한 일도 있었다. 그것이 대단한 행사는 아니었지만 회장으로서 학술원이 대외적인 활동을 한다는 홍보효과를 갖게 된 데 대해서 매우 흡족해 하셨다. 매년 회의 때마다 개회 인사도 하셨지만 고단하실 터인데도 마다 않고 종일 회의장을 끝까지 지키시는 모습이 많은 사람들을 감동시켰다.

 아쉽게도 뒤늦게야 우리 사회의 사회윤리 문제에 눈을 뜨고 지난해에는 한국의 사회윤리를 주제로 한 학술원의 연구 과제를 수행하게 되었는데, 그 과정에서 선생님이 남기신 수많은 논문과 논설에서 한국 사회의 윤리 문제에 대해 염려하셨던 충정, 그리고 사회윤리의 정상화를 위해서 무엇이 필요한지를 말씀하시고자 했던 흔적을 접할 수 있었다. 그렇다고 전공자도 아닌 터에 선생님의 사상을 감히 언급하는 것은 주제넘은 일이고, 다만 많은 것을 배웠다는 말만 하고 싶다. 선생님의 수필 솜씨야 세상이 다 알아주는 수준이지만 명색이 글쓰기를 업으로 하는 주제에 선생님의 글을 읽어보면 마냥 부끄럽기만 하다.

 매주 테니스를 칠 정도로 그렇게 정정하시던 선생님께서 홀연히 우리 곁을 떠나시게 되어 한편 놀라고 한편 서운한 마음 그지없다. 사모님과 가족 여러분의 강건과 평안을 기원하며 선생님의 명복을 충심으로 빌어 마지않는다.

아버지

김도식
건국대 철학과 교수

　이 책에 글을 쓴 사람 중 나는 매우 독특한 위치에 있다. 김태길 선생님은 나의 아버지이면서 은사이시기 때문이다. 아버지의 직장 생활을 가까서서 바라볼 수 있는 자식이 전혀 없지는 않겠지만 나처럼 아버지에게 수업을 들은 사람이 그리 많지는 않을 것이며, 아버지의 직업을 따라 철학교수가 된 사람 또한 흔치 않을 것이다. 이 글은 자식의 관점과 제자의 관점이 섞인 상태에서 기술될 것이다. 하지만 아무래도 아버지로 만난 기간이 스승으로 만난 기간보다는 훨씬 더 길기에 자식의 입장이 더 많이 반영되지 않을까 하는 느낌이다.

　어렸을 때 아버지에 대한 기억을 떠올리면, 아버지가 좋아하셨던 것과 싫어하셨던 것이 생각난다. 좋아하셨던 것은 어머니가 준비한 식사였다. 외식을 그리 즐기지 않으셨던 아버지는 가능한 한 집에서 식사하시는 것을 선호하셨다. 싫어하셨던 것은 차를 오래 타는 것이었다. 멀미를 하셔서 그런 건지, 아니면 차에서 보내는 시간이 아까워서 그랬는지는 정확히 기억나지 않으나, 문리대에서 근무하실 때는 혜화동에 살다가 관악 캠퍼스로 옮겼을 때 우리 집이 사당동으로 이사를 간 것은 학교와 집이 가까워야 한다는 아버지의 주장이 전적으로 반영된 것이었다.

이 두 가지 선호도가 결합하여 나타난 현상은 아버지가 집에 계신 시간이 매우 많았다는 사실이다. 오전에 수업이 있을 때는 학교를 갔다가 수업 끝나고 집으로 돌아오셔서 점심을 드셨고, 오후에 수업이 있을 때는 점심을 드시고 학교로 가시는 것이 보통이었다. 초등학생의 입장에서 보면, 학교에 안 가고 집에 있을 수 있는 것이 최고의 가치였기에 방학뿐 아니라 학기 중에도 집에 있을 수 있는 교수라는 직업을 어려서부터 꿈꾸게 되었다. 물론 그 당시의 경제적인 상황이 아주 넉넉하지는 않았기에, 아버지가 다른 집 아버지처럼 낮에 집에 있지 말고 돈을 더 벌어 오셨으면 하는 생각을 아주 잠시 했던 기억이 있기는 하지만, 그래도 전반적으로는 교수라는 직업에 대하여 큰 호감을 갖게 되었던 것이다.

'삼남삼녀'에 이어서 '만생'한 외아들이다 보니 누나들보다는 더 혜택을 받고 살았던 기억이 있다. 누나들은 초등학교를 모두 공립으로 졸업했던 반면 나는 이름이 꽤 알려진 사립학교에 다니게 되었다. 같은 반 친구들 중에는 1970년대 초에 이미 자가용을 가진 집이 꽤 여럿 있었던 사립학교라서 내가 우리 집을 가난하다고 생각했던 것 같기도 하다. 사당동으로 전학을 온 이후에는 그런 생각이 자연스럽게 사라진 것을 보면 혜화동 시절의 우리 집도 중산층은 되지 않았나 하고 여겨진다.

내가 사립 초등학교에 들어가게 된 배경은 전혀 모른다. 내 기억에 남아 있는 것은 추첨 당일에 내 번호가 뽑혀서 입학기념 사진을 찍고 왔다는 정도이다. "도식이를 사립 초등학교에 보내자."는 것이 아버지의 뜻이었는지, 어머니의 뜻이었는지는 알 수 없으나, 하여튼 아버지도 그 제안에 동의를 하셨다는 정도는 추론할 수 있으니까 누나들에 비해서 특별대우를 받은 것은 부인할 수 없다.

  어렸을 때 아버지의 대한 기억은 주로 엄함이었다. 가끔 농담도 하셨지만 일반적으로 근엄한 분위기가 더 많았기에 아버지가 하신 농담을 농담이라고 느끼지 못한 적도 있었다. 한번은 배구 경기를 보다가 우리 선수가 네트 터치를 자주 범해서 "차라리 그럴 바에는 블로킹을 하지 않는 것이 낫겠다."고 말했더니, "도식이는 감독해도 되겠다."고 아버지가 말씀하셨다. 난 그 말을 액면 그대로 믿고 엄청난 칭찬을 들은 것처럼 좋아했던 기억이 있다. 아버지의 말씀이 농담이었음을 깨달은 것은 배구에 대해서 좀 더 알고 난 이후였다.
  그런 농담도 칭찬으로 들을 만큼, 나는 아버지께 칭찬을 많이 듣지는 못했던 것 같다. 아버지는 자식들에게 칭찬하시는 것을 매우 아끼셨던 분이다. 아마도 자식을 너무 칭찬하면 버릇이 없어진다는 생각을 하셨던 것 같고 그 생각은 할아버지로부터 학습을 받으신 것으로 보인다. 이러한 분위기 때문에 나는 어려서부터 칭찬받는 것을 기대하기보다는 야단을 안 맞는 것에 더 신경을 썼던 것 같기도 하다. 내가 학창 시절에 약간 모범생 기질이 있었다면 그 근원은 이 같은 가정교육의 영향이었을 것이다. 반면에 내가 남들에게 칭찬을 받으려고 나서는 습성을 가지고 있는 것도 같은 근원에서 나온 것이라 느껴진다.
  나는 당연히 칭찬을 받으리라고 생각한 부분에서도 칭찬을 못 받은 적이 있다. 초등학교 6학년 때, 사당동 집의 안방 문이 잠기는 상황이 생겼다. 열쇠가 안방에 있었기에 문을 밖에서 열어야 하는데 기술자가 와서 보더니 문을 뜯어내야 한다는 것이었다. 지금 생각해 보면, 사당동이 지금과는 달리 매우 변두리라 그 동네 기술자의 기술이 좀 시원찮지 않았나 하는 생각이 들기도 하지만, 그 당시로서는 그런 생각을 할 겨를이 없었다. 인적이 드문 동네의 개인 주택에 살았던 우리는, 도둑을 막는다는 취지에서 창문마다 창살을 달았기에 창문을 통해 방으로 들어가는 것도 여의치 않은 상황이었다. 단, 나중에 에어컨을 달게 되면 사용하려고 마련한 작은 창에만 창살이 없었다. 하지만 그 창문 역시 문고리는 잠겨 있었다. 그때 내가 기지를 발휘하여, 창살이 있는 큰 창문을 통해서 긴 막대기로 에어컨 창문의 잠금 고리를 열고 사다리를 통해 안방으로 들어가 문을 여는 데 성공했다.

아마도 내가 집안에 기여를 한 공헌도가 가장 큰 단일 사건이 아니었나 생각될 정도로 스스로도 뿌듯한 마음을 가지고 있었다. 그냥 뿌듯한 마음만 가지고 있었으면 그 일에 대해서 칭찬을 받았으리라 생각한다. 하지만 내가 보기에도 혁혁한 공을 세웠다고 여길 만했기에 보상을 받을 만한 권리가 있다고 느꼈던 것 같다. 지금은 무엇인지 기억이 나지도 않지만, 그때 내가 무척 갖고 싶은 것을 아버지에게 사달라고 말씀을 드렸다. 아버지는, "가족끼리 도와가면서 살아야지, 무슨 기여를 할 때마다 보상을 요구하면 어떻게 하느냐?"고 대답을 하셔서 본전도 못 찾고 속상해했던 기억이 있다. 그때부터 아버지께 무언가를 요구하는 것이 어렵게 느껴지기 시작했다.

그렇다고 야단을 많이 치시는 편도 아니었다. 아주 어렸을 때 엉덩이를 손으로 한 번 맞은 것을 제외하면 체벌은 전혀 없었고, 그때도 내가 무슨 '땡깡'을 부리다가 그랬던 것이었다. 다만 이런저런 일로 꾸중을 들은 적은 기억나는 것이 몇 건 있다. 대표적으로 글씨를 성의 없게 쓰거나 경솔한 판단을 했을 때는 아버지께서 나를 나무라셨다. 그때마다 '신언서판(身言書判)'이라는 말씀을 하시면서 몸가짐, 말과 글 그리고 판단이 올바른 사람이 되어야 함을 강조하셨다.

칭찬에 대한 기대보다는 꾸중에 대한 두려움이 더 컸기에, 내가 무슨 잘못을 하면 항상 아버지가 어떻게 반응하실까에 촉각을 기울이게 되었다. 하지만 내 기억에는 야단을 맞은 기억보다 야단맞으리라고 예상한 상황에서 야단을 안 맞고 넘어간 기억이 더 많이 남아 있다. 어쩌면 실제로 내가 꾸중을 들은 일은 그리 많지 않은데 몇 번 들은 꾸중 때문에 스스로 아버지를 두려워했던 것이 아닌가 하는 생각이 글을 쓰는 이 순간에 처음으로 내 머리를 스쳐간다.

기억에 남는 첫 사건은 초등학교 3학년 여름방학의 일이다. 혜화동 한옥에 살 때인데, 그 집은 요즘처럼 밖에서 문을 열고 들어갈 수 있는 구조가 아니라서 내가 나갔다가 집에 들어오려면 집에 있는 사람이 문을 열어주어야 했다. 방학 때 친구들과 노느라 여러 번 초인종을 이미 누른 상태에서 또 문을 열어달라고 하기 미안하게 느꼈던 나는, 담을 넘어서 집으로 들어가기로 마음을 먹었다. 그런데 담을 넘다가 잘못하여 내 팔이 쇠창살의 뾰족한 곳에 찔리는 사고를 당했다. 피가 뚝뚝 떨어졌고 어머니와 급히 동네의 병원에 가서 열한 바늘을 꿰매게 되었다. 마취가 풀려서 아프기는 했지만, 그것보다 더 겁이 나는 것은 아버지에게 혼나는 일이었다. 열한 바늘을 꿰매게 된 일련의 과정이 다 야단맞을 일로 보였기 때문이다. 들락날락하면서 놀기만 한 것, 담을 넘으려고 시도한 것, 팔을 다친 것, 이 모든 과정을 종합하여 야단맞으면 열한 바늘 꿰맨 것 이상으로 고통스러울 것 같아서, 아버지가 퇴근하고 들어오실 때 일부러 자는 척하고 있었다. 설마 자는 아들을 깨워서 야단치시지는 않겠지 하는 얄팍한 계산이었다. 어머니로부터 자초지종을 들으신 아버지는 "조심하지 않고…"라는 한마디만 남기셨고 내가 눈치를 보며 일어난 이후에도 특별하게 나무라시지는 않았다.

두 번째 사건은 초등학교 6학년 무렵의 일이다. 내가 집 앞 공터에서 작은 돌을 주워서 야구 방망이로 휘두르며 타격 연습을 하고 있었는데 그 중 하나가 정통으로 맞아서 상당히 멀리 있는 집의 유리창을 깨는 사고를 쳤다. 순간 너무 겁이 나서 재빨리 집으로 들어와 버렸다. 그 집의 주인이 공터 쪽으로 와서 누가 그랬느냐고 수소문을 했고 동네 아이들이 우리 집을 가리키며 저 집 아이가 그랬다고 알려준 모양이다. 곧 우리 집의 초인종이 울리고 아버지가 내려가셨다. 나는 야단맞을 일이 두려워서 아버지가 문을 열고 그 집 주인을 만나러 나가실 때부터 이미 울먹이고 있었다. 그런데 그날 내가 혼난 부분은 유리창을 깬 사실 때문이 아니라, 유리창을 깨고 나서 그 집으로 가서 사과를 하지 않고 바로 집으로 도망친 점과 집에 와서도 바로 아버지께 그런 일이 있었다고 이실직고하지 않은 점 때문이었다. 이 두 사건을 종합해 보건대, 아들이 실수를 한 부분에 대해서 나무라지는 않으셨던 반면, 그 실수한 이후의 대응 방식이 잘못된 부분에 대해서는 야단을 치신 것이 아닌가 여겨진다.

세 번째로 기억나는 것은 내가 중 3 때부터 시작한 첫사랑과 관련된 일이다. 지금처럼 휴대폰이 있었던 시절도 아니고, 이메일이 통용되던 시절도 아니어서 그 당시의 연애는 꽃봉투에 오가는 편지가 가장 일반적이었다. 어머니도 내가 여자 친구가 있다는 것을 아셨고 누나들도 이런저런 조언을 해주면서 내 연애 사업에 협조적이었는데, 아버지에게는 쉬쉬하면서 비밀로 해달라고 가족들에게 부탁을 했다. 아무래도 아버지가 아시면 공부해야 할 시절에 왜 한눈을 파느냐고 야단을 치실 것 같았다. 아버지도 그에 관한 언급이 없으셔서 내 연애 사실을 모르시는 줄 알았다. 하지만 나중에 알고 보니, 아버지도 다 알고 계셨는데 그냥 모른 척하고 계신 것이었다.

내가 대학생이 되어서, 아버지에게 내 첫사랑 이야기를 꺼낸 적이 있었다. 아버지는 내가 고민을 직접 털어놓으면 도와줄 용의가 있었지만 아버지 쪽에서 먼저 개입을 할 생각은 없었다고 말씀하셨다. 하지만 「막내의 여자 친구」라는 수필이 있는 것을 보면 아버지도 아들의 연애 사업에 대해서 관심이 있으셨던 모양이다. 하여튼 연애와 관련해서 아버지의 마음이 열려 있다는 것을 확인하고 그 이후로는 여자 친구가 생겼을 때 굳이 숨기려고 하지 않았으며 오히려 나 혼자 결정하기 어려운 일이 생기면 자문을 구하기도 했다.

아버지는 데이트할 때 필요한 용돈을 달라고 하면 주실 용의가 있었다는 말씀하셨고, 실제로 데이트를 하라고 용돈을 주신 적도 있었지만, 내 쪽에서 데이트 비용을 아버지께 부탁드린 기억은 없다. 오히려 어머니께 살짝 말씀을 드리는 것이 더 편했다. 지금 생각해 보면, 어렸을 때 잠긴 문을 여는 큰 기여를 하고도 원하는 것을 요구했다가 거절당한 상처 때문이 아닌가 한다.

성적에 대해서도 크게 야단을 맞은 적은 없다. 석차가 매우 떨어졌을 때에도 성적표를 보시고는 별 말씀 없이 도장을 찍어주셨다. 그렇다고 성적이 올랐다고 크게 칭찬을 하지도 않으셨다. 내게 공부와 관련하여 지적을 하신 것은 결과보다도 태도에 대한 것이었다. 성실하지 않은 모습을 보일 때는 잔소리를 하셨다. 하지만 그 빈도가 그리 자주 있었던 것 같지는 않다. 반면에 내가 너무 무리를 하는 것처럼 보여도 페이스 조절을 잘하라고 조언을 해주셨다. 고 3 때, 한번은 독서실에 갔다가 새벽까지 공부를 하고 왔는데 기대했던 격려나 칭찬을 해주시는 대신, 대학 입시는 장기전이니까 건강도 유의하면서 공부하라고 말씀을 하셔서 마음 한편으로 섭섭함을 느꼈다. 하지만 그 다음 날을 비몽사몽간에 보내면서 단기간에 무리하는 것이 장기적으로는 손해라는 것을 확인하고는 그 이후로, 설령 놀 때는 밤을 새워가며 노는 경우가 있어도, 공부를 하면서는 자는 시간을 줄이는 쪽보다 잘 시간은 자면서 깨어 있는 시간을 최대한 활용하는 습관을 들이기 시작했다.

이러한 모든 기억에도 불구하고, 어렸을 때 "아빠가 좋아? 엄마가 좋아?"라는 질문을 받으면 아버지가 좋다고 대답해서 어머니의 마음을 상하게 한 적이 있는 것을 보면, 엄하셨던 아버지로부터 '사랑받는다'는 느낌을 어떤 식으로든 전달받았던 것 같다. 아버지의 사랑을 느꼈던 기억은 아들을 소재로 한 수필에서였다. 가장 기억나는 것은 나의 출생을 다룬 「만생기」다. 다른 수필에서는 나에 대한 서술이 "공부보다는 운동에 더 관심이 많은 막내는…"처럼 우아하고 긍정적이지만은 않았지만, 「만생기」를 읽어보면 나의 탄생을 엄청 기뻐하신 흔적이 구구절절 느껴진다. 어쩌면 그렇게 무덤덤한 척한 서술을 통해 아버지의 기쁨을 잘 표현할 수 있을까? 아버지는 남녀평등을 이론적으로 일찍 받아들이셨음에도 집안에서는 아들에 대한 사랑이 누나들에 대한 그것보다 더 컸음을 나는 글에서도, 일상에서도 느꼈다. 평생 '아빠'라는 표현을 한 번도 써보지 못할 정도였기에 부자지간이 친하다고 말하기는 어려울 수 있겠지만, 겉으로 표현하지 않으셨던 아버지의 사랑이 어떤 방식으로든 아들에게 전달된 것은 사실이었다.

또 하나 아버지의 사랑을 잘 전달받은 것은 아버지로부터 테니스를 배우면서이다. 나는 초등학교 때부터 테니스를 배웠는데, 코치에게 레슨을 받으면서 배운 것이 아니라 아버지를 따라다니면서 어깨 너머로 배우기 시작한 것이었다. 테니스라는 것은 힘이 많이 드는 운동이어서 두세 세트를 하고 나면 많이 지치기 마련이다. 그 당시 아버지의 나이가 50대 중반이었으니 지금 내 나이보다 훨씬 더 많았는데도 아버지의 경기를 마치면 꼭 나와 함께 공을 쳐주셨던 생각이 난다. 어렸을 때는 아버지의 마음까지 헤아릴 여유가 없었지만, 지금 생각해 보면 피로하셨음에도 불구하고 아들의 기대를 항상 충족시키려고 노력하셨던 것 같다. 평소에 걷는 것을 좋아하셨던 아버지였고 테니스장을 갈 때는 항상 걸어서 갔지만 올 때는 택시를 타고 왔던 것도 지금 생각하면 아버지의 피로도와 연관이 있을 듯하다. 게다가 그 당시 택시의 기본요금이 90원이었는데 백 원짜리를 내시면서 거스름돈 10원을 내게 주셨던 것도 테니스를 배우는 재미를 한층 더 키워주었던 것으로 기억한다.

아버지로부터 배운 것 중에 가장 기억에 남는 것은 돈과 시간에 대한 관리였다. 아버지의 철저한 지론은 "돈은 시간을 아끼거나 좋은 것을 증진시키는 곳에 사용해야 한다."는 것이었다. 여기서 말하는 좋은 것은, 각자의 가치관에 따라 조금씩 차이는 있겠지만, 건강, 사회적 공익 등을 포함한다. 가장 바보 같은 짓은 시간과 함께 돈을 허비하는 일이었다. 따라서 대학생들은 돈이 있으면 시간을 낭비하는 일이 많기에, 내 용돈이 많을 필요는 없다는 것이 아버지의 논리였다. 대학 때 친구들과 놀다가 집에 늦게 들어오면 시간을 아끼지 않은 일에 대해서 나무라실 때가 있었다. 특히 술을 먹고 늦게 들어와서 그다음 날 아침까지 정신을 못 차리는 경우에는 돈과 함께 낭비한 시간에 대해서 지적을 하셨다. 하지만 꾸짖으실 때도 내가 바람직하지 못한 결정을 한 직후에 말씀을 하시는 경우보다는 그러한 일을 잊을 만할 즈음에 하시는 경우가 많았다. 불혹이 훌쩍 넘은 지금도 아버지의 가르침을 제대로 실천하지 못해서 부끄럽기 그지없지만 그 교훈 자체는 내 평생에 잊지 않도록 잘 각인되어 있다. 그리고 사재를 털어서 마련하신 철학문화연구소도 이러한 아버지의 생각이 그대로 반영된 것이라고 생각한다.

전공으로 철학을 하기로 마음먹은 것은 고 3 여름방학 때다. 고 3으로 올라가던 시기에는 희망학과를 경제학으로 썼고, 지금 생각해 보면 내가 하고 싶었던 것은 경제학이 아니라 경영학이었다. 그 당시

만 해도 경제학과 경영학의 차이를 제대로 이해하지 못하는 수준이었던 것이다. 사실 경제학이나 경영학을 생각했던 것은 사업을 하고 싶었던 욕심 때문이었고 그 근저에는 사회의 불평등과 대기업의 횡포에 대한 자각이 깔려 있었다. 하지만 그런 의식을 가진 사업가가 그때까지 하나도 없지는 않았을 것이고, 그럼에도 불구하고 세상이 크게 나아지지 않는 것을 확인하면서 어렸을 때의 꿈이었던 교수를 다시 희망하게 되었다.

사업을 하기 위해서는 상경대를 가는 것이 유리하지만, 교수가 되기 위해서는 전공을 내가 원하는 것으로 선택하기만 하면 된다는 것을 깨달으면서 아무래도 집에서 도움을 받을 수 있는 철학이 좋지 않겠느냐는 계산을 혼자 했다. 지금 생각하면 놀랍게도, 그 결정 과정에서 아버지는 전혀 개입을 하지 않으셨다. 지나가는 소리라도 "철학은 어떠니?"라는 말씀조차 안 하셨다. 사실 대학을 입학하기 전까지, 집에서 철학을 배운 것은 전혀 없었다. '철학이 무엇인가?'에 대한 질문을 던지면 아버지는 대학 들어가면 가르쳐준다고 말씀하셨고, 어머니와 누나들은 '먹기 위해서 사느냐, 살기 위해서 먹느냐'와 같은 문제를 다루는 학문이라고 대답했다. 철학을 그런 식으로 설명하는 것을 대학 이후에 한 번도 들은 적이 없었으니, 철학에 대한 철학가 집안의 가정교육으로는 매우 부실하지 않았나 생각한다.

하지만 아버지가 그 결정 과정에서 개입을 하지 않으셨기에 더 내가 혼자 고민하고 결정했을지도 모른다. 만약 아버지가 철학과를 종용하셨다면 거부감이나 부담감 때문에 다른 길을 선택했을 수도 있으니까 말이다. 아버지가 철학에 대하여 말씀하신 것 중 기억나는 것이 있다면, "철학은 우수한 사람이 해야 하는 학문이다."라는 언급이었다. 그때 느낌은 철학을 선택하면 우수한 사람의 범주에 들어갈 것 같아서 철학에 대한 호감이 생겼던 것 같기도 하다. 하지만 철학을 선택한 사람이 다 우수하지는 않다는 것은 내가 철학 공부를 시작하고도 한참 후에 깨달은 일이었다. 그때는 이미 다른 길을 가기도 어려울 만큼 철학의 길로 깊이 들어온 때여서, 그냥 이게 내 운명이려니 하면서 체념했던 기억도 있다.

다행히 원하는 학과를 갈 만큼 학력고사 성적이 나와서, 나는 아버지와 같은 학과에서 대학 생활을 하게 되었다. 내가 대학을 다니던 1980년대 초반은 군부독재의 막바지여서 학교의 분위기가 낭만적이지는 못했다. 대학문화가 학생운동과 거의 동일시되던 시기였기에 학과의 분위기는 학과 공부보다도 이념적인 공부에 열의를 갖는 선배나 동료들이 많았다. 정확히 원인은 알 수 없었지만, 그 당시 교수와 학생들의 관계가 그리 돈독하지는 않았으며 따라서 내 위치도 좀 애매했다. 입학 때부터 아버지와의 관계가 알려져서 철학과의 동기나 선배들의 주목을 받는 것이 불편했던 기억도 있다. 선배들이 특별히 나를 불편하게 했던 것은 아니다. 다만 학과 공부에 치중하기를 기대하시는 아버지와 학생운동에 동참하기를 권하는 선배들 사이에서 고민을 했던 것이 나를 불편하게 만들었던 것 아닌가 생각한다.

결국, 나는 철학과에서 생활을 거의 하지 않은 아웃사이더로 대학 생활을 했다. 동아리도 테니스부를 했고 함께 어울려 다니던 친구들 역시 철학과 학생은 아니었다. 철학과에서는 주로 수업만 들었고 학과 사람들과는 무난히 잘 지내는 정도였다. 나는 지금 교수로서, 학생들의 MT를 가능한 한 따라가는 편인데, 대학 때 철학과에서 간 MT는 1학년 초에 참여한 딱 한 번이 처음이자 마지막이었다. 그만큼 학과의 생활이 내게는 부담스러웠던 모양이다.

아버지 덕분에 철학과의 교수님들은 나를 다 알고 계셨다. 다른 학생들이 일반적으로 대학원생이 되어서야 가질 수 있는 교수님들과의 교류를 나눈 학부생 때부터 누릴 수 있었던 셈이다. 성적도 전반적으로 잘 받은 편이었다. 다만 아직도 그것이 내 성적인지, 아버지 덕분인지 아리송하기도 하다. 물론 기대보다 못한 학점을 받은 경우도 있기는 했지만, 반대로 기대보다 높은 학점을 받은 경우도 꽤 있었기 때문이다.

대학을 다니면서 아버지 수업을 세 번 들을 기회가 있었다. 2학년 때의 윤리학, 3학년 때의 현대 윤리학, 그리고 석사과정에서의 세미나를 수강했다. 아버지의 수업을 듣는다는 것은 처음에는 매우 어색했다. 동일한 존재가 동시에 아버지이면서 선생님이 된다는 것은 머리로 생각하면 별것 아닐 수 있겠지만 막상 현실에서 그런 상황을 접하게 되면 난감하다. 내가 어떤 태도를 취해야 할지 애매했다. 그래서 다른 수업시간에 비해서 질문도 덜하고 좀 조용히 있었던 것으로 기억한다.

아버지의 입장에서 수업시간에 아들이 들어와 있다는 것은 훨씬 더 어색하고 불편한 일이었을 것이다. 내게 직접 그런 말씀을 하신 적은 없지만, 내가 우리 딸의 고등학교에 가서 특강을 하면서 느꼈던 것 역시 어색함이었기 때문이다. 나야 한 번 하고 마는 수업이었지만, 한 학기 동안 내내 아들이 강의실에 들어와 앉아 있고, 그의 답안지까지 채점해야 하는 작업은 일반적인 교수는 느끼지 않아도 될 부담이었을 것이다. 그래서인지 내가 들었던 아버지의 수업은 다른 선배들의 수업에 비해서 농담이나 야한 이야기도 적었다고 한다.

강의도 강의지만 아들의 성적을 처리하는 것은 윤리학을 전공하신 아버지에게 더 큰 부담이었을 것이다. 아버지는 공정하게 하려고 매우 애를 쓰셨다. 그래서 입학시험 때처럼 답안지의 이름 쓰는 곳을 묶어서 채점을 하셨다. 아무래도 이름을 보면 공정성이 흔들릴 가능성이 많기 때문이다. 나도 그 마음을 충분히 안다. 답안지를 채점할 때 작성자가 누군지 알면 아무래도 영향을 받기 쉽기 때문이다. 나처럼 그냥 아는 학생의 답안지도 그럴진대 아들의 답안지는 더더욱 영향을 받을 수밖에 없을 것이다.

아버지에게는 윤리학 관련 수업을 들었는데 그 과목에서는 성적을 잘 받았다. 윤리학이 A, 현대 윤리학이 A+, 그리고 대학원 세미나는 A였다. 대학원 수업은 발표와 소논문이니까 별개로 하더라도 시험으로 성적을 주었던 학부 때의 과목은 아들이기 때문에 약간 손해를 본 부분도 있다. 윤리학의 경우, 나부터 A를 주셨다. 다시 말해서 나보다 점수가 높은 사람들은 모두 A+를 받고 내 점수가 A를 받은 사람 중 최고의 점수였다는 뜻이다. 그때 채점을 마치시고, "네 점수가 A+도 될 수 있는 점수이기는 하지만, 아들이라서 A를 준다."고 말씀하셨다. 그 당시에는 아들이라 손해를 보는 것 같아서 속상했다. 하지만 지금 생각해 보면, 그 성적이 A+가 되었다고 해서 크게 달라질 것은 없다. 평점이 크게 상승하는 것도 아니고, 또 내 졸업 평점이 조금 더 올라간들 무슨 소용이 있겠는가? 하지만 아들에 대해서 공정하려고 했던 아버지의 마음은 지금까지도 내 마음속에 선명하게 남아 있다. 그러면 현대 윤리학은 어떻게 A+를 받았는가? 그 과목에서는 내 점수가 가장 높았다. 그러자, "아들이라고 손해를 보게 할 수는 없지."라고 하시면서 A+를 주셨다. 이 역시 아들에게 공정하려는 아버지의 일관된 마음이었다고 생각한다.

내가 수강한 현대 윤리학은 아버지의 마지막 학부 강의였다. 정년을 앞둔 마지막 학기의 수업에 마침 내가 수강을 하게 된 것이다. 그 학기의 수업은 다른 학기의 수업과 별반 다를 것이 없었다. 하지만 종강을 하는 날에는 강의실에 기자들이 몇 명 와서 취재를 하고 있었고, 그날은 일반적으로 하시던 강의 내용과는 달리 윤리학 일반에 대한 아버지의 생각을 말씀하셨던 기억이 있다. 강의가 끝나고 과대표가 꽃다발을 드릴 때 내가 박수로 아버지의 마지막 학부 수업을 축하 드릴 수 있었던 것은 지금 생각해 보아도 큰 축복이었다.

아버지는 내가 철학을 선택한 이후에도 전공을 윤리학으로 했으면 한다는 말씀을 한 번도 하신 적이 없었다. 아버지의 제자이면서 나에게는 스승인 선생님들을 통해서 내가 윤리학을 전공으로 하기를 조금은 바라셨다는 이야기를 들을 기회가 있었지만 그건 이미 내가 학위를 마치고 돌아온 뒤의 일이다. 사실 내가 윤리학을 아예 염두에 두지 않은 것도 아니었다. 다만 학부에서는 언어철학에 가장 관심이 많았고 졸업논문도 그 분야로 썼다. 유학을 갈 때도 특정한 전공을 염두에 두었던 것은 아니다. 한국에서 석사도 안 하고 유학을 떠났기에 특별히 공부를 많이 한 분야가 있는 것도 아니기 때문이었다. 결과적으로 인식론을 전공으로 하게 되었지만 이는 내가 유학을 갔던 학교에 인식론을 지도할 사람들이 많아서 그런 것이었다. 반면에 윤리학을 전공하신 분은 전쟁윤리라는 특수한 영역에 주된 관심을 가진 분이라서 선뜻 그쪽으로 공부하고 싶다는 생각이 들지는 않았다. 만일 유학 갔던 학교에 내 관심을 끌 만한 윤리학자가 있었다면 내 전공이 윤리학이 될 수도 있었을 것이다.

공부를 마치고 교수가 된 이후에 윤리학 관련 과목을 강의할 기회가 종종 있었다. 박사과정에서 윤리학 수업을 하나 들었고, 학부 윤리학 수업의 수업조교도 한 적이 있지만, 막상 강의를 맡으니 내 전공만큼 깊이 있는 배경을 갖지 못해서 수업을 하면서도 조금은 불안함을 느끼곤 했다. 결국은 지난 연구년 때 윤리학에 관한 수업을 많이 들을 수 있는 볼링그린 대학으로 가서 부족한 부분을 조금이나마 보충할 수 있었다. 그런 과정에서 윤리학에 관련된 논문을 발표할 기회도 있었다. 결국은 내가 윤리학으로부터 완전히 자유로울 수는 없는 운명이었나 보다.

　이렇게 윤리학 관련 수업도 하고, 윤리학 관련 논문도 쓰다 보니, 아버지의 윤리적 입장에 큰 관심을 갖지 않은 것이 좀 후회가 된다. 아버지의 윤리사상에 대한 공부를 제대로 했더라면 지금 이 글에도 아버지의 윤리적 입장에 대한 철학적인 내용을 담아낼 수 있을 것이기 때문이다.

　어쩌면 내 무의식 속에서 윤리학을 배척하는 심리가 있었을지도 모르겠다. 그 이유는 매우 어이없는 계기 때문이다. 보통 학기 초에 집에서 책값을 타면서 일부는 착복을 하는 것이 일반적이다. 하지만 나는 친구들과 달리 그런 기회가 거의 없었다. 학부 수업에서 사용하는 책들의 대다수가 이미 집에 있었기 때문이다. 가장 대표적인 사례가 칸트의 『순수이성비판』이었다. 3학년 때 『순수이성비판』 원서를 교재로 하는 수업이 있었다. 그 당시 원서는 8천 원이었고 친구들은 대개 만 원을 받아서 2천 원의 수입을 올리는 상황이었다. 나도 그런 기대와 함께 『순수이성비판』 원서를 구입해야 한다고 아버지께 말씀을 드렸더니, 책꽂이에서 바로 꺼내 주셨다. 속상한 마음에 영어 번역본도 필요하다고 했더니 스미스(Norman Kemp Smith)의 번역본과 최재희 선생님의 번역본을 함께 주셨다. 그때부터 은연중에 아버지가 교재를 가지고 있을 것 같은 수업은 가능한 한 피하게 되었다. 그러다 보니 현대철학을 많이 듣게 되었고 그 중에서도 언어철학을 선호하게 되었다. 당연히 윤리학은 아버지가 책을 가장 많이 가지고 계신 영역이니까 무의식적으로 피한 것이 아닌가 생각된다. 물론 이것만으로 내가 윤리학을 전공하지 않은 이유를 설명하기는 어렵겠지만, 우리의 삶이 매우 작은 계기에 의해서 결정될 수도 있음을 보여주는 엉뚱한 예는 될 것이다.

　미국 유학을 떠난 것은 1988년, 서울에서 올림픽을 치를 때였다.

지금 생각해 보면 첫 학기가 여러모로 가장 힘들었던 기억이 있다. 언어도 익숙하지 않고, 집을 떠나 혼자 사는 것도 처음이었다. 게다가 미국에서 처음으로 제출한 숙제의 성적이 C+여서 학기 초의 충격도 대단했다. 물론 학부 때도 C라는 성적을 심심치 않게 받기는 했지만 그건 내가 보기에도 열심히 하지 않았던 과목이었다. 하지만 이번에 받은 C+는 영어로 쓰는 첫 숙제라고 해서 나름대로 공을 들이고 두 주 동안 끙끙거리면서 제출한 것이었기에 약간 공황상태에 빠지기도 했다. 그러지 않아도 학부 때의 성적이 내 실력인지, 아버지 실력인지 헷갈리는데, 첫 숙제부터 C+를 받고 보니 과연 내가 공부를 성공적으로 마칠 수 있을지에 대해서도 자신할 수 없었다.

그때 나에게 가장 큰 위로가 된 것이 아버지의 편지였다. 그 당시 역시 인터넷과 이메일이 발달하기 전이어서 우표 붙인 편지를 자주 드렸는데 거의 매번 부모님께서 답장을 해주셨다. 그 내용 중에는 아버지의 유학 시절 경험을 적어주신 것도 있어서 첫 숙제의 충격에서 벗어나는 데 도움이 되기도 했다. 주변의 유학생들에게 물어보아도 부모님이 편지를 고정적으로 보내주는 경우는 거의 없었다. 참으로 정이 많으신 부모님이었음을 새삼 확인할 수 있었다. 그 당시의 편지들을 잘 보관하고 있었으면 아버지 친필의 흔적과 내용을 다시 볼 수 있었을 텐데, 뒤늦게 후회가 된다.

유학 생활을 하면서, 특히 유학 초반에 아직 적응이 채 덜 되어 많이 힘들어할 때, 아버지가 참 잔인하다는 생각을 했던 적이 있다. 아버지도 미국에서 유학 생활을 한 경험이 있기에 그 과정이 어떤지 잘 아실 텐데, 그럼에도 불구하고 아들이 유학 가는 것에 대해서 "힘들 수도 있으니 다시 생각해 보라."는 말을 한 번도 안 하셨던 것이 그 당시로는 이해하기 어려웠다. 하지만 차차 그 생활이 적응되면서 그런 마음은 사라지게 되었다. 혹 내 자식이 후에 유학을 가겠다고 할 때, 힘들다고 만류할 생각은 없는 것을 보면 그 당시의 생각은 아버지에 대한 공정한 평가라기보다는 힘들게 생활했던 유학 생활의 한 단면이 아니었나 생각해 본다.

유학 첫해를 마치고 여름방학에 잠시 귀국했을 때, 그 당시 썼던 기말 소논문 하나를 가지고 왔다. 논리철학에 관한 것이었는데 매우 전문적인 내용을 지닌, 담당 교수님으로부터 좋은 평을 받은 논문이었다. 나는 비교적 자신 있게 아버지께 그것을 보여드렸는데 아버지의 반응은 내가 기대한 것과는 많이 달랐다. 상당한 칭찬을 예상하고 있었는데 아버지는, "이런 내용이 일반인들에게 무슨 도움이 되지?"라고 물으셨다. 상상조차 하지 않았던 질문이었다. 미국에서의 분위기는 어떤 논문이 학문적으로 의미 있으면 그것으로 충분했는데, 그때 이후로는 내가 하는 어떤 작업이 일반인들에게 어떻게 도움이 될 수 있을까를 항상 염두에 두게 되었다. 아버지의 전공인 윤리학만큼, 내 전공인 인식론이 일반인들에게 연결되기 쉽지 않은 것은 사실이지만, 철학자의 임무가 학문적인 글을 쓰는 것에만 국한되어서는 안 된다는 점을 그때부터 깨달았던 것이다.

아버지는 내가 어렸을 적에, "도식이가 아버지보다는 더 훌륭하게 되어야지."라는 말씀을 자주 하셨다. 그리고 나는 그것을 매우 당연하게 생각했다. 거의 매일 집에만 있는 아버지보다 훌륭하게 되는 것은 일도 아니라고 보았기 때문이다. 하지만 그런 생각은 고등학교 때부터 슬슬 없어지기 시작했다. 아버지께서 내가 다니는 고등학교 선생님들을 대상으로 특강을 하신 적도 있고, 우리 학교 학생들을 대상으로 말씀을 하신 적도 있는데 선생님들도 "네 아버지는 좋은 말씀을 너무 잘하신다."고 전해 주셨고 내가 직접 들었던 강의에서도 고등학생 수준에 딱 맞게 '어떻게 살아야 하는가?'에 대한 이야기를 하셨던 기억이 있다.

　대학에서 철학을 전공으로 선택한 이후에는 아버지의 명성이 내가 생각하던 것보다 훨씬 더 높다는 것을 알 수 있었다. 철학계뿐 아니라 학계에서 아버지 이름 석 자를 대면 모르는 사람이 많지 않았고, 50을 바라보는 나를 소개할 때도 건국대 철학과 교수라는 직함보다는 누구 아들이라는 것이 훨씬 효율적인 경우도 많이 있었다. 그만큼 내게는 자랑스러운 아버지이기도 했고, 다른 한편으로는 부담스러운 아버지이기도 했다. 어려서 가졌던 자신감, 즉 아버지보다 더 훌륭하게 되어야겠다는 생각은 이미 사라진 지 오래고, 아버지의 명예에 누를 끼치지만 않으면 다행이라는 소극적인 기대도 충족시키지 못할 것 같아서 불안해하고 있는 실정이다.

　이번에 전집을 발간하면서 새삼 느꼈지만, 아버지만큼 철학적인 업적을 남긴 분은 그리 많지 않을 것이다. 이제 겨우 보잘것없는 책 한 권을 쓴 내 입장에서 보면, 철학적인 업적을 아버지처럼 남기겠다는 생각보다는, 아버지 살아 계실 때 책 한 권이라도 써서 보여드릴 수 있었다는 것을 위로 삼아야 할 지경이니 말이다.

　아버지와 같은 훌륭한 분을 아버지로 모실 수 있는 특권은 아무에게나 주어지는 것이 아니다. 그만큼 나는 혜택 받은 사람이고, 그 아버지의 발자취를 어설프게나마 따라갈 수 있는 것 역시 내게 주어진 축복이다. 하지만 아버지와 가진 지난 40여 년간의 추억을 이제는 가슴에 묻어야 할 시기가 되었다. 천상에서 아버지를 다시 만날 때, 그동안 제대로 표현하지 못했던 아버지에 대한 감사를 마음껏 표현하고 싶다.

심경 선생과의 세 번의 만남

박영식
전 교육부장관/대한민국학술원 부회장

　심경(心耕)은 김태길 회장님의 아호다. 늘 몸과 마음을 갈고 닦는다는 뜻이니 당신의 생활 자세를 잘 드러낸 것이라 하겠다.
　모든 현상을 연(緣)으로 설명하는 불가(佛家)에서는 거리에서 옷깃을 한 번 스치는 것도 전생의 깊은 연에 말미암은 것이라고 하는데, 나는 심경 선생과 지난 50년 동안에 세 번의 만남이 있었으니 전생에 깊은 인연이 있었음에 틀림없어 보인다.
　심경 선생과의 첫 번째 만남은 1961년으로 거슬러 올라간다. 심경 선생은 1961년 3월 연세대학교 철학과 부교수로 부임하여 그해 10월 철학과장을 맡게 된다. 심경은 1962년 8월 서울대학교 철학과로 옮기기까지 1년 6개월 남짓 연세대학교 철학과에서 가르쳤는데, 그때 나는 전임조교로서 선생님을 옆에서 가까이할 수 있었다. 심경은 부임하여 얼마 되지 않아 『연세춘추』에 「백묵일기」라는 제목으로 8회에 걸쳐 수상을 연재하였는데, 나는 그 글을 읽고서 글을 잘 쓰시는 분이라는 강한 인상을 받았다. 그리고 그 인상은 오늘까지도 변함없이 이어지고 있다. 심경 선생은 그때 이미 테니스를 치고 있었다. 오후가 되면 흰 운동화에 흰 반바지를 입은 훤칠한 키의 선생님이 라켓을 들고 테니스 코트로 내려가는 모습을 볼 수 있었는데, 1960년대 초까지만 해도 테니스를 치는 분들은 귀족으로 대우받던 시대였다.

심경 선생은 명강의로 학생들의 존경을 한 몸에 모았다. 에이어(A. J. Ayer)의 *Language, Truth and Logic*을 교재로 '현대철학'을 강독하였고, '윤리학'을 강의하였는데, 학생들은 선생님이 에이어의 그 책을 정확하게 읽고 분석했으며 용어의 의미를 깊이 있게 설명하였고 쉼표 하나에도 의미를 부여하면서 강독했다고 하였으며, 윤리학은 메타윤리학을 중심으로 강의하였는데, 그 내용이 새로웠을 뿐 아니라 강의 말미에 강의 내용을 요약하는 것이 일품이었다고 하였다. 연세대학교 철학과에서 '윤리학'을 강의하고 있을 당시 이미 1963년 8월에 박영사에서 출판한 심경 선생의 대표 저작 『윤리학』의 원고가 완성 단계에 있었던 것으로 보인다. 1963년 8월에 출판된 『윤리학』의 서문에 언급된 오성진 군은 1962년 철학과 4학년으로서 선생님의 윤리학 강의를 수강한 학생이었기 때문이다.

심경 선생과 1961년 10월경 광화문 네거리의 아카데미 극장에서, 지금 그 제목은 잊었지만, 소피아 로렌이 여자 주인공으로 나온 영화를 감상하고서 그 옆의 일식당에서 식사를 한 일이 있는데, 이것이 선생님과의 처음이자 마지막 영화 관람이었다고 하겠다.

심경 선생과의 두 번째 만남은 1962년 8월 서울대학교 철학과로 옮긴 후 내가 1999년 7월 대한민국학술원 회원이 되어 심경 선생을 인문사회 제1분과에서 한 달에 한 번 정기적으로 만나 뵙게 될 때까지의 37년간에 걸쳐 있는데, 이때는 자주 뵙지 못하고 한국철학회나 서우철학상 운영이사회, 그리고 그 밖의 자리에서 한 번씩 뵐 수 있을 뿐이었다. 1990년 3월 10일 한국프레스센터에서 심경 선생의 고희 기념 축하회가 열렸는데, 그 모임은 철학문화연구소에서 발행하던

『철학과 현실』을 정기 간행물로 내게 된 것을 축하하고, 서울대 철학과를 정년퇴임하신 후 5년 동안 심혈을 기울여 저술한 『변혁 시대의 사회철학』의 출판을 기념하는 자리를 겸하였다. 당시 한국철학회 회장이자 연세대학교 총장이던 내가 그 모임에서 축사를 하였는데, 심경 선생과의 1960년대 초반의 인연이 감안된 것으로 안다. 그 축사에서 나는 『철학과 현실』이 "철학을 관념의 허공에서 현실의 지상으로 내려오게 하고, … 철학자와 생활인이 만날 자리를 마련하게 되며… 철학이 하늘의 별만이 아니고 땅 위의 등불이 되기를 기대한다."고 하였다.

심경 선생과의 세 번째 만남은 대한민국학술원에서였다. 1999년 7월부터 선생님이 서거하신 2009년 5월까지이니 심경 선생의 말년 10년을 선생님을 모시고 선생님 곁에서 보내게 된 것이다. 선생님과 나는 학술원 인문사회 제1분과에 속하게 되었는데, 인문사회 제1분과는 철학, 교육학, 심리학, 미학, 종교학의 다섯 학문 분야로 이루어져 있었다. 나는 심경 선생을 한 달에 한 번 열리는 분과회의에서 만나 뵐수 있었다. 오전 열한시에 시작되는 분과회의는 한 시간 남짓 보고 사항과 안건을 심의하고서, 근처에 있는 식당 '초당(草堂)'으로 자리를 옮겨 돌솥밥에 빈대떡과 백세주를 곁들여 점심식사를 하곤 하였다. 심경 선생은 회의 때나 식사 때나 늘 차분하고 조용하고 근엄하였다. 당신의 주장을 큰 소리로 주장하는 일도 없고, 술 한두 잔 드셨다고 목소리 높여 고담준론을 펴는 일도 없었다. 물론 고집도 있고 주장도 강한 분이었다. 그럴 때는 목소리에 힘을 주어 또렷한 목소리로 말하곤 하였고, 모두가 선생님의 말씀에 귀를 기울여 수긍하였다. 그러나 전체적으로 차분하고 근엄하고 위엄이 있었다. 한마디로 충청도 선비의 자태였다고 할 것이다.

심경 선생은 2001년 5월 '성숙한 사회 가꾸기 모임'이라는 단체를 결성하여 그 상임 대표의 일을 맡으셨다. 세종문화회관에서 개최된 창립대회는 5백여 명의 우리나라를 대표할 만한 인사들이 모여 활기 있고 성대하게 출범하였다.

널리 알려져 있는 바와 같이 심경 선생은 1940년대 초반 일본 동경대학 법학부에서 공부하다 태평양전쟁의 발발로 학업을 중단하고 귀국한 후 해방이 되면서 서울대학교 철학과에 편입하여 윤리학을 전공하게 된다. 심경 선생은 해방 후의 사회적 혼란을 목도하고서 윤리운동을 펼치기로 마음먹었으나, 윤리운동을 전개하기 위해서는 윤리가 무엇인가를 알고 윤리로 이론적으로 무장할 필요가 있다고 판단하여 윤리학을 전공하기로 작심하였다고 한다. 따라서 심경의 마음 밑바탕에는 늘 윤리운동을 펼쳐야겠다는 뜻이 흐르고 있었다고 할 것이다. 따라서 '성숙한 사회 가꾸기 모임'은 당신의 오랜 숙원을 구체화하는 일이기도 하였다. 나는 이 모임에 처음부터 참여하여, 처음에는 지도위원으로, 공동대표로, 그리고 지금은 손봉호 교수, 김경동 교수와 함께 상임 공동대표로 참여하고 있다. 이 일을 통해서도 나는 심경 선생과 자주 접촉할 수 있게 되었다. 8년이 지난 지금, 회비로 운영되는 봉사단체의 성격상 참여 인원이 많이 줄고 열기도 날로 식어가고 있는데, 이 모임을 주도했던 심경 선생의 타계로 그 앞날이 걱정스럽지 않을 수 없다. 그러나 '성숙한' 사회를 만들겠다는 이 모임의 숭고한 뜻을 이어가기 위해 다시 한 번 새로운 힘과 의욕으로 뭉쳐야 할 것이라고 생각한다.

2005년 6월 나는 김태길 회장님과 함께 일본 학사원을 방문하였다. 대한민국학술원과 일본 학사원의 교환 방문 계획에 따른 것이었다. 김태길 회장님께서 여행에는 동행이 좋아야 한다면서 함께 가지 않겠느냐고 해서 이루어진 일이었다. 이 여행에서는 일본 학사원뿐 아니고 동경대학을 예방하고 동경국립박물관을 관람하고 동경 주변의 몇몇 명승지를 관람하게 되어 있어 여간 기쁘고 귀한 기회가 아닐 수 없었다.

첫째 날 저녁에는 일본 학사원의 나가구라(長倉) 원장의 초청으로 춘산장(椿山莊) 내의 '綿水'라는 고급 일식당에서 융숭한 만찬 대접을 받았다. 춘산장은 2만 평 규모의 아름답고 맑은 정원이어서 동경 시내에 있음에도 불구하고 반딧불이 날아다니는 그런 곳이었다.

둘째 날은 일본 학사원에서 공식적인 회합이 있었다. 일본 학사원은 그 유명한 우에노(上野) 공원에 인접해 있었고, 공원 안에는 동경 국립박물관이 있었으며, 그 공원 바로 건너편에 동경대학이 위치해 있었다. 그날의 회합에서 거둔 성과로는 지금까지의 상호 의례적 방문의 수준을 넘어 양국 학술원의 대표들이 어떤 주제를 갖고 논의하는 간담회 형식으로 격상시키기로 의견을 모은 것이라고 할 수 있다. 2010년 9월 28일에 대한민국학술원에서 개최되는 제4회 한일학술포럼은 김태길 회장님이 이룩한 업적의 하나라고 할 것이다.

이 여행에서 심경 선생은 당신의 성장과 삶에 대해서 많은 말씀을 하였는데 그 중에서 특히 나에게 강한 인상을 준 것은 제3고등학교(이하 3고) 시절에 관한 이야기였다. 3고는 경도(京都)에 있었는데 수재가 아니고는 입학할 수 없는 학교였고, 3고를 졸업하면 제국대학 입학은 보장된 것이었기 때문에 학생들의 자부심은 하늘을 찌를 듯 대단했다고 한다. 전교생은 모두 기숙사에서 생활하였고 그 기숙사를 '자유료(自由寮)'라고 불렀는데, 자유료에는 학생들의 생활을 총괄하는 학생장이 있었고 그 학생장의 힘과 권한과 기세는 대단한 것이었다고 한다. 그런데 놀랍게도 심경 선생께서 부학생장을 했다는 것이다. 나는 다소 의아해서 선생님이 정말 부학생장을 하셨느냐고 물어보기까지 하였다. 심경 선생이 3고의 이야기를 할 때는 마치 십대 후반으로 돌아간 듯 열을 올리고 흥분하고 추억에 젖는 듯하였다. 3고의 입학식은 자유료에서 학생장 중심으로 이루어지는데, 입학식에서 학생장이 하는 훈시는 한마디로 "여러분은 지금까지 시키는 대로, 정해진 대로 생활해 왔다. 그러나 지금부터는 자유롭게, 자기 생각대로, 자기중심으로 생활해 가야 한다. 자유의 정신을 발휘해야 한다. 우리의 생활관이 '자유료'인 이유가 여기에 있다."는 것이다. 3고 시절 학생장을 했던 분이 우리가 묵고 있던 호텔로 찾아와서 시간 가는 줄 모르고 두 분이 정답게 담소하는 것을 보고서 85세가 넘은 분들이 60년이 넘게 인연을 이어 오고 있는 것이 부럽기도 하고 정말 깊은 인연으로 맺어진 사이라는 생각을 지울 수 없었다.

2008년 6월 27일 분과회의가 끝난 후 심경 선생께서 "내 방에 가서 커피나 한 잔 합시다." 하시는 것이었다. 이 날은 학술원 정기총회(7월 11일)가 열리기 2주일 전이었다. 회장실에 들렀더니, "이번 총회에서는 회장과 부회장이 모두 교체되지 않습니까. 회장은 자연과학부에서, 부회장은 인문사회과학부에서 나오게 되는데, 박 총장, 부회장으로 한번 나서 보시지…. 그동안 가까이에서 겪어보니 박 총장은 사람도 좋고 친화력도 있고 세상 돌아가는 일에 대해서 재미있게 말도 잘하고…" 하시는 것이었다. 나도 속으로는 '부회장을 하려면 이번이 기회다. 다음은 8년 뒤의 일이고 그때는 내 나이 82세가 되니 나설 수 없을 것이고…' 이러한 생각을 해보긴 했지만…. 내가 "학술원의 분포로 보아 될 수 있겠습니까?"라고 반문했더니, "이제는 분위기가 다소 바뀌고 있습니다. 학술원의 분위기에서 회장이 도울 길이 별로 없긴 합니다만…" 하시는 것이었다. 나는 용기를 내어 나서 보기로 하였고, 뜻밖에도 부회장으로 선출되는 영광을 안게 된 것이다. 나는 내가 오늘 이 자리에 있게 된 것이 심경 선생의 격려 덕분으로 알고 마음으로 감사하고 있다.

2008년 8월 12일 심경 선생은 강원도 백담사 근처에 있는 만해 마을에서 만해상을 수상하였다. 이 자리에는 아드님 김도식 교수와 따님 그리고 선생님의 제자 내외분이 참석하였고, 학술원에서는 주진순 부회장, 황호진 사무국장 그리고 내가 동행하였다. 심경 선생은 수상식에서 곧은 자세로 서서 또렷하고 맑은 음색으로 수상소감을 말씀하였다. 그때까지도 심경 선생은 건강하였고 건강에 아무런 이상도 보이지 않았다. 다음 날 아침 우리 일행은 황태국으로 아침식사를 하고서 강릉에서 옛길을 따라 오대산으로 올라가서 싱원사를 둘러보고 월정사에 들러 경내를 산책하고 서울로 향하였다. 심경 선생은 강릉에서 옛길로 오대산으로 올라오면서 "경관이 참 아름답지요. 얼마나 아름답습니까. 정말 아름답습니다."라고 어린애처럼 몇 번이나 감탄하시곤 하였다. 그때 이미 생의 마지막을 예감하신 것인지….

심경 선생은 삶의 마지막 4년 동안 학술원 회장을 역임하였고, 『철학과 현실』의 발행인으로, '성숙한 사회 가꾸기 모임'의 상임 공동대표로 많은 사람들의 중심에 서서 존경을 받으시다가 조용히 천수를 받아들인 학덕(學德)과 복(福)을 겸비한 분이었다고 할 것이다.

김태길 선생과의 인연

박이문
시몬스 대학 및 포항공대 명예교수

1950년대 후반부터 김태길 선생님의 존함을 알고 있었지만, 직접 만나 뵌 것은 아마 1990년 1월 어느 날 63빌딩에서가 아니었던가 싶다. 오래전부터 가까이 지냈던 이명현 교수의 소개였다. 당시 보스턴의 한 대학에 재직 중이던 나는 한 학기를 동경의 국제기독교대학에서 가르치고 봄 학기를 포항공대에서 가르치러 서울에 막 와 있던 참이었다. 그때 선생은 계간지 『철학과 사회』를 곧 창간할 예정인데 그 계획에 협력해 달라고 하셨다.

그때까지 내가 알고 있던 선생은 한국인으로서는 몇 명만이 입학할 수 있던 일본의 제3고등학교 졸업생이자 동경제국대학에서 수학했던 수재였고, 서울대 윤리학 교수이자 수필가이며, 광복 후 한국인으로서는 처음으로 미국에서 분석철학으로 학위를 받은 분이라는 것이 전부였다. 이 사실만으로도 그는 나의 존경과 선망의 대상이 되기에 충분했지만, 내가 첫 만남에서 직접 받은 세 가지 인상에 의해서 한결 더 깊이 내 머릿속에 각인되었다. 세 가지 인상이란 다름 아닌 그분의 호리호리한 멋있는 신체적 풍모, 온화하면서도 넉넉한 인격적

품위, 그리고 칠순이 넘은 연세에 사재를 털어 제자들과 더불어 수준 높은 철학적 교양지 발간을 통해서 한국의 지적 수준을 높이겠다는 강한 의욕과 추진력이었다. 위와 같은 점에서 김태길 선생님은 가장 좋은 의미에서의 동양의 전통적 선비인 동시에 서양적인 세련된 지식인이다.

그는 전통적 선비이지만 고리타분한 시골 영감이 아니라 재치와 지혜가 반짝이고 유머가 풍부한 디지털 시대의 멋쟁이 양복을 입은 지성적 선비이며, 그의 지적 세계는 웃음으로 가득 차 있지만 그 웃음은 결코 속되지 않고 언제나 품위가 풍긴다. 이러한 그의 면모는 그의 수많은 수필집과 사회와 문화에 관련된 저서들로 이미 입증된 바 있지만, 어떤 공적 모임에서나 거의 자동적으로 제일 먼저 하게 되는 간단한 스피치에서도 언제나 확인할 수 있는 덕목들이다.

그는 철학도로서, 철학교수로서 평생을 살아온 분이지만 그러한 추상적 관념의 아카데믹한 세계에 갇혀 있기를 거절하고, 수필과 여러 저서 및 사회운동을 통해서 대중과 호흡을 함께하여 문화의 질을 높이고 사회를 개혁하고자 하는 실천적 의지의 운동가의 면모를 갖고 있기도 하다. 곧 창간 20년을 맞이하게 되는 계간지 『철학과 현실』의 발행과, 출범한 지 벌써 8년이 넘은 '성숙한 사회 가꾸기 모임'이란 사회운동은, 위와 같은 행동 의지의 인간으로서의 그분의 면모를 보여주는 대표적 예이다. 구순을 맞이하는 선생께서 아직도 일주일에 몇 번씩 정기적으로 제자들과 테니스를 친다는 사실도 바로 위와 같은 스스로를 절제할 수 의지적 인간으로서의 그분의 모습을 단적으로 보여주는 예가 아니겠는가 싶다.

마지막으로 지적하고 싶은 점은, '윤리학'을 공부하고 가르치신 철학교수답게 김태길 선생님의 가장 귀중한 덕목의 하나는 그분이 남을 배려하는 분이라는 사실이다. 반세기 가까운 대학교수 생활을 통해서 뛰어난 도덕철학자, 윤리학 교수들 가운데 도덕적 관점에서 아무리 봐도 비도덕적으로밖에는 볼 수 없는 이들을 적지 않게 만났거나 간접적으로 알고 있는 본인으로서는, 도덕적 인간으로서의 김태길 교수의 모습이 유독 빛나게 느껴지고 존경스럽다. 적어도 그분과 나와의 개인적 관계에서는 그렇다.

1990년 봄 학기를 포항공대에서 보내고 보스턴의 직장에 돌아가기 전에 나는 내 자신의 지난 60년의 삶을 정리한다는 의미에서『자비의 윤리학』을 출판했다. 이명현 교수의 주선으로, 나의 육순과 내 책 출판을 기념한다는 의미로 호암회관에서 20여 명의 철학교수들이 참석한 모임이 있었다. 이명현 교수를 제외하면 그 당시까지 나는 그곳에 참석해 주신 대부분과 안면이 거의 없었고, 거기에 참석하신 김태길 선생님도 서먹한 처지였다. 그런 상황에서 그런 자리를 꾸민 이 교수는 물론, 그 자리를 빛나게 해준 젊은 교수님들에게 깊은 감동을 받고, 오늘날까지도 감사하는 마음으로 가득 차 있다. 특히 당시 칠순을 넘기신 김 선생님의 참석과 재치 있는 축사에 대한 감사의 마음은 각별하다. 동료는 물론 제자도 아닌, 그리고 그때까지만 해도 낯선 후배를 위해 먼 길을 오셔서 시간을 할애해 주셨으니 말이다. 그것이야말로 김태길 선생님의 남에 대한 천성적 배려, 도덕적 덕목의 살아 있는 증거가 아니고 무엇이겠는가.

1999년 나의 책 *Man, Language and Poetic Intention*의 출판기념회가 역시 호암회관에서 있었을 때에도 김태길 선생님께서 나오셔서 축하의 말씀을 해주셨다. 그런 사례들 이외에도 선생께서는 오늘날까지 줄곧 나를 위해 이것저것 배려하고 가르침을 주셨다.

그분을 처음 만난 후 벌써 20년 동안 그분을 선배이자 스승으로서 모시고 가까이 지내며, 알면 알수록 그분에 대한 나의 존경심은 줄곧 커지고 확고해졌다. 그리고 내가 그분과 인연을 맺게 된 것을 나의 행운이자 축복이라 여기고 있다.

　체질, 절제, 운동, 그동안의 건강하신 모습에 비추어 볼 때 백 살은 더 살고도 남으실 것으로 확신하고 있던 차에, 작년 어느 날 그분께서 작고하셨다는 소식을 듣고서 정말 청천벽력 같아 뭐라 말이 나오지 않았다. 김 선생님의 작고로 내 삶에 큰 빈자리가 허전하게 생겼다. 더 뵙지 못하는 아쉬움이 크다.

다시 무심 선생

서숭덕
전 경북대 전임강사

1962년 4월 어느 날, 나는 '서양 근세 철학사'를 수강하면서 우송 김태길 선생님을 처음 뵙게 되었다. 선생님이 서울대학교 문리과대학 교수로 취임하신 것은 그 몇 달 후의 일이다. 강의 시작에 앞서 무슨 말씀이 있었던 것도 같은데, 지금 그 말씀은 전혀 기억에 없다. 그러나 출석을 부르셨던 것만은 분명하다. "박ㅇㅇ군", "이ㅇㅇ양", 한 사람씩 호명할 때마다 출석부와 사람을 번갈아 보셨다. 그때는 거의 출석을 부르지 않던 때라 좀 색다르다는 느낌이 들었던 기억이 있다. 그 후 오래지 않아, 이 방식에는 약간의 변화가 생겼다. "경칭은 생략하겠습니다. 박ㅇㅇ, 이ㅇㅇ, …" 그러나 선생님의 그 삼가신 듯 진지하시던 강의 방식은 세월이 가도 또 가도 그대로였다.

철학 강의는 예나 지금이나 일정한 교재 없이 구술과 판서(板書) 그리고 그 사이사이의 설명으로 이루어지는 경우가 많다. 이런 강의가 모여서 논문이 되고 저술이 되겠지만, 당장은 한 학기 동안 필기한 것을 모아도 노트 한 권을 채우기 어렵다. 이렇게 이루어진 개념들의 체계의 일정 부분이 철학의 입문자에게 쉽게 이해될 리 없다.

그러나 선생님의 강의는 달랐다. 명석했다. 때로 모호한 것을 모호하다고 지적하는 경우에도 사유(事由)가 분명했다. 관념론에서 배척받는다던 형식논리가 영미철학에서는 이렇게도 쓰이는가 싶기도 했다. 어디서 먼동이 트는가 싶을 때도 있었다. 이렇게 해서 그해와 그다음 해 내가 들은 선생님의 강좌에는, 거의 반세기 전의 일이라 기억이 분명치 못하지만, 위에 말한 '서양 근세 철학사' 외에 '현대 윤리의 제문제', '영미 윤리 특강', 'J. S. 밀의 Utilitarianism 강독' 등이 포함되었던 것 같다. 모두 두 학기 연속 강좌였다고 기억한다.

어느 화창하던 일요일 오후 나는 도서관 앞 아름드리 은행나무 밑에서 고봉진 형을 우연히 만났다. 고 형은 그 얼마 전에도 같은 나무 아래에서 서로 마주친 적이 있었다. 그때 그는 김태길 선생님이 최근에 『웃는 갈대』라는 수필집을 내셨는데 꼭 한번 읽어볼 만한 책이라고 소개했고, 나는 그 말을 권유인 줄 알아듣기는 했지만, 그때까지도 읽지 못하고 있었다. 고 형은 그날도 그 책에 관한 이야기를 하다가 문득 김태길 선생님의 자택에 한번 가보자고 했다. 용케도 선생님의 자택까지 알고 있는 모양이었다. 나는 기꺼이 그를 배행하기로 했다. 두 사람이 추렴하여 혜화동 우체국 부근 어느 약국에서 목침만한 종이상자에 든 박카스를 샀던 것 같다.

아무 예고 없이 찾아갔지만, 선생님께서는 마침 집에 계셨다. 우체국에서 북쪽으로 몇 걸음 더 가다가, 서쪽으로 계천 건너, 선생님의 한옥 자택은 깨끗하고 잘 정돈되어 있었다. 선생님은, 편한 복장이지만 단정한 차림새로, 서재에서 우리를 맞으셨는데 마치 우리가 올 줄 알고 기다리시던 분 같았다. 우리가 박카스를 내놓자 선생님은, "이런 건 안 가져와도 돼요. 다음부터는 그냥 와. 나중에 자네들이…" 대화가 그 어디쯤 이르렀을 때, 마침 사모님이 차(茶) 소반을 내오셔서 화제가 바뀌었다. 선생님은 차를 권하시고, 이어서 자개 연갑(煙匣)의 뚜껑을 열고 궐련을 권하시기도 했다. 우리는 차를 마시고, 담배는 한국의 규범에 따라 사양했다. 선생님은, 자신은 담배를 피우지 않지만, 흡연에 노소를 구분하지는 않는다는 설명을 곁들이셨다. 순간 눈앞에 미국 영화의 한 장면이 스쳐가는 것 같았다. 그날의 대화는 주로 선생님과 고 형이 나누셨고, 나는 거의 듣기만 한 것 같은데, 지금 생각하면 내용은 하나도 기억에 남은 것이 없다. 그러나 나는 그 대화에서, 선생님은 수필집을 낼 만큼 문예를 사랑하지만 결코 문약(文弱)하지는 않은 분이라는 인상을 깊이 새기게 되었다. 그리고 그러한 자리에 동석시켜 준 고봉진 형에게 감사했다. 그날의 계기가 된 『웃는 갈대』는 그로부터도 십여 년이나 지나 박영사의 문고본으로 비로소 읽게 되었다. 내 굼뜬 성미는 그때도 이미 어쩔 수 없었나 보다.

1962년 가을, 서오릉에서 철학과 야유회가 있었다. 재학생이 약 30명 가까이 참석했고, 교수와 조교로는 최재희 선생님, 박홍규 선생님, 김태길 선생님, 김상기 선생님, 이초식 선생님이 오셨다. 그날 김태길 선생님은 연회색 바바리코트 차림에 스틱을 휴대하셨다. 선생님은 독창을 하시고, 스틱으로 교수단의 합창을 지휘(?)하시고, 한 학생과 더불어 맘보춤을 추셨다. 이 진기한 풍경에 학생들은 장단을 맞추면서 박장대소했다. 며칠 후 내가 그날의 사진 몇 장을 전해 드리자, 선생님께서 사진 값을 물으시기에, 속으로 흠칫했던 기억이 있다. 나는 분명 신세대였지만, 사고방식은 선생님께 족히 한 세대는 뒤처져 있었다.

여기까지는 내가 선생님의 가르침을 받던 첫 한 해 동안의 일들을 생각나는 대로 적어본 것이다. 그 후 거의 반세기 동안 가까이서 멀리서 선생님을 모셔오면서 선생님에 대한 나의 인상은 희미하게 그려놓은 이 테두리를 크게 벗어나지 못했던 것 같다. 나는 합리성, 성실성, 논리성 등등의 개념에 나의 이 기억을 굳이 얽매고 싶지도 않다. 정의(定義)보다 현장의 기억이 내게는 일차적으로 소중했다.

1991년에 나온 선생님의 산문집 『꽃 떨어져도 봄은 그대로』에는 같은 제목의 짧은 글이 한 편 있다. 그 글은 청나라 말기 유월(俞樾)이라는 학자의 "花落春仍在"라는 시구에 대한 일종의 해설이다. 때를 놓쳤다고 포기할 것이 아니라, 늦었다고 생각하는 그 시간에 다시 시작해도 큰 결실을 거둘 수 있다는 취지이다. 나는 이 교훈 앞에 고개 숙이면서도, 꽃 지고 봄이 남았으면 며칠이나 남았으랴 하는 좀 '삐딱한' 생각을 떨치기 어려웠다. 꽃과 봄이라면 차라리,

    한 닢 꽃이 날려도 봄을 줄이거늘   一片花飛減却春
    바람에 만점이 흩어지니 정녕 마음 아파라   風飄萬點正愁人

이런 구절을 나는 사랑하고 있었다(杜甫,「曲江二首」). 그러나 일은 그렇게 선택형으로 끝나지 않았다.

2009년 5월 어느 날이었다. 나는 대구시청 부근에 갔다가, 어느 고서점의 진열대에 한 무더기 퇴색한 잡지가 쌓여 있는 것을 보고 그 집에 들어갔다. 잡지는 옛날의 월간지 『사상계(思想界)』였다. 장서인이 분명한 것으로 보아 아마 어느 수장가로부터 흘러나왔나 보다. 나는 그 책들을 뒤적여 평소 내가 존경하던 은사, 동기, 선후배들의 글을 상당수 찾아내었다. 그 중 우송 선생님의 수필, 논설이 발표된 책은 「화단」(수필, 1955년 12월호), 「나비」(수필, 1956년 10월호), 「꾀

꼬리」(수필, 1957년 9월호), 「현대 윤리학과 가치언어 분석」(논설, 1961년 10월호) 등을 포함하여 19권이나 되었다. 값은 권당 2천 원. 모두 40권을 사서 택시에 싣고 집에 왔다.

　책이란 이상한 것이다. 오래된 초간본을 읽고 있으면, 호화장정의 새 책과는 또 다른, 마치 저자의 필사본이라도 읽는 듯한 감흥에 사로잡히기도 하고, 저자도 똑같은 이 쪽을 이 활자로 읽었으리라는 턱없는 동류의식을 느낄 때도 있다. 그럴 때면 고서 수집가를 어렴풋이나마 이해할 것도 같아진다. 그날 밤 나는 선생님의 수필을 읽으면서 거의 밤을 새웠다. 새벽녘에 잠깐 잠이 들었던가. 누가 깨워 눈을 떠 보니 날은 이미 밝아 있었다. 간밤에 우송 선생님께서 별세하셨다는 아내의 전갈이 있었다.

　선생님은 구순(九旬)을 거뜬히 넘기시리라고 믿었던 사람이 어찌 나뿐이랴! 지난 반세기 서울에서, 지방에서, 이국에서, 선생님께 의지하던 일들이 주마등처럼 떠오른다. 선생님께서 권하시던 저작은 아직도 까마득한데…. 오랜 희망이 순간적으로 새로운 슬픔과 교차하고 있었다.

　추석을 앞두고 서가를 정리하였다. 1962년의 *Naturalism and Emotivism*과 1963년의 『윤리학』은 내가 조금이나마 교정을 거들었던 책들이다. 『웃는 갈대』의 초간본도 그사이 어쩌다 한 권 구하였다. 선생님의 다른 책들에도 모두 선생님의 서명이 들어 있다. 이 책들은 내 가난한 서가를 풍요롭게 해주는 장서들이다. 그 중에 어느 책을 펴 들어도 선생님께서 생존해 계실 때 읽던 것과 내용이나 느낌이 다를 바 없다. 아, 이래서 꽃 떨어져도 봄은 그대로라고 하셨던가.

　『흐르지 않는 세월』(1974)을 보아도 선생님은 그때 이미 시간의 흐름을 경험론이나 현상학 같은 틀에 넣어서만 보신 것이 아님이 분명하다. "花落春仍在", 흐르는 세월의 이면에는 흐르지 않는 근원이 있다는 뜻이었던가? 한 번 빠졌던 바로 그 강물에 두 번 다시 빠질 수는 없다. 끊임없이 새로운 물이 흐르고 있지 아니한가. 그러나 오늘의 강물이나 내일의 강물이나 H_2O임에는 다를 바가 없다. 개념, 관념, 본질… 또 무엇이라 하든, 변하는 것의 근원에 변하지 않는 것을 상정하지 아니하고서는 설명이 불가능한 인식도 있지 아니한가. 무한, 직선, 평면처럼.

무심 선생은 "세월을 초월한 근원적인 문제들"에 대하여 답을 구하고자 했다. "그러한 사람이 비단 한 사람뿐 아니라 여러 사람 있을지도 모를" 일이고 보면, 흐르지 않는 세월 속에 불변의 본질을 찾는 우송 선생과 무심 선생의 사이에는 경계마저 흐려진다.

때는 멎고, 선생님과 선생님의 학문도 그처럼 영원하리라 나는 확신한다.

자승자박 윤리운동

손봉호
고신대 명예교수

2001년 초 어느 날 김태길 선생님이 만나자고 연락하셨다. 나는 그때 선생님께서 심혈을 기울여 가꾸시던 철학문화연구소의 여러 행사에 비교적 충실하게 참석하였기 때문에 서로 만날 기회가 많았는데도 굳이 따로 만나자 하시니 좀 두렵기도 했다. 지금도 그러하지만 그때 나의 삶은 나의 것이 아니었다. 마음이 약해서 누가 간곡하게 부탁하거나 시키면 거절하지 못하여 거의 감당할 수 없을 정도로 일을 많이 맡고 있었다. 걸어 다니는 것이 아니라 밀려 다녔다. 나의 그런 사정을 김 선생님이 어느 정도 아시기 때문에 그렇게 무리한 부탁은 하시지 않을 것이라고 믿었지만, 그래도 혹시 또 무슨 일을 하라 하실까 겁이 난 것이다. 다른 분은 몰라도 김태길 선생님이 무엇을 부탁하면 전혀 거절할 수 없을 것이기 때문이었다.

서울대 호암생활관에서 만난 선생님은 뜻밖의 제안을 하셨다. 윤리운동을 같이하자고 하신 것이다. 그때 나는 이미 기독교윤리실천운동을 하고 있었지만 그것은 주로 기독교인들을 상대로 하는 운동이었으므로 비기독교인과는 다소 무관하였다. 그리고 선생님이 제안하신 윤리운동은 좀 색다른 것이었다. 그때 대부분의 시민운동은 주로 비판적이었다. 정부, 기업, 사회, 다른 사람들의 잘못을 지적하고 고치라고 압력을 행사하는 것이 시민운동의 전부였다고 할 수 있다. 그런데 우리는 그런 운동이 아니라 우리 자신부터 고치자는 운동을 하자는 것이었다. 그때 선생님이 제안하신 표현이 바로 '자승자박(自繩自縛)'이었고, 그것이 나중에 결성된 '성숙한 사회 가꾸기 모임'의 핵심이며 특징으로 채택되었다. 성숙한 사회 가꾸기 모임이 수칙으로 내세운 6개 항목도 다른 사람들에게 요구하는 것이 아니라 우리 회원들이 먼저 실천하려고 노력하자는 것들이다.

나는 성숙한 사회 가꾸기의 자승자박 정신은 우리 모두가 지녀야 할 기본적인 태도이며 우리 사회 구성원들에게 가장 요구되는 행동 방식이라고 생각한다. 그러나 그것은 동시에 김태길 선생님의 삶과 사상을 가장 잘 반영하는 것이라고도 할 수 있다. 나는 조금도 주저하지 않고 그런 운동을 같이하겠다고 약속하고 곧 시작했다. 그런 일에 나를 불러주신 것에 대해서도 감사했지만, 선생님을 모시고 그런 운동을 하면 반드시 효과를 거둘 수 있을 것이라고 믿었고, 발기인으로 동참하신 분들도 모두 그렇게 생각했다.

김태길 선생님이 우리나라의 가장 대표적인 윤리학자란 사실은 이미 잘 알려져 있었다. 그러나 단순히 학문적으로서 윤리를 논의하는 것만으로는 사람들을 윤리적으로 만드는 데 충분하지 않다는 것을 선생님은 절감하신 것 같다. 그리고 나아가서 본인 스스로 윤리적인 모범을 보이는 것만으로도 부족하다는 것을 아신 것 같다. 우리 사회가 김태길 선생님을 존경한 것은 그가 뛰어난 윤리학자이기 때문만이 아니었다. 윤리학에 관한 한 선생님에 못지않은 지식과 식견을 가진 학자들은 우리 사회에 없지 않다. 그런데 다른 학문과 달리 윤리학은 실천이 따르지 않으면 아무 소용이 없다. 나는 평소에도 자신과 다른 사람이 윤리적으로 행동하는 데 도움이 되지 못하는 윤리학은 병을 고치는 데 아무 도움이 되지 못하는 의학과 같다고 주장해 왔다. 선생님도 이에 전적으로 동의하셨다고 믿는다. 물론 김 선생님은 그렇지 않아도 우리나라의 전통적 선비의 고고한 자세를 견지하셨겠지만, 특히 자신이 윤리학자였기 때문에 좀 더 행동과 판단에 조심하시지 않았겠는가 생각한다. 그에게 윤리는 단순히 학문 연구의 대상이 아니라 삶 자체였다. 윤리학에 관한 책을 쓰고 논문을 발표하는 것에서 한 걸음 나아가 선생님은 자신의 삶으로 윤리적인 모범을 보이셨다. 선생님은 농담도 가끔 하시고 자신의 약점도 숨기지 않으셨지만 누구든지 그 앞에서 말과 행동에 조심하는 것은 그의 삶과 인격이 풍기는 도덕적 위엄 때문이다.

우리가 아는 한 아무도 김태길 선생님을 비난하고 선생님에게 의도적으로 해를 끼치려 하지 않았다. 그래서 우리 사회의 도덕적 난맥상 때문에 개인적으로 그렇게 아픈 경험을 하신 것 같지는 않다. 남에게 해를 끼칠 분이 아닐 뿐 아니라 그분에게 해를 끼쳐서 덕 볼 사람도 별로 없었기 때문이다. 김태길 선생님은 도무지 다른 사람이 샘을 내고 그를 깎아내릴 만한 위치에 아예 서지 않으셨다. 물론 자랑스러운 서울대인 상, 학술원상 등 좋은 상도 받으셨지만 그것이 너무나 당연한 것이었기 때문에 아무도 이에 불평하지 않았다. 그래서 그분은 사랑하는 딸의 죽음 이외에는 비교적 평탄한 일생을 보내셨다 할 수 있고, 그것은 그 자신의 조심스러운 처세 때문이었다.

그런데도 불구하고 선생님은 자신의 모범적인 삶으로는 충분하지 못하다는 것을 깨달으신 것 같다. 선생님을 인정하고 존경하는 것과 선생님처럼 살고 행동하는 것은 전혀 별개인 것 같다. 선생님의 학문적 업적과 도덕적 모범에도 불구하고 우리 사회의 도덕적 상황은 너무 한탄스럽다는 사실을 뼈아프게 생각하셨을 것이다. 그리고 원로

윤리학자로서 일종의 책임마저 느끼시지 않았을까 한다. 바로 그 때문에 사람들 앞에 나서기를 매우 싫어하시고 높은 자리에 앉는 것을 힘들어하시는 선생님이 성숙한 사회 가꾸기 운동의 상임 공동대표로, 서거하시기 직전까지 그 일에 많은 정열을 쏟으신 것이 아닌가 한다. 마당극에 출연도 하시고 대중매체 앞에서 자신의 종아리를 때리는 퍼포먼스까지 하셨다. 그것이 그의 삶과 가치관에 전혀 맞지 않는다고 느꼈다면 결코 그렇게까지 나서지 않았을 분이다. 당신의 성격과 취향에 어울리지 않더라도 사회의 공익을 위해서는 좀 유치해 보이는 행위까지 감행하신 것이다.

그러나 안타깝게도 세상과 사람의 행동방식은 그렇게 쉽게 바뀌지 않는 모양이다. 김태길 교수처럼 높은 도덕적 권위를 가진 분이 그렇게 열정적으로 앞장선 운동인데도 성숙한 사회 가꾸기 운동은 그동안 눈에 띄는 성과를 거두지는 못한 것 같다. 적어도 성숙한 사회 가꾸기 운동 때문에 이렇게 변했다 할 수 있는 것은 거의 없다.

그러나 윤리운동을 수십 년간 해본 나에게는 이것이 전혀 이상하지 않다. 오히려 눈에 띄는 변화가 있었다면 이상하다 했을 것이다. 한 사회의 가치관과 사람들의 행동방식은 결코 하루아침에 바뀌지 않는다. 세 살 버릇이 여든까지 간다는 말이 있거니와, 주위의 다른 사람이 변하지 않으면 혼자서 바꾸기가 매우 어렵고, 특히 바꾸는 것이 자신의 이익에 도움이 되지 않는다고 믿는 한 쉽게 변하지 않는다.

역으로 다른 사람들 대부분이 변하거나, 바꾸는 것이 자기에게 이익이 되면 변화는 가속적으로 일어날 것이다. 그러므로 사회의 윤리 문제를 두고 연구하고 고민해 본 사람들 가운데는 개인의 행동방식을 고치기 전에 사회구조를 먼저 고쳐야 한다고 주장하는 사람들이 많다. 그러나 그 구조도 사람에 의하여 고쳐질 수 있기 때문에 역시 소수의 사람들이라도 먼저 바뀌어야 하고, 그 소수는 물론 중요한 소수라야 한다.

  성숙한 사회 가꾸기 운동은 실패한 것같이 보이지만 나는 그렇게 생각하지 않는다. 우리 사회에 중요한 영향력을 행사할 수 있는 분들이 많이 참여하고 있고, 비록 눈에 쉽게 띄지는 않지만 그들은 우리 사회에 변화를 가져왔고 가져올 것이라고 생각한다. 만약 그분들이 이 운동에 전혀 참여하지 않았다고 가정해 보자. 아무래도 지금만큼 윤리와 공익에 관심을 갖지 않았을 것이고, 자신과 사회를 지금 정도라도 바꿔보려고 애를 쓰지 않았을 가능성이 크다. 나비 한 마리의 날갯짓이 멀리 떨어져 있는 곳에 태풍을 일으킬 수 있다는 나비효과 이론은 기상 현상 못지않게 복잡한 사회의 인간 현상에도 적용될 수 있다고 생각한다. 어떤 법칙과 어떤 과정을 통하여 작용하는지는 모르지만 우리의 작은 노력은 엄청난 변화와 발전의 씨앗이 될 수 있다고 믿는다.

  김태길 선생님은 가셨지만 그가 남긴 자승자박 윤리운동은 결코 열매 없이 사라지지 않을 것이다. 그분의 뜻이 아름다운 열매를 맺도록 남아 있는 우리는 더욱 열심히 성숙한 사회를 가꾸는 데 힘을 쏟아야 할 것이다.

우송과 함께한 반세기

송상용
한림대 명예교수/한국과학기술한림원 원로회원

　나는 1959년 9월 문리대 화학과를 마치고 이듬해 봄 철학과에 학사 편입했다. 개강하자마자 4·19가 터져 이승만이 하야했다. 온 나라가 걷잡을 수 없는 혼란에 빠진 가운데 정신없이 한 학기를 보냈다. 2학기에 들은 우송 김태길 선생의 첫 강의 현대 영미윤리학은 조가경 선생의 초기 실존사상가론과 함께 신선한 충격이었다. 미국 유학 이전 이미 『윤리학 개설』에서 경험주의 윤리학을 잘 소개했던 우송은 박사학위 논문 「자연주의와 이모티비즘」을 바탕으로 새 책 『윤리학』을 집필하고 메타윤리학을 처음으로 강의해 철학도들을 매료시켰다.
　나는 윤리학을 전공할 생각은 없었지만 대학원까지 4년 동안 우송의 강의 여섯 과목을 들었다. 학위 논문과 『윤리학』의 교정도 보아드렸다. 우송은 방향을 규범윤리학으로 틀어 사회조사 방법을 쓴 가치관 연구에 착수했는데, 나는 사회학자 홍승직 선생, 강신표, 임희섭, 한완상을 소개했고 사회학과에 다니는 누이도 조수로 참여하게 했다. 우송은 연구실 열쇠를 주어 쓰게 했고 나는 명륜동 댁에 자주 드나드는 특별한 제자가 되었다. 우송은 공석에서는 근엄했지만 사석에서는 농을 즐기고 따뜻한 분이었다. 댁에 가면 으레 집에서 담근 매실주를 따라 주고 담배도 피우게 했다. 그때 우송을 각별히 따른 제자에는 나 말고도 장동만, 고봉진, 최창한이 있었고 졸업논문이 뛰어나 『철학연구』 창간호에 실어준 이명현과 윤리학 학통을 이은 수제자 황경식이 조금 뒤에 떠올랐다.

귀국 직후 우송은 어지러운 집안 재산을 정리하느라고 고심하고 있었다. 고등학교 때부터 사회 경험이 많은 나는 우송의 사회 담당 고문 구실을 했다. 우리는 서로 집안 사정을 자세히 알고 있었고 문제가 있을 때마다 긴밀히 의논했다. 놀라운 것은 우송이 빨리 세상 물정을 익혀 오히려 나를 많이 도왔다는 사실이다. 나는 큰따님 지련을 괴롭히는 청년을 만나 단념하도록 설득하는 작전을 지휘했으나 참극을 막지는 못했다. 내가 집을 지을 때 터 사는 일을 지원했던 우송은 유학하는 동안 아내가 땅 사러 다니는 데 동행해 판단을 결정적으로 도왔다.

1967년 우송은 나에게 지방 국립대에 자리가 났으니 가라고 했다. 나는 그때 미국 유학을 준비하고 있어 그 좋은 기회를 받아들일 수 없었다. 갔다가 한 학기 만에 휴직한다고 할 수는 없었기 때문이다. 미국에서 돌아온 다음 내 취직은 소속 문제가 걸려 난항을 거듭했다. 우송은 사방에 손을 썼다. 학장들에게 인사를 보내면서 양주 선물까지 챙겨주었다. 다녀왔을 때는 내 앞에서 친구에게 전화를 걸어 말 잘 들으면 더 좋은 술을 보내겠다고 했다. 1970년대에는 유일하게 도울 수 있는 길이라고 하면서 새로 생긴 국민윤리 강의를 맡으라고 했다. 1976년에는 어느 쪽으로 될지 몰라 자연과학개론과 국민윤리로 각각 책임 시간을 확보하기까지 했다. 그 이듬해 나는 뜻밖에 성균관대에 들어갔는데 우송의 측면 지원을 받았다.

유신시대 우송이 한국정신문화연구원 부원장으로 설립 준비를 맡았을 때 정치 훈련소로 만들려는 기도에 맞서 고군분투한 얘기는 유명하다. 그때 우송은 나를 기획실장으로 데려가려고 했다. 밑에서 우송을 돕고 있던 이한구의 아이디어라고 했다. 나는 그때 그 자리를 받아들이지 못한 것을 아직까지도 죄송하게 생각하고 있다. 정신문화연구원을 싫어했기 때문만은 아니었고 너무 바빠 감당하기 어렵다고 보았기 때문이었다.

1980년 여름 나는 전두환의 집권을 반대하는 134인 지식인 선언에 서명한 죄로 성균관대에서 쫓겨났다. 5·16 쿠데타 직후에는 한 일도 없이 용공분자로 몰려 유치장에 40일을 갇혀 박종홍, 최재희 선생이 치안국에 출두해 선처를 부탁하는 곤욕을 치렀는데, 이번에는 우송의 심려를 끼치게 되었다. 해직교수 가운데는 우송의 후배와 제자들이 여럿 있어서 상심이 더 컸던 것 같다. 충격을 받고 집에 있는데 우송에게서 전화가 왔다. 김영철 선생을 대접해야 할 일이 생겼는데 나와서 술 상무를 해주어야겠다는 것이었다. 술 마시자는 친구들의 초대를 거절한 끝이었지만 안 나갈 수 없었다. 알고 보니 그 모임은 실은 나를 위로하기 위한 자리였다.

우송은 정년퇴임한 뒤 사재를 털어 뜻을 같이하는 젊은 후배, 제자들과 함께 철학문화연구소를 설립해 계간 『철학과 현실』을 펴냈다. 나는 그때 외국에 있었는데 귀국한 뒤 잠시 편집위원을 지냈을 뿐 별로 도와드린 게 없다. 또한 우송은 '성숙한 사회 가꾸기 모임'을 만들어 소극적인 시민운동을 하기도 했다. 나는 이 모임의 지도위원으로 이름이 올라 있으나 모임에 거의 나간 일이 없다. 우송은 뒤에 대한민국학술원의 부회장, 회장을 맡으면서 임기를 마친 최근까지 학술원과 연구소에 정기적으로 나가 일하고 집필 활동을 계속하며 테니스를 즐겼다.

1970년대 이후에는 내가 너무나 바쁜 생활에 쫓겨 우송을 자주 찾아뵙지 못해 죄스럽다. 6년 전 정년을 한 다음 한양대에서 2년 더 가르쳤고 그 뒤에도 한국과학기술한림원과 유네스코 본부 및 한국위원회에서 직책을 맡아 외국 출장이 잦다 보니 만남은 더 어려워질 수밖에 없었다. 그래도 우송은 초등학교 은사, 사회 선배와 함께 3년 전까지 내가 해마다 세배를 드린 참 스승이다. 1990년대 말 내가 한국과학철학회를 맡았을 때는 우송을 명예회원으로 추대하고 특강 '과학과 윤리'를 들었다. 그보다 앞서 대전에서 '과학기술과 문화 국제회의'를 조직했을 때는 기조강연을 부탁했다. 우송에게 입은 큰 은혜에 견주면 초라하기 짝이 없는 보답이었다. 오랫동안 진화와 윤리에 관한 논문을 써서 우송을 기쁘게 해드리고 싶었는데 불발로 끝났고 이번에는 미수기념문집에 수필을 통해 본 '김태길론'을 구상했다가 물거품이 되었다.

　나는 1995년 베이징에서 동아시아생명윤리학회 창립에 참여한 것을 계기로 한국생명윤리학회를 만들었고 15년 가까이 국제과학기술윤리운동에 열을 올렸다. 윤리학을 전공하지 않아 아직도 자신을 아마추어라고 생각하지만 우송과 같은 길을 걸었다는 점에서 보람을 느낀다. 2007년 초 세배 대신 우송 내외분을 저녁에 모신 자리에서 집안일을 보고하고 '황우석과의 전쟁'의 전모를 설명했더니 이해를 잘 해주어 기뻤다.

　2008년 말 우송은 일본 학사원의 초청을 받아 오래간만에 일본 여행을 했다. 여독이 안 풀려 송년 모임에도 나오지 못했다. 나는 연초에 전화를 드렸다. 일본에서 학생 시절 심취했던 나츠메 소세키의 자취를 찾아볼 수 있어 좋았다고 했다. 저녁 약속을 하려 했으나 시간이 잘 안 맞았다. 내가 이탈리아로 떠나기 직전이었다. 다녀온 다음에 만나자고 했다. 5월 초에 돌아와 바로 연락을 못 드린 것이 불찰이었다. 이번에는 정치 얘기를 할까 했었다. 우송은 1965년 한일국교 반대성명에 서명했다. 국교는 불가피하지 않느냐는 내 질문에 설사 못 막더라도 의견 표명은 해야 한다고 했다. 2006년 우송은 여러 역대 한국철학회장들과 함께 전시작전 통제권 문제에 관한 성명에 서명했다가 젊은 철학자들의 강력한 반발을 만났다. 나는 그때 철학계의 분열은 막아야 한다고 후배들을 말렸다. 이 문제를 포함한 여러 정치 현안들에 대한 내 의견을 말하고 우송의 고견을 듣고 싶었다.

  김해 학회 가는 길에 구포역에서 우송의 부음을 들었다. 이 무슨 청천벽력인가! 온갖 추억과 회한이 가슴을 메웠다. 나는 건강관리에 철저한 우송이 백수 할 줄 알았다. 이제 와서 내 어리석음과 게으름을 탓한들 무엇하랴! 거목 우송의 참모습을 드러내는 일은 뒷날로 미루어야겠다.

그립고 생생한 감은의 정

송영배
서울대 명예교수

2009년 5월 28일 오전 열시쯤 서울대 철학과의 조교로부터 김태길 선생님의 부고를 알리는 전화를 받고 나는 무척이나 당황했다. 2008년 7월경에 한국프레스센터에 갔다가 선생님을 우연히 뵈었다. 무척 반가웠다. 그리고 은사님께서도 이젠 많이 쇠하신 모습에 무척 내 마음이 안쓰러웠다. 나는 그저 은사님은 언제나 정정하신 그 모습으로 상상되었기 때문이다. 그런 은사님께서 갑자기 떠나가 버린 것이다. 당장 건국대 병원으로 달려가고 싶었지만, 인제대학교의 개교 30주년 국제학술회의 때문에, 그날 오후 한시 KTX 편으로 김해로 내려가지 않을 수 없었다. 발인은 5월 30일 아침이라고 하였다. 그래서 5월 29일 국제학술대회가 끝나는 즉시 서울로 올라와서 조문을 할 수밖에 없었다. 29일 저녁 부산에서 올라오니 피곤이 덮쳤다. 그래서 집에서 조금 쉬고 내자와 함께 건국대 병원에 도착하니 밤 열두시가 지난 시각인데, 몇몇 후배 교수들을 영안실 문 앞에서 만났다. 그들은 이제 막 귀가하려는 참이었다. 그 참에 우리 내외가 안으로 들어가니 문상객들은 이미 자리를 다 뜬 때였다. 조문을 하니, 깡마른 영정의 은사님을 뵐 수 있었다. 그것은 작년의 우연한 만남 그 모습과 별반 다르지 않았다. 상주인 김도식 교수가 최근 은사님의 상황을 알려주었다. 고생은 며칠뿐이었단다. 정말 깨끗하게 천수를 다하신 것이다. 그러나 허전한 마음은 어쩔 수 없었다.

내가 은사님을 잊을 수 없는 것은 특별한 은혜를 입었기 때문이다. 지금부터 40여 년 전인 1968년 몇 달간 선생님의 연구실을 이용할 수 있는 특혜를 입었다. 나는 그 당시 대학원 석사과정의 2년차에 있었다. 당시는 한국의 경제가 너무나 열악했고 정치적으로도 매우 고된 혼란의 시절이었다. 북한의 무장특공대가 남한에 침투했고 그 후로도 몇 번인가 더 침투했기 때문에 시국이 불안한 때였다. 이른바 '김신조' 사건이 터진 것이다. 그리고 동베를린 유학생 간첩사건 등이 발생했던 그런 시기였다. 그 혼란한 시기에 나는 이태수(인제대 석좌교수), 박완규(충북대 철학과 교수)와 함께 학부를 마치고 대학원에 진학하였다. 학문이 좋아서 무작정 진학을 했으나, 앞은 보이지 않을 정도로 국내의 사정은 열악했다. 철학과 출신으로 대학 강단에 서고자 하는 선배들은 보통 고등학교의 독일어 교사로 있으며, 십여 년씩, 또는 그 이상 대학 시간강사를 한다고 하였다. 그 어려운 시절, 우리 동기 세 명은 용케도 문리대의 철학과 사무실을 중심으로 그럭저럭 버텼다는 생각이 든다. 우리 외에도 2년 선배인 김완수, 김희준 학형이 조교를 했고, 또 심재룡, 길희성 선배가 육군본부에 졸병으로 군복무를 하면서, 우리가 석사 2년차 때에는 함께 수업을 들었다. 바로 그때 서울에 집이 없던 나를 선생님께서 크게 배려를 해주신 것이다. 1968년 4월인지 5월인지, 확실히 기억은 할 수 없지만, 나에게 당신의 연구실을 이용해도 좋다는 은택을 베푸셨다. 그 당시 대학원 교무과장의 보직을 맡은 은사님은 연구실보다는 문리대 본관 이층에 있는 대학원 교무과장실을 주로 이용하고 계셨다.

나의 전공은 동양철학이라 철학과 내에 특정 지도교수가 없었고, 고려대학교 철학과 교수이면서 서울대 철학과에 시간으로 나오시는 김경탁 교수가 지도를 해주는 형편이었다. 은사님께서는 동양철학이 당신의 전공 분야인 윤리학에 가장 가깝다고 생각해서인지, 나에게 특별 배려를 하신 것이다. 그 당시 언젠가 선생님께서 심재룡 선배와 나를 불러서 무엇인가 작은 일을 시켰는데, 내가 쓴 용지를 보고는, "그래 자네는 동양철학을 전공한다면서, 필적이 이게 무엇인가?" 하고 나무라신 적이 있다. 전공은 동양철학으로 정했지만 나는 붓글씨를 제대로 써본 적도 없고, 천생의 악필은 못난 자질에 붙어 있는 나의 레테르인 것만 같았다.

지금은 사라진 서울대학교 구 중앙도서관 이층 서쪽면의 남쪽 끝 머리에 철학과 사무실이 있었다. 그곳으로 통하는 복도의 오른쪽, 즉 의대와 마주한 서쪽에 최재희, 박홍규, 김준섭 교수님들의 연구실이 있었고, 복도를 사이에 두고 맞은편에 김태길 교수님의 연구실이 있었다. 선생님의 연구실에서는 문리대 본관이 내려다보이고, 4·19 혁명 때 희생된 문리대 학생들을 기념하기 위해 건립된 우람한 4·19 혁명 기념탑도 내다보려면 볼 수 있었다. 선생님의 연구실에는 서가에 많은 책은 없었고, 그것들도 제 전공과는 다소 거리가 있는 것들이라, 책에는 별로 관심이 없었다. 복도 쪽 벽면에 선생님의 탁자가 있었고, 동쪽 창밑에 긴 소파가 하나 놓여 있었다. 내가 그 독립된 공간을 차지하니, 그것은 나만의 홍복에 그치는 것이 아니었다. 이태수와 박완규 등이 단골손님으로 그 방에서 담소하고 떠드는 일이 다반사였다.

그 연구실을 사용한 지 두어 달쯤 되어서, 우리들이 한창 담소 중에 선생님이 연구실에 불쑥 나타나셨다. 주인께서 보시기에 학생들의 작태가 가관이었을 것이다. 친구들은 혼비백산하여 연구실을 빠져나

갔고, 나는 죄송하여 어쩔 줄을 몰랐다. 나는 그 다음 날 선생님의 연구실을 깨끗이 정리하고, 문리대 본관 이층의 집무실로 선생님을 찾아뵈었다. 선생님께 사죄하고, 감사하다는 말씀을 드리고 열쇠를 반납하려고 하였다. 선생님은 내 말을 대충 듣고는 나더러 열쇠를 반납하지 말고 그 방을 그대로 쓰라고 다시 허락하셨다.

나는 그 뒤 몇 달을 더 그 연구실을 사용하였다. 그리고 열심히 노력하여 2학기에 석사논문을 완성하고 나서, 그 연구실을 영원히 떠났다. 지금도 생각나는 것은, 5월인가 6월 어느 때는 공부하다 연구실 소파에서 새우잠을 잔 적이 한두 번이 아니었다. 그러면 어김없이 아침에 맑은 새소리들이 들렸다. 그리고 그 아침은 너무나 아름답고 공기는 신선하였다. 맹호연(孟浩然)의 시 「봄잠(春曉)」의 광경 그대로였다.

봄 곤한 잠에 날이 밝는 줄 몰랐네.	春眠不覺曉
곳곳에 새들 재재기는 소리 들리네.	處處聞啼鳥
간밤에 비바람 소리 들렸는데,	夜來風雨聲
꽃잎들 얼마나 떨어졌을까!	花落知多少

그 뒤 1969년 가을 중국철학을 공부하기 위해 나는 대만대학으로 유학을 떠났다. 그때 장개석 독재정권은 대만의 대학에서 역사학, 철학 등 사상 관련 학과는 박사과정을 개설하지 못하게 하였다. 나는 별수 없이 그곳에서 석사과정을 다시 마치고, 박사과정을 밟기 위해 1972년 5월, 서울대 학부 시절에 익히 들어왔던 철학의 나라 독일에 가서 중국철학을 계속할 수밖에 없었다. 그때는 박정희 유신독재가 절정인 때라, 독일에 와 있는 철학과 선배들의 주류의 움직임이 유신독재 반대였다. 그 흐름 속에 빨려들어 10년의 세월을 보냈다. 독재

자 박정희가 저격당하자, 유학 13년 만에 한국으로 돌아올 수 있었다. 나는 귀국 당시 한신대학교 철학과에 특별 채용되어 있었다. 긴 해외 생활을 마치고 1982년 9월 한신대에 자리 잡고 나서, 10월쯤 우선 전화로 은사님에게 귀국 인사를 드리니, 선생님은 내 취직자리부터 걱정을 하였다. 내가 이미 한신대 철학과에 자리를 잡았다고 하니, 선생님은 모교인 서울대에 시간을 나오라고 주선하셨다. 그래서 나는 1983년 1학기부터 철학과에서 동양철학 대학원 수업을 맡게 되었다. 그 뒤 1987년 서울대학교에서 정년퇴임을 하신 선생님께서는 '철학문화연구소'를 개설하고, 잡지 『철학과 현실』을 창간하였다. 그 일에 미진한 나를 끌어들여 얼마간 편집위원을 맡게 하셨다. 그 뒤 나도 1988년 7월에는 한신대에서 서울대 철학과로 자리를 옮겨왔다.

  이제는 고인이 되신 은사님을 생각하면, 과만한 사랑과 보살핌을 받은 내가 그분께 진정 무엇을 해드렸는가를 묻지 않을 수 없다. 해드린 것이 별로 없다는 것이 정답일 것이다. 단 노스승님께서 일찍이 불민한 제자에게 베푸신 과분한 배려의 정은 이제 막 정년퇴임을 한 노제자의 가슴속에 생생히 살아 있다. 삼가 스승님의 명복을 기구한다.

휴머니스트회 활동과 김태길 교수님을 회고하며

신영무

법무법인 세종 대표변호사

대학생활 때 나의 삶에 중요한 영향을 끼친 학생활동 중의 하나가 '한국휴머니스트학생회'다. 나는 서울고등학교를 졸업하고 1963년 3월 서울대 법대에 입학하였다. 신입생 환영회 등으로 들떠 지내던 어느 날, 법대 오윤덕 선배와 이경호 선배(당시 법대 3학년)를 만나게 되었고, 두 분의 친절한 안내와 설득에 매료되어 한국휴머니스트학생회에 가입하게 되었다.

'한국휴머니스트회'(이하 '정회')는 1958년 조직된 '상우회'라는 휴머니즘 연구 동아리가 모체다. 4·19 혁명 직후, 당시 교수 데모에 참가했던 고(故) 최재희, 김태길(이상 서울대 철학과), 이상은(고려대 철학과), 손우성(성균관대 불문학과) 교수 등 '지성 29인 모임'이 주축이 되어 인간의 존엄성 회복과 사회개혁을 목적으로 1960년 공식 발족하였다. 한국휴머니스트학생회는 바로 이 정회의 산하 조직으로 1963년 탄생하였다. 당시 서울대 대학원에서 과학철학을 연구하면서 정회의 간사로 활동하시던 송상용 한림대 명예교수님께서 의욕적으로 학생회 조직의 창립에 도움을 주신 것으로 기억한다.

한국휴머니스트학생회는 이경호, 오윤덕, 홍석제(이상 서울대 법대), 박대영(서울대 문리대), 김광욱, 김유채(서울대 공대)와 장환일(서울대 의대), 조중근(동국대), 이의송, 정명덕(고려대), 차재능, 홍준식(이상 중앙대), 오용근, 임동철, 오성창(이상 성균관대) 등과 이화여대, 숙명여대 등 서울시 소재 명문 대학 재학생 중 휴머니즘 사상 연구에 뜻이 있는 학생들이 주축을 이루어 조직됐다. 초대 회장은 이경호 선배가 맡았다. 창립모임이 있고 몇 달 뒤, 나는 이규홍(전 대법관), 송인준(전 헌법재판관), 김선옥(전 공정거래위원회 부위원장), 이건영(전 건설교통부 차관), 김삼훈(전 UN 대사), 이상지(개인사업), 김수용(서강대 경제학과 교수)과 함께 학생회에 참여하였다. 한두 해 뒤 김경한(전 법무부 장관) 선배와 조명재(전 LG생활건강 사장), 이근태(법무법인 세종 사무국장), 이흥재(서울대 법대 교수), 김영훈(변호사), 고행일(인제의대 교수), 정재호(전 공정거래위원회 국장) 등이 동참하였고, 또 뒤이어 문리대 철학과에서 이한구(성균관대 교수), 안경률(국회의원), 오거돈(전 해양수산부 장관), 배인준(동아일보 주필) 등도 합류했다. 서울대 외에도 이화여대에서 임순규(오용근 회우 부인), 이경희(중앙대 교수), 김지련(김태길 교수 장녀), 숙명여대의 신경자(재미, 사업), 이금화(서예가), 노숙령(전 중앙대 교수) 등 타 대학 학생들도 모임에 가입해 열성적으로 활동했다. 시간이 흐르면서 서울 소재 대학 외에 지방대학 등 다른 대학으로도 참여가 확대되면서 학생회 인원은 백 명 이상으로 늘어나게 되었고 모임의 활동 역시 더욱 활기를 띠게 되었다.[1]

우리는 참으로 학생회 활동에 열심이었다. 주말이면 모여서 토론회, 독서회 등으로, 방학 때면 농촌 봉사활동 등으로 휴머니즘 연구

---

[1] 그러나 학생회는 1980년 정부의 대학 서클 말살 정책에 의하여 해산되고 말았고, 많은 회원들이 이를 아쉽게 생각하고 있다.

와 실천에 앞장섰다. 나 역시 학생회 활동에 열정을 갖고 참여했다. 심지어 사법시험 준비에 몰두하느라 모든 동아리 활동과 개인 모임을 자제했던 대학 졸업반 시절에도 학생회 모임만은 가능하면 빠지지 않고 나가려고 애를 썼던 기억이 난다.

김태길 교수님은 평소 말씀이 없으셨다. 운동을 좋아하시어 교정에서 테니스 치는 모습을 자주 뵐 수 있었다. 마른 체구, 긴 다리, 훤칠한 키에 흰 유니폼을 입고 계시던 모습은 마치 한 마리 '학(鶴)'을 연상케 했다. 언젠가 정초에 가까운 친구들과 함께 김 교수님의 명륜동 자택으로 세배를 간 적이 있었다. 그때, 전통 한옥집에서 사모님과 따님들이 정성껏 다과를 베풀어주셨는데 충청도 양반집 문화 같은 것을 느끼게 하였다. 지금 생각하니 교수님께서 결혼하실 때 당신의 기준에 맞는 배우자를 찾고자 적극적으로 노력했던 여러 에피소드를 어느 책에서 솔직하게 고백하신 이야기가 떠오른다. 교수님은 배우자 선택뿐 아니라 본인이 중요하다고 생각하는 일에는 적극성과 무서운 추진력을 갖추셨다.

대학 졸업 무렵부터 고시 준비나 취업 준비, 병역 의무 등으로 우리 회원들이 뿔뿔이 흩어져 있던 중, 1968년에 서로 연락이 이어져서 '한국휴머니스트청년회'를 조직하였다. 나는 초대 회장을 맡았다. 그러나 청년회 시절에는 휴머니즘의 이념에 관한 연구보다는 회원들 간의 친목 도모에 더 치중하였고, 자연스럽게 교수님들과의 소통도 전과 같지 못하게 되었다. 직장생활 등이 어느 정도 안정되어 가면서, 다시 청년회 모임에서 매월 학계, 언론계, 예술계 등 명망가들을 초청하여 휴머니즘 공부를 하였는데, 교수님의 강의는 쉽게 생활 속의 진리를 깨닫게 하고 우리 회가 나아가야 할 방향 등에 대한 지도의 말씀을 해주시어 인기가 높았다. 1988년 청년회 창립 20주년 때도, 2005년 정회 창립 45주년 때도 오셔서 특강을 해주셨다. 1994년, 그간 정회 회원들이 연로하고, 많은 회원들이 작고함으로 인하여 정회의 활동이 휴면 상태에 빠지고 청년 회원들도 50대에 이르자 청년 회원들이 정회를 계승하게 되었다.2) 이때 우리는 교수님을 상임고문으로 가까이 모시게 되었고, 교수님께서 직접 써주신 회보의 제호 글씨 한국휴머니스트를 지금까지 사용하고 있다.

　나이가 들면서 교수님을 더 자주 뵙고 싶은 마음이 들었으나, 어쩌다 점심 한번 모시는 정도로 지내고 말았다. 재작년 봄, 강남의 한 일식당에서 조중근, 조명재 회원과 함께 교수님을 모시고 점심식사를 할 때의 일이다. 조중근 회원이 "선생님, 가훈(家訓)이 있으십니까?"라고 묻자, "특별한 게 없고, '웃으며 살자' 정도가 될 것 같으네요."라고 답하시어 우리를 놀라게 했다. 대한민국 최고의 지성께서, 더욱이 윤리학 대가 댁의 가훈이 '웃으며 살자'라니 놀랄 수밖에. 곧, 우리는 그 깊은 뜻을 이해하게 되고 더욱 마음에 새기게 되었다. 그날 오찬이 선생님과 마지막 식사 모임이 될 줄이야 짐작이나 했겠는가.

　교수님은 인격과 성품, 학식, 모든 면에서 뛰어난 고매한 학자셨다. 평범한 듯하면서도 예리하게 사물을 분석하는 통찰을 제공하는 데 탁월하셨다. 80대 중반이 넘어서까지도 끊임없는 저술 활동을 통해 좋은 글을 남겨주셨고, 오늘날 지식인들이 갖추어야 할 사명이 무엇인지에 대해서도 바른길을 제시해 주셨다. 무엇보다, 우리에게 삶이란 무엇이고, 보람 있는 인생이란 어떠한 것인지 등 삶의 근본에 대해 깊이 생각해 볼 수 있는 기회를 마련해 주셨다.3) 시간이 흐르면서

---

2) 첫 회장은 이규해(당시 제일은행 부장, 현 KDB 상근고문) 회원이 맡았다. 이규해 회원은 청년회 시절에 처음 입회하였으나, 열정적으로 활동을 하여 청년회 회장도 역임하였다.
3) 나는 아내와 딸들까지 전 가족이 교수님을 찾아뵙고, 인문학적 소양이 부족한 딸들에게 삶에 중요한 것이 무엇인지에 대한 가르침과 각자의 진로에 관한 지도를 받는 기회를 만들어주기도 하였다.

휴머니스트회가 출범 당시의 취지를 잃고 자칫 친목 모임으로만 흐르게 될 것을 걱정하시어 21세기 지성인들의 사명에 대해 힘주어 이야기하시던 교수님의 강연은 회원들 모두에게 깊은 감동을 안겨주었다.

그렇다고 교수님이 근엄한 학자의 모습만 갖추셨던 것도 아니다. 교수님은 가끔 농담도 하셨고, 매우 인간적인 소박한 면모도 보이시곤 했다. 2004년 학술원장 취임을 축하하기 위해 마련된 모임에서, 80대 중반이신 교수님의 테니스 파트너가 던진 농담에 사모님 이하 참석자들이 박장대소했던 일이 생각난다. "요즈음 교수님은 테니스에 대한 열정이 식어가는 듯하다. 그러나 젊은 여성들을 파트너로 동반할 때에는 어느 때보다 더 열정적으로 뛰신다."

최근 타계하신 법정 스님께서 무소유의 생활로 많은 사람들에게 큰 감동을 주셨지만, 교수님이야말로 그에 못지않은 무소유의 생활철학을 행동으로 보여주셨다. 큰 가정을 이끄시는 가장으로서 사모님의 노후생활을 위한 일정 분을 제외하고 전 재산을 '심경문화재단' 설립을 위해 출연하신 게 대표적인 예다. 또한 우리 사회의 수준을 한층 높이기 위해 철학계 원로들과 함께 '성숙한 사회 가꾸기 모임'의 창립을 주도하시고, 여유롭지 않은 여건 속에서도 활동비의 상당 부분을 혼자서 감당하시기도 했다. 바쁘다는 핑계로 어쩌다 점심식사 한 끼 대접하는 것으로 그쳤던 것이 못내 마음에 걸린다. 좀 더 계셔서 우리 사회가 성숙해지고 선진화되는 데 기여해 주셨어야 했는데 참으로 아쉽다. 특히 올가을, 한국휴머니스트회 창립 50주년 기념행사에서도 교수님의 말씀을 들을 기회를 준비하던 참이었는데 참으로 애석하다. 김태길 교수님, 부디 영면하소서.

제 자

엄정식
서강대 명예교수

　나는 요즈음 김태길 선생님이 나에게 누구였을까 하는 생각을 많이 한다. 서울대 철학과 출신 교수들과 어울리는 시간이 많아 자연스럽게 나도 '제자'라는 생각에 젖어보지만 엄격하게 말해서 그들과 함께 수학한 제자는 아니다. 그러나 서울대 신문대학원에 적을 두었을 때 선생님 과목을 이수하고 괜찮은 학점도 받았기 때문에 사제간의 관계가 전혀 없다고 할 수도 없다. 요즈음 특강을 한두 번 듣고 제자임을 자처하는 사람도 더러 있는 모양인데, 이에 비하면 나는 제법 선생님의 제자라고 자처할 만도 하지 않은가.
　얼마 전 사석에서 제자들과 함께 선생님을 모시고 한담을 나눈 적이 있었다. 이윽고 사제관계로 화제가 옮겨갔는데 내가 선생님의 제자임을 다른 사람들도 대충 인정하는 분위기였다. 그런데 오히려 선생님이 "그 정도로는 좀 부족한 데가 있지…" 하며 농담을 건네시는 것이었다. 나는 좀 억울한 마음이 들어 내가 제자라고 할 수 있는 이유를 여러 가지 더 들었다. 선생님의 문하생으로서 많은 시간을 모시고 있어 왔다는 것, 그리고 '성숙한 사회 가꾸기 모임'뿐만 아니라

'수필문우회'에서도 자주 뵙는다는 등 온갖 구차스러운 이유들을 모두 대자 선생님은 큰 소리로 웃으셨다.

선생님이 별세하신 후 그동안 뵈었던 여러 가지 모습들이 떠올라 마음이 아프다. 이토록 애통해 하는 이유는 무엇일까? 얼마 전 꿈에서 뵌 선생님의 쓸쓸한 모습도 눈에 어른거린다. 요즈음 단순히 그분의 제자이고 싶었던 것만은 아니었다는 생각이 들기도 한다. 나는 이 세상에서 그 누구보다도 선생님을 존경하고 흠모하는 사람이라고 자처해 보고 싶었던 것이다. 어쩌면 나는 선생님에게서 부정(父情) 같은 것을 느끼고 있었는지도 모른다. 네 살 때 여읜 아버지의 희미한 모습을 선생님에게서 찾으려고 했던 것일까.

지금 생각해 보니 선생님이 내게 너무 소중한 분이라, 나도 그분에게 소중한 사람으로 여겨지고 싶어 막무가내로 '제자'임을 더 자처했던 것이 아닌가 하는 상념에 잠겨본다.

수요일의 산책

오병남
서울대 명예교수/대한민국학술원 회원

정년 후, 어찌어찌하다가 분당 선생님 댁 근처에 자리를 잡게 되었다. 나는 지금도 그곳에 살고 있다. 그곳에 머물고 있는 중에 선생님께서는 학술원 회장직을 마치셨고, 그때까지도 선생님은 건강하셨다. 그 후 한가로운 날을 잡아 정기적으로 산책을 하자는 제안을 하셨다. 그래서 매주 수요일 두시, 선생님 댁 앞마당에서 뵙기로 했다. 첫 나들이가 2008년 11월 5일 수요일, 은행잎이 노랗게 물든 만추의 오후였다. 조심스러워 부축해 드리려면 버릇이 되니 잡지 말라고 하셨다. 걷다가는 주변의 벤치에서 쉬고, 또 걷고는 하셨다. 직선으로 2백여 미터가 조금 넘는 길을 두 번 왕복하시면서, "하이델베르크에는 '철학자의 길'이 있고 교토에는 '철학의 길'이 있듯, 나는 이 길을 '사색의 길'이라 부르고 있다네." 그래서 '수요일의 산책'이 시작되었고, 꼭 수요일이 아니라 해도 수요일의 산책이라고 부르기로 했다.

그 첫날 선생님은 많은 얘기를 들려주셨다. 나이가 들수록 "가을보다는 봄이 좋고 봄보다는 여름이 더 좋다."는 말을 제일 먼저 꺼내신 것 같다. 이어 "나이가 들면 믿지 못할 것이 세 가지가 있다네. 노건

불신(老健不信), 춘한불신(春寒不信), 오성불신(吾姓不信)." "세 번째는 무슨 뜻입니까?"라고 여쭈어보았다. "말하자면 길지만 반만년 살아오는 동안 오죽 많이 바뀌었겠나?" 반만큼은 진실인 해학으로 들렸다. 그러다가 일본 학사원으로부터 객원회원(명예회원)의 자격과 함께 초청장을 받았노라는 말씀을 들려주시면서 감개무량해 하셨다. 정말 영예스러운 일임에도 자랑으로 비칠까 조심스러워 하시며 그간의 긴 얘기를 들려주셨다. 마침 그날은 미국 대통령 선거에서 오바마의 승리가 확정된 날이었다. "참으로 많이 변했군. 내가 유학할 때의 흑인들을 생각해 보면 이것은 세계사적 사건일세." 내게서도 "그렇고말고요."라는 말이 절로 나왔다.

11월 17일부터 23일까지 일본 학사원의 초청으로 일본을 다녀오셨다. 다녀오신 후 뵙기로 한 날이 11월 26일이었으나 그날은 다른 일이 있어 불가피 미루게 되었다. 그래서 12월 3일 수요일, 선생님 댁 앞마당에서 뵙게 되었다. 그날도 참 많은 얘기를 들려주셨다. "나이가 들면 세 가지를 조심해야 되네." 하시면서, "감기(感氣) 조심, 낙상(落傷) 조심, 의리결(義理缺)."이라 하셨다. "마지막은 무슨 뜻입니까?"라고 여쭤보았다. 그것은 일본 사람들이 쓰는 말인데, 예를 지키느라 무리를 해가며 상갓집 같은 데에 가지 않는 것이 그 한 예라는 설명이셨다. 나이가 들어 그런 델 가면 몸과 마음이 다 같이 상한다는 것이다. 그리고 선생님의 호가 '악송(嶽松)'에서 '우송(友松)'으로 바뀌고, 스스로 '심경(心耕)'으로 짓게 된 사연도 조용히 들려주셨다. 헤어지면서 이렇게 물으셨다. "내가 스피노자를 말했던가?" 다음에 듣기로 했다.

그리고 일정을 바꿔 12월 12일 금요일, 댁 앞에서 뵙고는 '사색의 길'로 접어들었다. 그 얼마 전 돌아가신 차주환(車柱環) 선생님을 회상하시면서 손수건을 꺼내시는 모습을 보았다. "선생님, 지금처럼 하염없어 하시는 모습은 처음 뵙습니다." "우리 둘 사이에는 그런 일이 있었다네." 그리고 그때마다 잊지 못하시는 듯 윤명로(尹明老) 선생님의 얘기를 또 꺼내신다. 벌써 몇 번째인지 모른다. "그분이야말로 정말 선비셨어. 아까운 분이 돌아가셨지." 생각 끝에 오늘 들려주겠다고 하신 스피노자를 상기시켜 드리지 않기로 했다. 초겨울 오후가 되니 급작스레 쌀쌀함이 찾아왔기 때문이다. 12월 17일 수요일, 모처럼 정규 산책의 날이다. 그러나 아침에 일어나 창밖을 내다보니 초겨울의 가는 이슬비가 뿌렸다. 그래서 오늘은 무리하시지 않는 것이 좋겠다고 전화를 드렸더니 괜찮다는 고집이셨다. 그러나 선생님 댁에 도착했을 때는 이슬비가 가랑비로 바뀌었다. 하는 수 없어 댁 앞마당의 정자에 앉아 담소를 나누기로 했다. 결국 스피노자 얘기가 나왔다. "내가 보기에는 스피노자야말로 진정한 철학자야." 그리고 그렇게 생각하시게 된 동기와 판단의 근거를 강의실에서처럼 조리 있게 들려주셨다. 한겨울의 궂은 가랑비에 싸늘한 바람이 겹쳤다. 추운 날씨에 몸이 움츠러들고 몸이 굳어지시는 것 같은데도 좀 더 앉아 있자고 하시는 것을 안 된다고 하면서 댁에 모셔다 드렸다.

연말, 때가 때인지라 늦게 귀가했더니, 집사람은 자고 책상 위에 김 선생님으로부터 전화가 왔었다는 메모가 놓여 있었다. 아침에 일어나 부랴부랴 전화를 드렸다. 12월 30일 아침이다. 웬일이시냐고 여쭸더니, 신정 초하루 선생님 댁을 찾는 손님을 맞기 위해 집에서 음식 준비를 하는데 "그런 중에 나는 할 일이 없네." 점심이나 같이 하자는 말씀이셨다. "선생님, 저도 똑같은 사정입니다." 함께 댁 부근의 '맹골' 집엘 들러 철학문화연구소 근처의 해장국집 못지않은 선짓국을 들었다. 드시기 전 주발 뚜껑에 수저를 가지런히 놓으시면서 "나는 상 위에 휴지를 깔고 수저를 올려놓는 것이 영 못마땅해." 어쩌면 저하고 그리 똑같으십니까.

그리고 2009년 새해를 맞아 정월 초하루 동료들과 함께 세배를 드리러 갔을 때 '생사일여(生死一如)'라는 말씀을 덕담으로 들려주셨다. 동료들의 해석이 뒤따랐다. 그 후 1월 7일, 수요일의 산책길에서 '생사일여'라는 말씀을 어떤 의미에서 하시게 되었느냐고 여쭈어보았다. "그것은 종교적이거나 철학적인 의미에서 한 말이 아니라 그저 그렇게 생각하면 마음이 편해." 일주일 후, 날씨가 너무 쌀쌀해 나들이는 그만두기로 했다. 그래 한 주가 지나 산책을 하게 되었다. 그때 선생님께서는 '생사일여'와 함께 '노소동행(老小同行)'이라는 말을 덧붙이시면서 "그렇게 생각해야 마음이 편해."를 되풀이하신다. 그분, '심경(心耕)'의 '심경(心境)'의 일단을 피력하시는 듯싶어 마음이 착잡해졌다.

두어 주가 지난 2월 7일 토요일, 그날도 날씨가 제법 차가웠다. 추위를 막기에는 의외로 옷차림이 허술하다 싶었다. "아니 어쩌자고 이렇게 얇은 잠바를 걸치고 나오셨습니까?" "집 같은 줄 알았지." "다시 들어가시죠." "그러면 저기 정자에 앉아 얘기나 나누고 헤어지세." 그런 중에 누가 말을 전했는지, "오 선생, 아직도 술을 한다면서. 술자리를 하는 것은 좋은데 취중에 실수를 하지 말게. 나이 들어 술 먹고 실수를 하면 회복이 불가능해. 왜냐하면 상대방을 자주 만날 수도 없는 터에 양해를 구해도 속으로는 수용이 안 된다네. 늙으면 다 그래." 어이쿠, 천금같은 조언이다. 지금도 그날 해주신 말씀을 좌우명 삼아 술자리를 조심한다. 그런 말을 지금 이 나이의 내게 들려줄 수 있는 분이 어디 있겠나? 그런 분이 어른이시다.

3월 13일 금요일, 일본 제3고 동창회가 있다고 해서 정기적인 학술원 회의에 참석하기 전 호암교수회관에 들렀다가 돌아오는 차 중에서 들려주신 재미난 옛이야기하며, 그 중에는 옛날 동숭동 캠퍼스에서 입학시험 감독을 하시던 때의 얘기도 있었다. '꼬붕'을 부리듯 팔

짱을 낀 채 선임자 행세를 하는 어느 교수 분이 못마땅해 "답안지 확인 도장은 선임자가 찍는 것"이라고 대응하셨다면서 무엇이 연상이 되시는지 흐뭇해하시기도 했다. 요컨대, 거꾸로 '꼬붕' 노릇을 시켰다는 의미인 것 같았다. 그러나 점점 노쇠해지시는 것을 눈으로 보는 것 같다. '사색의 길'을 반도 채 못 걸으시고 돌아가자고 하시는 경우가 점점 잦아진다. 허리는 더 굽으시고, 부축을 해도 발걸음은 전보다 훨씬 무거워지셨다. 그래서 산책을 삼가는 것이 좋을 것 같아 이제는 댁에서 쉬시며 건강을 돌보시는 것이 어떠냐고 전화를 드렸더니, 마다하시며 봄철 햇볕을 쬐는 것이 좋다고 하셔서 어쩔 수 없이 모시고 사색의 길에 나선 것이 4월 8일 수요일이다. "선생님, 선생님은 아쉬움 없이 구순(九旬)을 맞이하시겠습니다." "아닐세, 1987년 정년 후, 20년 넘게 사는 동안 겪은 일들 중 남겨놓을 얘기가 또 많이 있다네." 『체험과 사색』의 속편을 쓰고 싶다는 속내이신 것 같다. "자료를 정리해서 자제분에게 맡기시죠."라고 말씀을 드렸더니, "김 교수는 그런 일 좋아하는 것 같지 않아." 그날도 족히 두 시간여를 밖에서 보내셨다. 그리고 4월 15일 연락을 드렸더니 선생님께서 입원하시기 위해 병실이 나기를 기다리고 있는 중이라는 사정을 사모님이 전해 주셨다.

　그 후로 '수요일의 산책'은 더 이상 없었다. 4월 8일의 산책이 마지막이었던 셈이다. 그 후로는 안타까운 문병의 발걸음이었다. 어렵고 멀리 있는 분으로만 알아왔던 선생님께 그처럼 자상한 면이 있는 줄은 정말 몰랐다. "선생님, 전에는 그처럼 자상하고 다감하신 분인 줄을 몰랐습니다." "선뜻 정을 못 주는 것이 내 흠이라네. 그래서 손해를 많이 보기도 했지." 그러나 "선생님께서 애써 보여주려 하시었던 모범(模範)은 그 결손을 보상하고도 남습니다." 체온처럼 따뜻하게 느껴졌던 자상한 이 어른은 5월 27일 밤 조용히 눈을 감으셨다. 정말로 노건(老健)은 믿을 바가 못 되는가 보다. 그래서 주변에 어른을 찾기 어려운 이 시절에 큰 어른을 또 한 분 잃었다. "선생님! '수요일의 산책'과 함께 그간 베풀어주신 은혜를 잊지 않겠습니다."

댓잎 위에 내리는 빗소리처럼

우애령
소설가

　부처님께서 기원정사에 계시던 어느 날, 한 왕이 찾아와 법을 청했다. 그때 부처님께서 세상에 네 종류의 사람이 있다는 말씀을 이렇게 하셨다.
　그 하나는 어두운 곳에서 어두운 곳으로 나아가는 사람이다. 신체에 장애가 있거나, 병이 들었거나, 집안이 가난해서 배운 것이 없거나 해서 현재의 삶이 고통스럽고 마음도 괴롭게 된다. 그래서 남에게 하는 말도 악담이나 험담이고 쉽게 분노하고 자칫하면 남과 다투고 남을 원망하고 미워하면서 살아가게 된다.
　그 둘은 어두운 곳에서 밝은 곳으로 가는 사람이다. 비록 신체에 장애가 있거나, 가난하고 배운 게 없어 세상 사람이 볼 때는 불행한 것뿐이라 할지라도 능히 어려움을 이겨내는 사람이다. 비록 가난하고 어려워도 자기보다 더 가난한 사람을 돕고, 자비롭게 말하고, 진실을 말하고, 남을 해치려는 마음을 내지 않고, 선한 마음으로 선한 행동을 해나가는 사람이다.
　그 셋은 밝은 곳에서 어두운 곳으로 나아가는 사람이다. 부잣집에서 태어나 경제적으로도 여유가 있고 사회적으로도 지위가 높고, 얼굴도 잘생기고 신체도 건강한, 세상 사람들이 볼 때 남 부러울 게 없는 사람이다. 그러나 그렇기 때문에 점차 태만해져서 올바른 길을 걷지 않고, 어려운 사람을 돕기보다는 오히려 더 손실을 끼치고, 방탕하게 생활하면서 다른 사람의 삶을 함부로 해치고, 곱지 않게 말하는 사람이다.

그 마지막은 밝은 곳에서 밝은 곳으로 나아가는 사람이다. 부유하고 배움도 있고 교양도 있고 용모도 단정하고 신체도 건강해서 남부러울 것이 없는데, 가난한 사람을 보면 베풀고 어려운 사람을 보면 돕고, 다른 사람을 존중하고, 자기가 잘났다고 뽐내지 않고 겸손하게 행동하는 사람이다.

늘 밝은 곳을 향해 나아가고 주위 사람들도 밝은 곳으로 나아가도록 이끌며, 적어도 다른 사람들을 밝은 곳에서 어두운 곳으로 끌어내리는 역할만은 하지 않도록 삼가는 마음을 지니셨던 김태길 선생님은 행복한 분이셨다는 생각이 든다.

이제 선생님은 우리들을 떠나 보이지 않는 세상으로 가셨다. 선생님은 우리들에게 여러 모습을 보여주셨고 사람들은 자신이 본 모습 중에서도 특히 마음에 새겨진 부분들을 기억할 것이다.

기억에 떠오르는 강한 인상 중 하나는 오래전 어느 출판기념회에서 가야금 명인이 연주하는 산조를 들으시면서 반쯤 눈을 감고 음률과 하나가 되시던 모습이다. 모든 악기가 다 자기 나름대로 보이지 않는 세상으로 길 안내를 하겠지만, 은은하고 청정한 가락을 풀어 보여 즐겁되 지나치게 즐겁지 않고 슬프되 마음 상할 정도로 비통하지 않게 삶을 바라보게 하는 데는 가야금을 따를 악기가 없다는 이야기를 들은 적이 있다. 즐거울 때 지나치게 즐겁지 않고 슬플 때 마음 상할 정도로 비통한 모습을 보이지 않으셨던 선생님의 삶은 가야금의 음률과도 닮아 있다.

가야금 연주는 연륜이 쌓일수록 심오한 멋이 깃들게 된다. 같은 곡이 연마한 기간의 노력에 따라 하늘과 땅의 차이가 나는 음악처럼 들리는 이유가 여기에 있다. 명인의 가야금 연주에서 나타나는 음률의 경지는 스스로를 불붙는 가마에 던지고 오래 담금질한 끝에 얻은 영혼의 열매라고 볼 수 있다. 선생님의 경지도 여기에 이르렀던 것이 아닐까.

몇 년 전 어떤 명인의 가야금 소리에 반해 강습을 받고 있을 즈음 새해 인사를 드리러 간 선생님 댁에서 처음으로 가야금 연주를 했다. 서툴기가 말로 다 할 수 없는 '아리랑' 연주를 들으시면서 선생님은 명인의 연주를 들으시듯 흥에 겨워 하셨다. '앙코르' 소리가 나오자 선생님은 시치미를 뚝 떼고 말씀하셨다.

"앙코르가 나왔습니다. 그런데 지금 앙코르를 청하신 사람은 부군이십니다."

좌중에는 폭소가 터졌다. 유랑하는 남사당패 부부처럼 서로 추어주려다가 들킨 셈이었다. 어쨌든 '도라지' 한 곡을 더 연주하고 선생님께도 약속을 드렸다.

"선생님, 내년에는 더 솜씨를 갈고 닦아서 찾아뵙겠습니다."

그 이후 새해가 다가오면 선생님께 세배 드리러 가기 전, 가야금을 집에서 꺼내 열심히 연습을 하고는 했다. 새해 뵐 때마다 인사는 언제나 "내년에 뵐 때는 더 솜씨를 갈고 닦아서…"였다. 솜씨는 실상 늘 제자리에 있었지만 그저 만수무강하시라는 덕담을 그렇게 말씀드리고 싶었다. 하지만 그렇게 인사드릴 수 있는 선생님은 이제 곁에 계시지 않는다. 선생님은 떠나시고 가야금은 새해가 다가와도 집 속에 그냥 잠들어 있다.

지난 정월 초하루 찾아뵈었을 때 선생님은 계시지 않고 사모님만 우리를 반갑게 맞아주셨다. 언제나 찾아가면 뵐 수 있다고 생각했던 그 바르고 빛나는 분이 더 이상 우리에게 보이는 세상에는 머무르지 않으신다고 생각하니 만감이 교차한다.

에릭 에릭슨은 인생의 마지막 단계에서 노년기의 자아통합이란 지나간 일생에 대해 그런대로 만족하고 최선을 다해 노력해 온 의미 있는 삶이었다는 느낌을 가질 때, 달성하지 못한 일보다 이룩한 일과 행운에 대해 감사한 자세를 가질 때 생긴다고 말한다. 이에 반해 자기의 인생이 무의미하고 성공할 기회는 이미 떠나갔으며 이제 다시 시작하기에는 너무 늦었다고 여겨질 때 절망감에 사로잡히게 된다는 것이다. 이런 경우 지나온 인생에 대한 불만에 쌓여 모든 것을 불운했다고 여기며 자신을, 때로는 타인을 원망하면서 괴롭고 우울한 노년기를 보내게 된다는 것이다.

부처님의 이야기, 음률의 이야기, 학자의 이야기 중, 어떤 예를 들어도 선생님의 삶을 온전하게 표현해 낼 수는 없지만 그분은 진정한 자아통합을 이루고 우리들에게 빛을 보내 길안내를 해주는 단아한 등대였다.

이 시대에 우뚝 선 큰 학자이면서도 숨은 열정과 풍류의 마음을 함께 지니셨던 선생님….

우리가 더 나이 들면서 어두운 곳으로 접어들려고 할 때, 자기를 갈고 닦기를 게을리 하려고 들 때, 자아통합을 이루지 못하고 절망감에 사로잡히려고 할 때, 댓잎 위에 내리는 청아한 빗소리처럼 늘 우리를 깨우쳐주시기를 선생님께 감히 청하고 싶은 심정이다.

보람의 윤리를 체현한
우송 김태길 선생님을 추모하며

이영호

성균관대 명예교수

　　본래 선생님의 졸수(卒壽: 90세)를 축하하는 글 모음 기획이었던 것이 자리를 떠나신 이제 추모의 글이 된 것은 어쩔 수 없는 일이라 해도, 마음 한구석 애달픔과 아쉬움 또한 피할 길이 없고 자연의 엄정한 질서를 다시 생각하게 한다.

　　살아 있는 모든 것은 다 한 번은 간다. 이 명명백백한 사실을 사람들은 머리로는 알지만 가슴으로는 실감하지 못하고 산다. 그래서 실제로는 죽어가는 일상의 하루하루를 살아간다고 말한다. 하기야 그렇게 잘 조절되어 있으니 생명이, 생명체의 삶이 영위되는 것이기도 하다. 그러다가 어느 날 주변의 절친한 친지의 죽음을 만나고 나서야 이 엄연한 사실 앞에 마주서게 된다. 우송 김태길 선생님과의 이 세상에서의 마지막 작별은 이런 뜻에서 나에게는 진정한 현실로의 회귀였다. 돌아와 보니 선생님의 온화하면서도 엄한 자태를 이 세상에서 더 이상 볼 수 없다는 생각과 이것이 분명한 현실이라는 사실이 가슴 후비는 공허로 남는다. 이제 선생님은 이 땅에 안 계신다. 어느 때 어디서 무엇으로 다시 만날 수 있을는지는 몰라도 지금 선생님은 우리의 머리와 가슴에만 계신다. 회자정리(會者定離)라 하였던가!

잔상(殘像)의 여운

선생님은 평소 표정이 없는 분이었다. 깡마른 체구에 큰 키, 특히 긴 다리로 보폭을 넓게 성큼성큼 걸어가시는 뒷모습을 보면 마치 학이 걸어가는 듯하고, 천천히 가는 듯하나 실제로는 따라가기 힘든 속보셨다. 말년에 쓰신 어느 글에서 정신은 말짱한데 다리가 말을 듣지 않는다는 이야기를 읽고, '아 선생님이 많이 쇠잔하셨구나'라고 생각은 하였지만 이렇게 홀연히 가실 줄은 차마 짐작도 하지 못했다. 평소 우리는 농반으로 선생님은 장수하실 거라고 예단하기도 하였다. 군살 하나 없는 골격미의 관상은 학(鶴)의 상이셨고 관상학에서 학상은 장수상이라는 것이 이 예단의 근거였다. 실제로 선생님께서는 평생, 70이 넘어서까지 테니스를 즐기셨고 특히 술 담배를 안 하시고 (동경 유학 시절에는 폭음도 하셨다고 한다) 규칙적이고 금욕적인 생활을 하시는 것 같았는데, 이것이 당신의 정신과 육체의 건강을 유지하는 비결이었을 것이다. 그런데 지금 다시 생각해 보면 이런 생활태도나 몸가짐은 당신의 철학, 특히 윤리사상과 연관된 것이고, 그것의 체현, 즉 몸소 실현한 것이라 하겠다.

관악구 어딘가에 집을 짓고 이사하셨을 때 선생님 댁을 방문한 적이 있었다. 이층 서재로 올라가는 층계 벽면에 '관이유제(寬而有制)', '화이불류(和而不流)', '화이부동(和而不同)' 등의 유학의 동양적 덕목을 붓글씨로 곱게 쓴 액자를 걸어 놓은 것을 본 적이 있다. 서양 윤리학을 전공한 선생의 내면에는 여전히 우리 전통의 군자의 덕목에 대한 애착이 있구나 하는 생각과 그런 것들이 서양 윤리사상과 함께 당신만이 갖고 있는 분위기로, 체취로 드러난 것이라는 생각이 들었다. 별로 말이 없으신 선생님께서는 늘 침묵의 고요가 잔잔히 흐르는 분위기를 지니고 계셨다. 선생님은 참으로 학(鶴) 같은 분이었다.

그렇다고 선생님이 내성적인 성품은 아니었다. 내 생각으로는 선생님께서는 격정적인 천품을 타고나신 것 같다. 잘못을 그냥 지나치지 않고 문제의 핵심을 예리하게 지적하는 비판정신과, 당신이 옳다고 믿는 신념을 끝까지 추진하는 실천력을 갖고 계신 분이었다. 한국철학회장을 맡으시면서 전공 분야별로 분과를 나누어 비판적 토론을 활성화시킨 일이나, 70 고령인데도 한국철학회가 중고교의 철학교육 정착을 위해 당시의 교육부 정책을 비판하는 가두시위를 벌일 때 격려사를 하신 일이나, 정년 후 사재를 투자해 철학문화연구소를 설립하고 계간지『철학과 현실』을 창간하신 일 등이 이를 웅변으로 말하여 준다.

이런 선생님의 비판적 면모를 잘 보여주는 내가 직접 본 일화가 있다. 아마도 1960년대 말 같은데, 학생 데모가 극심했던 시절 서울대학교 총장의 권총 소지 발언이 물의를 일으켰던 사건이 있었다. 학생 데모로 정국이 불안해서 총장이 신변의 안전을 위해 권총을 갖고 있다는 내용이었다. 도하 신문이 연일 이 발언을 비판하는 기사를 게재하는 와중에 교수들은 아무도 이에 대해 언급하지 않았다. 그때 선생님께서 유일하게 서울대학교 학생신문에 총장의 언행을 조목조목 비판하는 글을 투고하셨다. 그 글을 읽으면서 당신의 현실 참여적 성향은 어느 정도 짐작하고 있었지만, 그 과감한 실천력에 감동했던 기억이 새롭다. 실로 선생님께서는 정중동(靜中動)의 이치를 실현하려 노력하신 분이셨다.

수필가, 에세이스트로서의 우송 선생님에 대한 잔상

내가 선생님을 처음 뵌 것은 1950년대 말이나 1960년대 초인 것 같다. 선생님이 1962년 서울대에 부교수로 부임하셨고 내가 1961년 학부를 졸업하였으니, 아마도 강사로 윤리학 강의를 하셨던 때인 것 같다. 우연히 그 윤리학 강의를 청강했는데 그때 매우 빠른 어조로 열강을 하시던 모습이 지금도 눈에 생생하다. 그때만 해도 선생님은 근접하기 힘든 매우 지적이고 냉랭한 분위기를 지니고 계셨다.

그 후 선생님을 지근에서 모실 수 있었던 것은 학부를 졸업하고 3년간의 군복무를 마친 뒤 늦깎이 대학원생으로 복교한 후였고 잠시나마 철학과 조교로 근무하던 때였다. 대학원 강의 때 몇 안 되는 학우들과 철학과 종합강의실(조교 사무실)에서 선생님과 읽었던 교재는 존 듀이의 *Reconstruction in Philosophy*였다. 매우 가족적인 분위기였는데 그때 나는 선생님의 진면목의 편린을 볼 수 있었다.

듀이는 이 책에서 베이컨의 말을 인용하면서, 개미, 거미 그리고 벌의 작업형태를 비교, 설명하고 이 비유를 통해 꿀벌의 작업이 참된 귀납법이고 이것이 참된 철학의 논리, 즉 발견의 논리라고 정의한다. 개미는 밖에 있는 먹이를 자기 집에 모으는 작업을 한다. 거미는 반하여 자신 속에 있는 거미줄을 뽑아서 영롱한 거미줄을 엮는다. 하나는 외부세계의 자료를 수집하기만 하는 박물학자의 행태, 즉 당시의 실험만을 위주로 하는 자연주의자들에 대한 비판이고, 또 하나는 경험적 세계와 단절한 채 관념의 연역적 체계를 추구하는 스콜라 철학자에 대한 준열한 비판이다. 이 두 곤충의 작업과는 다르게 벌은 꿀을 만들 수 있는 자료를 개미처럼 단순히 모아두기만 하는 것이 아니라 그것을 자기 속에 넣어서 제3의 물질인 꿀을 생산한다. 이 재창조의 작업이 철학의 작업이라는 주장이다. 이를 그는 발견의 논리(내

식대로 하자면 창조의 논리)라고 말한다. 하기야 이런 주장은 철학사에 나오는 위대한 철학자들이 거의 다 했던 주장이다. 칸트의 참된 인식의 필연성은 경험으로부터 시작하지만 경험으로부터 나오는 것은 아니라는 또 다른 측면에서의 고찰도 이를 잘 말하여 준다. 이쯤은 철학개론서를 읽어본 사람이라면 모두 아는 지식이다.

  내가 지금 다 아는 지식을 장황하게 늘어놓은 것은 이 대목에서 선생님께서 하신 말씀 때문이다. 선생님께서는 이런 주장에 동감이고 특히 관념철학이 빠지기 쉬운 독아론적 위험을 잘 지적하였으나 그것만으로는 충분하지 못하다는 말씀이셨다. 한 걸음 더 나아가 철학의 이론을 일반에게 전달하는 표현 방식에 관한 구체적 방안을 생각해 볼 필요가 있다는 의견이셨다. 그때나 지금이나 나는 이 의견을 철학의 추상적 이론은 일상의 평범한 세계에서 영글어야 하고 특히 일상 언어로 해체되어 쉽게 이해할 있도록 전달되는 통로를 찾아야 한다는 당신의 소신으로 받아들인다. 선생님에게는 그러니까 수필이나 에세이는 이런 신념을 실천하는 장이고 통로라 하겠다. 그래서 선생님께서 수필과 특히 에세이를 쓰시는 데 많은 시간과 정성을 경주한 것이 아닌가 하는 생각이다.

  우송 선생님은 철학계의 어느 누구보다 많은 수필과 에세이를 남긴 분이다. 그분의 수필을 읽다 보면 단순 명쾌한 문장과 사소한 일상사를 아주 쉽고 재미난 이야기로 펴나가는 재주에 감탄하기도 하지만, 재기 발랄한 위트와 훈훈한 유머가 읽는 이로 하여금 잔잔한 미소를 머금게 하는 탁월함을 느낀다. 선생님은 이를 통하여 자신의 철학에 대한 평소의 신념을 펴나가신 것 같다. 이런 신념이 생애 후반기에 철학문화연구소를 창립하고 『철학과 현실』이라는 계간지를 발간한 내적 동기와도 무관하지는 않겠다. 이런 일련의 작업은 우리 철학계와 사회에 계몽적 역할을 훌륭하게 수행하였다고 나는 생각한다. 이 점은 특히 선생님의 에세이집, 산문집에서 두드러진다. 나는 선생님의 에세이가 갖는 강력한 영향력과 호소력의 실제 사례를 경험한 적이 있다.

1967년 대학원을 졸업한 후 나는 선생님의 추천으로 아무 연고도 없는 충청북도 청주에 있는 충북대학교의 전임강사로 부임한다. 그 어려웠던 시절, 철학과 졸업생의 취업은 난망, 아니 거의 절망에 가까웠던 시절에 대학 강단에서 철학을 가르치며 평생을 지낼 수 있게 한 첫 문을 열어준 분이 선생님이었다. 그 은덕을 생각하면 지금도 생전에 잘 모시지 못한 것이 미안함을 넘어 죄스럽기까지 하다. 그때 선생님의 첫 번째 산문집이라 생각되는데 『흐르지 않는 세월』이 출간되었고, 후일 『무심 선생과의 대화』로 연속된다. 그때 출판사 사장이 책 선전차 청주로 나를 방문한 적이 있었다. 멀리서 온 손님이기도 하고 선생님과 연고도 있고 해서 저녁을 대접해 보낸 일이 있었는데, 후일 그 사장이 선생님에게 그 스승에 그 제자라고 칭송을 하더라는 말을 하시며 흐뭇해하시던 모습이 지금도 역연하다.

선생님은 평소 별로 말이 없으셨던 분이다. 그런데 글을 보면 재미가 쏠쏠해서 책을 놓기가 힘들 정도였다. 입담이 아니라 글담(이런 표현이 있는지 모르겠으나)이 무척 센 분이었다. 이 책은 무심 선생이라는 가상 인물과의 대화를 통해 철학의 기본 개념, 인생, 사랑, 정의, 진리 등등을 아주 쉽고 재미나게 전달해 주는 내용이다. 대학 1, 2학년 철학개론 시간에 이 책을 소개하고 그 다음 주에 독후감을 갖고 한 시간가량 이야기하였는데, 그때 학생들의 반응은 매우 높았고 개념 설명에 급급했던 내 강의에 살을 붙여준 격이었다. 이를 시발점으로 해서 학생들의 철학에 대한 관심은 높아졌고 뒤에 충북대학교 휴머니스트학생회가 조직되는 계기가 된다. 당시 선생님의 에세이가 학생들에게 미친 영향력은 굉장한 것이었다.

보람의 윤리를 체현한 우송 선생님

이제 우송 김태길 선생님과의 50년에 가까운 사제의 인연을 뒤돌아보면, 선생님께서는 은인자중(隱忍自重)하시어 웬만한 일에는 속내를 내색하지 않고 모든 일에 신중을 기하는 외유내강의 인품이셨다. 항상 절제된 언행과 균형 잡힌 판단과 실행으로 우리를 이끈 진정한 묵언의 사표이셨다. 한 번도 이렇게 하라든지, 저렇게 하면 안 된다든지 하는 도덕군자의 잔소리를 하신 적이 없다. 묵묵히 당신의 소신대로 실행하고 그 실천을 통하여 올곧게 사는 방식의 하나를 보여주셨을 뿐, 군더더기가 하나 없다.

그 실천 중 내게 가장 감동스러운 것은 정년퇴직 후 선생님께서 보여주신 삶의 형태다. 대부분의 퇴직자들은 자신 속에 침잠하여 안주할 생각부터 한다. 그것도 하나의 사는 방식이다. 선생님은 오히려 더 큰 사업을 시작했고 확장해 나갔다. 나는 선생님께서 어떻게 그 큰 재산을 모으셨는지 잘은 모른다. 그러나 어떻게 쓰고 가셨는지는 안다. 철학문화연구소를 중심으로 『철학과 현실』지를 창간하고 말년에 '성숙한 사회 가꾸기 모임'을 결성하신 일련의 문화 계몽 사업은 선생님이 가신 후에도 지속적으로 진행될 것이고 우리 사회에 깊고 좋은 결실을 맺으리라 믿는다.

이 글을 마치면서 내가 궁금해 하는 것은 선생님의 이런 실천적 삶을 이끈 궁극적 원리가 무엇인가이다. 윤리학자로, 계몽철학자로, 아니 이 시대를 산 평범한 한 사람으로 위와 같은 일관된 삶을 영위하게 한 추진력은 어디서 나온 것일까? 나는 그것을 '보람'에서 찾고 싶다. 당신이 옳다고 믿는 일을 추진하는 각 과정에서 성취의 보람을 느끼는 일, 그것이 모든 신념을 실현하는 추진력의 원동력이 아닐까? 감히 나는 우송 김태길 선생님의 삶의 원리를 '보람의 윤리', '보람의 철학'이라 부르고 싶다. 망발인가?

  모든 일은 끝막음이 깨끗해야 한다고들 한다. 사람의 평생도 끝난 후에 그 뒷모습이 맑아야 한다. 우송 선생님은 뒷모습이 아름다우신 분이었다. 부디 사후의 세계가 있다면 이승에서 이루지 못한 꿈을 그곳에서 이루시길 빌며, 남기고 간 사업을 제자들이 잘 진행하고 있는지 꿈에서나마 인도해 주시길 바라며 고별의 글을 마치려 한다.

군자의 삼변

정명환
전 서울대 교수/대한민국학술원 회원

　김태길 선생을 흠모하는 많은 사람이 그렇겠지만 나 역시 선생과의 최초의 만남은 글을 통해서였다. 1964년에 일조각 출판사가 몇몇 교수의 글을 엮어 『한국인과 문학사상』이라는 책을 내놓았는데, 나는 그 책에 「부정과 생성」이라는 제목으로 이상(李箱)에 관해서 논했고, 김태길 선생은 「우리의 현실과 서구사상」이라는 긴 논문을 발표하셨다. 나는 책이 나오자 다른 사람들의 글은 뒤로 돌리고 우선 선생의 것부터 읽기 시작했다. 왜냐하면 서구사상을 우리가 어떻게 대해야 하는가라는 문제는 바로 나 자신의 관심의 초점이었으며, 내가 「부정과 생성」에서 시도한 서양사상에 관한 언급과 선생의 말씀을 비교해 보고 싶었기 때문이다.
　그러자 나는 당장에 깨달았다. 선생의 문제의식은 나의 것에 비해서 한결 보편적이며 심각하다는 것을. 나는 다른 분야와 마찬가지로 문학에서도 서양의 분화된 사고방식과 논리적 탐구정신을 도입할 필요를 강조한 데 불과했지만, 김 선생은 개인주의가 지배하는 서양 자체의 문제를 역사적으로 고찰하고, 과연 그런 개인주의가 우리의 주체성을 확립하는 동시에 후진성을 극복하는 데 이바지할 수 있는지를 비판적으로 검토해 나갔다. 따라서 주제의 범위에 있어서도, 논의의 보편성에 있어서도, 김 선생의 글은 내가 미처 주목하지 못했던 중요성을 갖는다는 것을 알았다.

그 글에서 선생은 개인주의가 오늘날 우리들 한국인도 따라야 할 불가피한 원리가 되어 있음을 충분히 인정하면서도 이렇게 천명하고 있다. "개인주의를 생활신조로 삼고도 원만한 사회생활을 영위할 수 있는 것은, 오직 한 가지 조건이 충족되었을 경우뿐이다. 그 한 가지 조건이란, 개인주의를 신조로 삼는 개인들이 자기의 인격과 남의 인격을 평등한 원리에 의하여 대접할 수 있으며, 나의 이익과 남의 이익을 공정의 원리에 의거하여 차별 없이 존중할 수 있는 도덕성을 갖추고 있을 경우를 말한다." 요컨대 개인주의가 이기주의로 전락하는 경향을 짙게 보이고 있는 것이 이른바 선진 서구사회의 현상이며, 이제 주체성을 확립하고 후진성을 극복하는 이중의 과업을 수행해야 할 한국은 그 전철을 밟지 않고 바람직한 개인주의의 사회를 이루어 나갈 윤리적, 실천적 원리를 마련해야 한다는 것이 선생의 주장이었다.

그 후 근 50년이 흘렀다. 그 장구한 세월에 걸쳐 선생의 관심과 활동은 한결같았다. 선생이 '이성적 개인주의'라고 이름 지은 원칙의 실현을 위하여 헌신한 인생이 곧 선생의 인생이었다고 말해도 과언이 아니다. 우리의 "이성적 사유의 전통이 약하다"(『윤리 문제의 이론과 사회 현실』)는 불리한 여건을 무릅쓰고 산업화와 자유와 질서가 함께 있는 공동체를 실현시킬 도덕적 기반을 찾아 세우려는 선생의 부단한 지향은 강의, 강연, 도덕운동, 그리고 때로는 부정과 불의에 대한 강력한 항의로 구체화되었다. 그러나 선생은 결코 환상으로 자신을 달래는 분은 아니었다. 선생은 나날이 더욱 이기주의로 쏠리는 사회를 바로잡아 줄 원리의 하나로서 유교적 군자형의 인간에 대한 긍정적 재검토를 시도하고 있지만(이것은 오늘날 서양인을 포함한 전 세계의 식자들의 두드러진 관심이기도 하다), 그런 인간상이 미구에 정착하리라는 안이한 기대를 품지는 않으셨다. 말하자면 허울 좋은 관념론과 지나친 비관론의 양자를 동시에 신중하게 경계하면서 '진인사대천명(盡人事待天命)'의 지혜를 몸소 실천한 환상 없는 이상주의자가 곧 김태길 선생이었다.

그러한 선생의 노력을 동시대인과 후대가 어떻게 평가할지는, 윤리학의 전문가가 아닌 내가 판단하거나 추측한다는 것은 주제넘은 일이다. 나는 다만 오늘날의 초미의 문제에 대한 선생의 넓은 안목과 단단한 논리, 그러면서도 한쪽으로 치우치지 않는 중용적 사고가 부러운 것이다. 그러나 내가 선생을 부러워한 또 다른 이유가 있다. 나는 공인(公人)으로서의 선생의 신중하면서도 올곧은 언어와 행동만이 아니라, 사인(私人)으로서의 솔직하고 겸허하고 정답고 또 때로는 해학적인 그 인품에 홀렸던 것이다. 그것은 나만의 경우가 아니라 선생의 수필을 대한 모든 사람의 체험이리라.

『무심 선생과의 대화』에는 "선생님에게는 서로 다른 두 측면이 있습니다. 접근을 어렵게 하는 근엄한 측면과 농담과 유머를 좋아하시는 개방적 측면이 있습니다."라는 말이 있는데, '무심 선생'을 두고 하신 이 말은 바로 그 책의 저자인 김태길 선생의 초상이기도 하다. 나도 선생과의 직접적 교제를 누리기 전에는 그 곁을 지나가거나 마주하면 고개만 공손히 숙이곤 했는데, 사실 호리호리하고 강직한 인상을 주는 선생의 풍모로 보아 쉽게 접근할 수 있는 분 같지가 않았다. 그러나 선생이 곁으로 쉽게 갈 수 있는 길이 열려 있었다. 그것은 다름 아니라 수필을 통한 심정적 접근이었다.

선생이 쓰신 그 많은 수필에는 사회, 정치, 도덕, 인생에 관하여 공인으로서 객관적인 서술과 주장을 쉽게 전개한 것들이 포함되어 있다. 그러나 수필을 무엇보다도 자기성찰의 장으로 삼아온 나로서는 특히 선생이 자신에 관해서 반성과 해학과 아이러니와 때로는 고민조차 섞어서 담담하게 이야기하고 있는 종류의 것에 끌렸다. 그런 글을 읽을 때면, 먼발치에서 근엄하게만 보이던 선생이 바싹 내 곁으로 다가와서, "인생이란 이런 것이 아니냐? 당신 역시 나와 마찬가지로 결코 위대하다거나 만족스럽다고는 할 수 없는 인간 조건을 속임 없이 의식하고 살면서 조촐한 의미와 행복을 주어나가는 것이 아니냐?"고 말씀하시는 것 같다. "불순한 감정을 품기도 하는 것이 인간의 자연스러운 모습"임을 너그럽게 받아들이고(「호스티스의 편지」), 인간으로서의 윤리와 모든 생물들이 함께 따를 수밖에 없는 대자연의 생사의 법칙 사이의 모순을 괴로워하고(「사자 가족과 인간 가족」), 대수롭지 않아 보이는 몇 가지의 에피소드를 모자이크처럼 엮고 나서 "삶이 허무가 아님을 스스로 인정할 수 있는 흔적을 찾아서" 헤매고 있다는 고백을 서슴지 않고, "암흑 같은 절망과 반딧불 같은 희망이 교차하는" 이 어려운 세상에서 "어차피 유한자로 태어난 인생, 하는 데까지 하다가 웃고 떠나면 그것으로 족할 뿐"(「작금의 심정」)이라고 슬기롭게 체념하는 선생에게 나는 줄곧 친근감을 느껴왔다.

이런 수필에서 풍겨 나오는 겸허하고 넉넉한 인품을 알고 부러워한다는 것만으로도 우리는 선생을 잘 안다고 자만할 수 있으리라. 그러나 나는 1997년 이후 선생과의 직접적 교제를 가질 수 있는 행운을 누리게 되었다. 선생과 나는 그해에 대한민국학술원 대표로서 이스라엘에서 개최되는 학술원 국제연합회의에 파견되었고, 그 기회에 며칠간 유럽 여행을 함께했다. 그동안 선생은 당신의 과거에 관해서 또는 세상의 일에 관해서 여러 가지 이야기를 해주셨는데, 그 어투는 마치 맏형이 막내 동생을 대하듯 다정한 것이었다. 선생에게는 아우가 없고 내게는 형이 없어서 상호간에 인력이 작용했는지도 모른다고 외람된 생각을 해보기도 한다. 그해 8월에는 선생이 우리 내외를 태백 여행으로 초대하셔서, 나는 선생과 함께 태백산을 오르기도 했다. 그때의 선생의 모습은 등산객이 아니라 산을 날아다니는 신선 같았다. 벌써 저만치 올라가 계신 선생은 한참 뒤에야 헐떡이면서 간신히 뒤따라간 나를 그때마다 격려하여 정상까지 이끌어주셨다. 사정을 모르는 사람이 우리의 모습을 보았다면 선생이 10년 아래의 아우라고 생각했을지도 모른다.

그 후 십여 년 동안 나는 선생을 자주 뵈었다. 또 선생이 주도하신 '성숙한 사회 가꾸기 모임'에 참여하기도 하고 학술원 회장이 되셨을 때는 사무적으로 도와드리기도 했다. 그러나 내가 선생에게 해드린 것은 극히 미미하며, 도리어 선생이 그의 인품과 언어로, 그리고 나에 대한 각별한 정으로 내게 남기신 흔적은 깊다. 내가 허리 병 때문에 보행이 불편한 것을 아신 선생은 만날 때마다 "내 말대로 애써 평지를 천천히 걷고 있느냐?"고 걱정하시고, 2008년 말에 내가 경암학술상을 받았을 때는 당신 자신의 일처럼 기뻐하시면서 일부러 부산까지 내려오셔서 나의 수상을 축하해 주시기도 했다.

선생을 생각하거나 뵙거나 그 글을 읽을 때면 내 머리에는 『논어』 자장 편의 한 구절이 떠오르곤 했다. 자하(子夏)가 그의 스승 공자를 두고 한 말이다. "君子有三變, 望之儼然, 卽之也溫, 聽其言也厲." ("군자에게는 세 가지 다른 면이 있다. 그를 멀리서 바라보면 의젓하고, 그에게 가까이 가면 부드럽고, 그 말소리를 들으면 엄정하다." 차주환 역) 나는 이 말 중의 첫째 구절과 둘째 구절은 그대로 두고 마지막 구절만을 약간 고쳐 쓰면 김태길 선생의 인간상을 그려볼 수 있으리라고 생각한다. 선생의 말씀은 진정되지만 엄하거나 까다롭지는 않기 때문이다. 공인으로서의 글과 사인으로서의 글이 각각 다른 문체임에도 불구하고 양자는 다 같이 겸허하며 그 겸허 속에 진실이 담겨 있다. 그래서 나는 그 마지막 구절을 '讀其文也謙而眞'이라고 바꾸고, 그것을 첫째 구절과 둘째 구절에 접속시킴으로써 김태길이라는 오늘날의 군자의 삼변을 아로새기고 싶은 것이다. 남의 칭찬을 몹시 겸연쩍어하신 선생이셨지만, 이 정도의 존경의 표시는 저 멀리에서 받아주시리라고 믿는다.

　나는 위와 같은 내용을 담은 글을 더 단정히 써서 2009년 11월 선생의 구순을 축송하는 문집에 실어달라고 부탁할 생각이었다. 그러나 가혹한 운명은 그것을 허락하지 않았다. 그렇게도 건강하시던 선생이 지난해 5월 말에 홀연히 우리의 곁을 떠나셔서 이 글은 축송이 아니라 추송(追頌)이 되고 말았다. 더구나 나 자신 병석에서 이 몇 자를 적었으니 더욱 슬픈 일이다.

김태길 교수와의 대담[1]

엄정식
서강대 명예교수

엄정식 : 선생님, 안녕하십니까? 저는 '철학문화연구소'와 '성숙한 사회 가꾸기 모임' 등을 통해 그동안 선생님을 자주 뵈었지만 이런 기회에 대담을 마련하니까 새삼스러운 느낌이 들고 매우 영광입니다. 무엇보다 이번에 '만해상'을 수상하시게 된 것을 진심으로 축하드립니다.

김태길 : 감사합니다. 저도 엄 선생을 이런 자리에서 만나니까 다른 분위기가 느껴지는군요.

엄정식 : 그동안 저는 철학문화 활동이나 도덕운동을 통해서뿐만 아니라 지난 30년 가까이 윤리학을 강의하면서 선생님의 논문이나 저

---

[1] 이 대담은 지난 2008년 3월 14일 만해대상 학술부문에 대한민국학술원 회장인 김태길 교수가 선정된 뒤, 엄정식 서강대 명예교수가 김태길 서울대 명예교수를 만나 이루어졌다. 만해대상 심사위원회는 "김태길 교수는 학문을 현실과 접목시켜 사회적인 변화를 일으키는 실천적 운동을 전개했다."고 선정 이유를 밝혔다.

술들을 많이 접해 왔기 때문에, 그리고 선생님의 인생역정도 여러 경로를 통해 비교적 널리 알려져 있기 때문에 지면을 고려하여 핵심적인 것들만 살펴보기로 하겠습니다. 선생님의 삶과 학문의 일관성과 연관성을 추적한다고 할까요? 철학을, 그 중에도 윤리학을 공부하시게 된 동기가 무엇입니까?

김태길 : 저는 충청북도의 한적한 두메산골 마을에서 태어나 민족적 문제의식이 강한 아버님을 모시고 자랐기 때문에 그 영향을 받았다고 할 수 있습니다. 사실 아버님은 7년간 옥고를 치른 후에도 외지로 늘 떠돌아 다니셨기 때문에 거의 편모슬하에서 자란 셈이지요. 이런 상황에서 안정을 찾아 군서기로 입신할 꿈을 꾸었으나 아주 준수한 모습의 일본 고교생을 우연히 만나 동경으로 유학할 꿈을 꾸게 되었지요. 그 당시에 나는 종교학을 공부해서 마음이나 다스리고 세상을 살아갈 계획을 했으나 마침 일본이 곧 패전하게 될 것이라는 소문이 나돌았고 그렇게 되면 혼란이 오고 할 일이 많게 되므로 법을 공부하라는 권고도 있고 해서 법과에 응시했습니다. 그런데 한 가지 기억에 남는 것은 논술식 시험문제였습니다.

엄정식 : 그것이 어떤 것이었습니까?

김태길 : '자유와 통제'라는 제목으로 무려 3시간 동안 쓰라는 것이었는데 그 답안이 인상적이었는지 좋은 성적으로 합격이 된 것입니다.

엄정식 : 어떤 내용으로 쓰셨습니까? 기억나시는 대로 대강 말씀해 주십시오.

김태길 : 아테네와 로마의 예를 들어, 둘 다 필요하기는 하지만 아테네는 자유가 너무 지나쳐서 방종으로 흐르다가 혼란이 심해져서 멸망했고, 이에 비해 로마는 법과 제재를 통한 규제가 너무 심하여 반항과 분열을 거치는 동안 쇠퇴의 길로 접어들었다. 그러므로 바람직한 것은 상황에 따라 자유와 통제를 적절히 구사하는 중용의 길을 택하는 것이다. … 대략 그런 내용이었지요.

엄정식 : 아! 정말 탁견이십니다. 지금의 관점에서 보아도 훌륭한 답안이었을 것 같습니다. 그런데 한 가지 흥미 있는 것은 선생님께서 그 제목으로 지금 쓰셔도 상당히 비슷한 결론에 도달하실 것 같은 느낌이 드는데요. 특히 극단을 피하고 중도의 길을 택할 것 같은 점에 있어서요. 어떻게 생각하십니까?

김태길 : 대체로 동의합니다.

엄정식 : 그런데 그러한 입장을 취하는 것이 객관적 상황의 문제일까요, 그렇지 않으면 개인적 기질의 반영일까요? 선생님께서는 그러한 점에서 지금까지 일관된 모습을 보이신다는 느낌이 드는데요. 가령 군사정권 때 선생님께서는 통제가 지나치다고 생각하셨고 민주화 과정에서는 지나치게 방종으로 흐른다는 견해를 가지신 것으로 이해합니다만….

김태길 : 아무래도 기질의 영향이 더 큰 것 같습니다. 상황이 바뀌어도 여전히 같은 태도를 지니고 있으니까요. 그런데 흥미 있는 것은 해방 직후 정치적으로 좌우의 갈등이 심화될 때도 어느 한쪽에 속할 수가 없어서 정치운동을 포기하고, 그 대신 혼탁한 도덕적 상황을 해

소하고자 전국적 규모의 중립적인 도덕운동을 전개했으나 여기서도 엄격하게 정치적인 중립을 지키기가 어려워서 결국 학업을 계속하기로 했던 것입니다. 서울대학교 철학과에서 윤리학을 전공하게 된 연유가 그렇게 된 것입니다.

엄정식 : 과연 그 후에도 계속 선생님께서는 중용주의자로서의 면모를 보이셨습니다. 그런데 여기서 한 가지 짚고 넘어가야 할 것은 중용주의자가 되기는 결코 쉬운 일이 아니라는 점입니다. 그 중에서도 가장 난처한 일이 아마 기회주의자로 오인되는 점일 터인데, 오랜 세월이 지나기 전에는 표면적으로 구분하기가 어렵기 때문입니다. 선생님께서는 이 두 입장을 어떻게 구별하십니까?

김태길 : 중용주의자는 어떤 일이 옳다고 믿기 때문에 손해와 박해를 감수하고라도 자기의 길을 갈 뿐인데, 기회주의자는 이해관계에 얽매여 있는 까닭에 옳더라도 이롭지 않으면 입장을 바꾼다는 점이 다르다고 봅니다. 중용을 지키기가 참으로 어려운 것은 자주 양쪽으로부터, 가령 보수와 진보, 좌익과 우익 등으로부터 동시에 비판과 공격을 받아도 자기의 입장을 고수해야 한다는 점입니다. 기회주의자에게는 그러한 수난을 감수할 필요가 없겠지요.

엄정식 : 선생님께서는 여전히 현대의 한국이 부딪친 이른바 '윤리적 상황'에 대해서 관심을 많이 보이셨고 이에 대응하는 방법을 강조하셨는데 그 점에 관해서 말씀해 주시겠습니까?

김태길 : 어느 나라든지 그 나라의 특수한 역사적 사정이 있기 마련인데, 윤리적 문제는 인간의 본성과 연관된 점도 있지만 이 특수 상

황이 빚어낸 부분도 많이 있습니다. 그러므로 우리나라의 훌륭한 전통적인 가르침만으로는 해결하기 어려운 점을 인정해야 합니다. 가령 유교나 불교에 바탕을 둔 전통 윤리 가운데 삶의 지혜로서 손색없는 가르침이 적지 않다는 것을 인정한다고 하더라도 현대사회의 윤리적 문제를 푸는 데는 적합하지 않다는 점입니다. 그러나 서구의 선진국 윤리를 고스란히 도입한다는 것에도 무리가 있습니다. 그렇다고 해서 이것을 적당히 절충하는 것도 바람직하지 않습니다. 우리에게는 우리의 특수한 상황이 창출되고 있는 만큼 새로운 시각에서 접근하는 편이 나을 것입니다.

엄정식 : 그렇다면 여기에 적합한 윤리를 정립하기 위해서 어떤 점을 고려해야 합니까?

김태길 : 그러한 윤리를 정립하려면 먼저 이 시대에 해결해야 할 중대한 문제들이 무엇인지 살펴보아야 할 것입니다. 그 다음 그러한 문제들을 해결하기 위하여 요구되는 덕목 또는 행위의 규범이 무엇인지 고찰해야 합니다. 우리가 이미 당면하고 있는 문제들을 다 살펴볼 수는 없지만 한 가지 중요한 것은 마음이 불편한 사람이 대단히 많다는 것입니다. 물질과 육체의 생활이 크게 향상되었음에도 불구하고 정신생활은 도리어 가난하고 마음은 끊임없는 불안에 시달립니다. 이러한 문제 상황을 극복하기 위해서 우선 마음의 불편을 느끼는 사람들이 많게 된 원인을 규명하고, 그 다음 그 원인을 제거하기에 필요한 덕목이 무엇인지 탐구해야 한다는 것입니다.

엄정식 : 좀 더 구체적으로 말씀해 주실 수 있는지요. 그러한 불안에는 어떤 것이 있으며 그 이유가 무엇입니까?

김태길 : 첫째 이유로서 우리는 사회적 불안을 지적할 수 있습니다. 인간적 한계와 현대적 특성은 차치하고라도 우리에게는 급속한 산업화와 갑작스러운 민주화 과정에서 생긴 여러 가지 사건들을 들 수 있을 것입니다. 신문이나 방송에서 보도되는 대형 사고나 잔인한 사건들이 모두 그것입니다. 부친 살해나 어린이 유괴, 교량의 붕괴나 열차의 전복, 공무원들의 부정부패, 군대에서의 하극상 등도 대표적인 예입니다. 이러한 사건들이 주위에서 얼마든지 일어날 수 있다는 것이 우리를 불안하게 하는 이유가 되지요. 그 다음에는 고독한 인간관계입니다. 인간이 본래 고독한 존재이기는 하지만 오늘날 특히 진정한 의미로 '막역한 사이'라는 것을 찾기 어렵습니다. 심지어 가족관계도 흔들리고 대부분 경쟁관계로 다른 사람을 만납니다. 이것이 또한 우리를 불편하고 허전하게 하는 이유입니다.

엄정식 : 그런데 이 두 현상은 결국 같은 뿌리를 갖고 있는 것이 아닐까요. 현대사회의 특성과 연관된 요소 말입니다.

김태길 : 그렇습니다. 그 공통의 뿌리는 소유와 향락의 극대화를 삶의 궁극적 목적으로 삼는 그릇된 생활 태도 내지 가치관입니다. 이것을 행복에 도달하는 필요하고 충분한 조건으로 잘못 알고 앞을 다투는 까닭에 사회는 지나치게 치열한 경쟁의 마당이 되었지요. 여기서는 모두가 서로 적수일 수밖에 없으며 적수를 사랑한다는 것은 지극히 어려운 일이므로 사람들은 자기만을 생각하는 이기주의의 늪에 빠지게 되지요. 이 늪에서 사람들의 관계는 당연히 고독할 수밖에 없겠지요.

엄정식 : 역시 자본주의적인 사회구조의 문제가 되겠군요. 과소비와

지나친 경쟁을 부추기는 그 구조 말입니다.

김태길 : 어쨌든 총량에 한정이 있는 재물과 지위를 앞에 놓고 치열하게 경쟁하는 사회에서는 결과적으로 소수의 승리자와 다수의 패배자로 나누어지기 마련이고, 그런데 문제는 여기서 패배자가 책임이 자신에게 있다고 생각하기보다는 사회의 구조적 모순이라고 믿는다는 점입니다.

엄정식 : 결국 모두의 평화를 얻기 위해서는 소유와 향락의 극대화를 삶의 궁극적 목적이라고 믿는 가치관을 버려야 하겠군요. 그렇게 할 수 있는 방법이 무엇일까요?

김태길 : 결국 재물과 권력 또는 향락 따위의 외면적 가치보다는 인격과 생명, 학문과 예술, 또는 사랑과 믿음 같은 내면적 가치를 더욱 숭상하는 가치 풍토를 조성해야 합니다. 그러한 풍토를 조성하기 위해서 몇 가지 고려해야 할 사항이 있습니다.

엄정식 : 말씀해 주시겠습니까?

김태길 : 첫째, 정부는 빈부의 격차를 좁히고 사치와 낭비, 향락의 풍조를 되도록 억제하는 정책을 강구해야 할 것입니다. 자본주의 사회에서는 상업주의가 팽배하여 기업들이 과소비를 조장함으로써 이윤의 극대화를 꾀하는 경향이 있습니다. 그러므로 정부에서 너무 자유 방임 정책에 의존하는 것을 경계하는 한편, 국민의 도덕적 의식 수준을 고양시킬 필요가 있다는 것입니다.

엄정식 : 그러나 이것은 좀처럼 쉬운 일이 아닐 것 같습니다. 급속하게 산업화와 민주화가 이루어진 상태에서 국가의 경쟁력을 높이기 위해서라도 경제적 성장을 가속화해야 한다고 정부는 믿고 있을 테니까요. 더구나 기업체에서는 교묘한 상술을 써서 사람들이 높은 도덕의식의 수준을 유지하기가 어렵게 만듭니다. 가령 그들은 자기네 상품들이 필요하다는 것을 설득시키기 위해서 우선 생활양식을 팔고 그 양식을 고착시키기 위해 그에 따른 가치관과 인생관을 팔고 있기 때문입니다. 그래서 민주와 자유의 대가는 만만치 않은 것 같습니다. 여하튼 그 다음 우리가 해야 할 일은 무엇일까요?

김태길 : 그 다음 부유한 계층 또는 사회적으로 높은 계층에 속하는 사람들은 서민층에게 상대적 빈곤감 혹은 위화감을 일으키지 않도록 주의할 필요가 있습니다. 사회적 지위가 높을수록 품위를 유지해야 하며 고급스러운 치장이나 사치품은 오히려 품위를 떨어뜨릴 수 있다는 것을 명심해야 합니다. 특히 특권층은 모방의 대상이 되므로 도덕적으로 책임이 무겁다는 것을 염두에 둘 필요가 있습니다.

엄정식 : 그 밖에 강조할 것에 어떤 것이 있습니까?

김태길 : 그 밖에도 여러 가지가 있겠지만, 한 가지만 더 지적하겠습니다. 그것은 무엇보다 '나' 자신을 소중히 여기고 사랑해야 한다는 것입니다. 보통 사람으로서 가장 쉽게 실천할 수 있는 것이 이것이며, 그러므로 '인간 존중'의 실천은 '나' 자신을 존중하는 데서 출발하는 것이 가장 자연스럽고 현실적입니다. 나의 인간성을 귀중히 여기지 않는 사람이 남의 인간성을 귀중히 여긴다는 것은 매우 어려운 일입니다.

엄정식 : 그러나 현실적으로는 대아(大我)나 '공동체적 자아'가 아닌, 자기 자신이나 이른바 '소아(小我)'를 존중하는 이기적 차원에 머물게 되지 않을까요? 사회가 그것을 조장하는 측면도 있구요.

김태길 : 그러므로 '나'를 진정으로 사랑하고 존중히 여길 필요가 있고, 그러한 사람은 그 마음이 연장되어 타인에 대해서도 사랑과 존중의 심성을 가질 수 있다는 사실을 명심해야 합니다. 흔히 '이기적'이라는 평판을 받는 사람들은 자기만을 생각하는데, 상식적인 의미로도 그러한 사람은 자신을 참되게 사랑할 줄 모르는 사람입니다.

엄정식 : 때로는 무제한의 자유를 추구할 수 없는 이유도 거기 있겠군요.

김태길 : 우리가 자유를 제한하지 않을 수 없는 이유는, 모든 사람에게 무제한의 자유를 허용했을 때 생기기 마련인 혼란과 일반적인 불이익에 있습니다. 모든 사람이 제멋대로 행동하는 것을 허용한다면 서로가 서로의 길을 방해하게 될 것이고 결국 대부분의 사람들이 심한 부자유의 고통을 받는 결과에 이르게 될 것입니다.

엄정식 : 그것이 선생님이 말씀하시는 '자유의 역리(逆理)'라는 것이군요. 이러한 모순을 방지하기 위해서라도 자유를 제한할 필요가 있겠군요.

김태길 : 그렇습니다. 그러나 자유의 제한 그 자체가 바람직하기 때문이 아니라 더 큰 악을 막기 위한 방편으로서 택하는 것이기 때문에 여기에는 하나의 원칙이 필요합니다. 자유의 제한은 모든 사람들을

위해서 불가피한 경우에만 가해야 한다는 원칙이지요. 불필요한 제한은 정당화될 수 없으며, 어느 일부 사람들을 위한 제한도 안 됩니다. 사회의 질서와 타인의 자유를 해치지 않는 한 자유를 허용하는 것이 바람직하다고 봅니다.

엄정식 : 그러한 원칙을 사회나 국가에 적용할 수 있을까요? 자유민주주의 국가인 우리나라의 경우와 관련해서 말씀해 주시겠습니까?

김태길 : 자유민주주의 사회의 일차적 목표는 모든 개인들이 각자의 뜻에 따라서 삶을 설계하고 실천하는 가운데 자아를 실현하는 일입니다. 그러나 이 경우에도 각자가 제멋대로 가는 것이 아니라 상호관계 속에서 제한된 자유의 길을 걷기 마련입니다. 따라서 개인들의 삶의 방식을 직접 또는 간접적으로 서로 섞어서 '한국인의 삶의 방식'이라고 부를 수 있는 전체를 형성하게 될 것입니다. 이 전체는 어떤 공통성과 특성을 갖게 될 것이고 이것을 근간으로 삼고 한국의 문화가 성장하게 될 것입니다.

엄정식 : 선생님께서는 문화를 어떻게 이해하며 특히 우리 문화가 어떠한 방향으로 발전해 가야 한다고 보십니까?

김태길 : 저는 '문화'를 일부 탁월한 재능을 가진 사람들이 이룩하는 업적으로서의 예술과 과학 등 문화적 결실이나 성과를 가리키는 것이 아니라, 가치관을 중심으로 삼는 정신적 상태나 그 표현으로서의 삶의 양상을 전체적으로 가리킵니다. 앞으로 우리나라의 문화가 민주주의적 성장을 이룩하려면 소질이 출중한 소수의 선택된 사람들만이 아니라 모든 사람들이 타고난 소질을 고루 개발할 수 있는 정신 풍토

를 이룩해야 한다는 뜻이지요.

엄정식 : 그런데 우리나라의 문화적 현실, 혹은 그 특성을 어떻게 평가하십니까? 특히 도덕적 상황과 관련지어 말씀해 주시지요.

김태길 : 여러 가지를 지적할 수 있겠지만 가장 두드러진 것은, 다시 강조하거니와 소비 위주의 문화이며 향락 추구의 문화라는 점입니다. 돈이 가치체계의 정상을 차지하는 풍토에서 사람들은 소비생활을 통한 향락 추구에 열중하는 가운에 자신의 소질을 개발하는 일은 소홀히 하는 경향이 있습니다. 돈벌이에 여념이 없는 상인들이 만들어서 제공하는 상품을 소비하고 즐기는 것을 삶의 보람으로 여기는 가치 풍토 속에서, 사람들은 자아의 실현을 중심으로 삼는 더 높은 삶의 보람을 포기합니다.

엄정식 : 그렇다면 어떤 방향으로 우리의 문화가 전개되고 발전되기를 바라고 계십니까?

김태길 : 장차 한국의 문화는 소비 위주의 문화에서 인간 개발의 문화로 방향을 바꾸어야 할 것이며, 소질이 탁월한 소수의 업적을 대중이 바라보고 찬양하는 풍토가 아니라, 체계적이고 장기적인 삶의 설계를 통해 모든 사람들이 각자의 소질을 개발하는 가운데서 삶의 보람을 찾는 문화 풍토를 조성해야 할 것입니다. 새로운 문화 풍토의 조성은 개인들이 따로따로 하는 노력만으로는 달성하기 어려운 일이며, 사회가 함께하는 조직적 노력을 요청합니다. 이 노력은 공정한 분배의 제도와 직결되고, 기회가 균등한 전인교육의 제도와도 연결됩니다.

엄정식 : 그러나 그렇게 안심하고 내일을 설계할 수 있도록 사회가 안정과 질서를 유지해야 하지 않겠습니까. 요즈음처럼 정치가 불안하고 경제가 들쑥날쑥한 상황에서 어떻게 합리적인 삶의 설계가 가능하겠습니까.

김태길 : 옳은 말씀입니다. 그러므로 지금 가장 시급한 문제는 사회의 법질서를 확립하는 일입니다. 여기서는 크게 두 가지 단계로 나누어서 생각할 수 있는데, 첫째는 공정하고 합리적인 법을 제정하는 일이요, 둘째는 그 법조문에 명기된 규범을 준수하는 일입니다.

엄정식 : 좀 더 자세히 설명해 주십시오.

김태길 : 잘 알려진 바와 같이 자유민주주의 사회의 이상은 개인들이 각각 윤리규범을 자율적으로 지킴으로써 타인의 권익 내지 자유를 침범하지 않는 도덕적 수준에 도달하는 일입니다. 그러나 이러한 수준에 도달하기는 어렵기 때문에 필요한 경우에는 공권력을 발동하여 방종한 사람의 반사회적 행위를 방지해야 합니다. 그런데 법치국가의 외형을 갖추었다고 해도 법규의 내용이 불공정하거나 법을 지키지 않는 사람이 많은 경우에는 개인들이 안심하고 삶을 설계하거나 실천하는 데 어려움을 겪기 마련입니다. 따라서 공정한 입법과 법의 준수는 자유민주주의 국가의 성패를 좌우하는 중요한 조건이 되겠지요.

엄정식 : 그동안 선생님께서는 외국의 중요한 이론들을 비판적으로 소개하고 우리의 문제를 해결하는 방안으로 활용하기도 하셨습니다. 분석 윤리학자들뿐 아니라 전통적인 철학자들도 심도 있게 다루고는 하셨지요. 그 중에서도 우리나라 철학계의 일각에서는 존 롤즈(John

Rawls)의 『사회정의론』이 분단의 시대를 살아가고 있는 한국적 상황에서 어느 정도 도움을 줄 수 있다는 입장도 있는데, 선생님께서는 어떻게 생각하십니까?

김태길 : 사실 우리가 롤즈의 정의론에 관심을 갖는 것은 그 이론의 보편적 타당성 여부에도 있지만 그것이 어느 정도 현실적으로 우리의 상황에 적용될 수 있다고 믿기 때문일 것입니다. 일반적으로 그 이론은 헌법을 마련하고 견제 정책을 수행하는 이른바 '복지국가'에 적합하도록 구상된 것 같더군요. 경제적 소득과 차등을 인정하되 그 차등의 정도는 최소 수혜자에게도 이익을 가져올 수 있는 범위 안으로 국한한다는 롤즈의 둘째 원칙은 복지국가의 기본 원리와 일치하기 때문입니다. 그가 강조하는 대로 평등한 자유에 관한 첫째 원칙의 우위를 지킨다고 하더라도 이 두 원칙을 실천에 옮기는 나라는 대체로 복지국가의 범주 안에 들어갈 것으로 봅니다.

엄정식 : 우리나라는 분단 상황을 너무 오래 지속하게 되어서 자본주의와 사회주의를 절충하는 이론이 있으면 통일하는 데에도 도움이 될 것이라는 견해도 있습니다만, 중도주의 노선이 하나의 복지국가를 형성하는 데 그의 이론이 어떤 역할을 할 수 있지 않을까요?

김태길 : 롤즈의 정의론이 그러한 맥락에서 관심을 끄는 것은 사실이나, 그것은 우리의 상황에 구체적으로 적용할 단계는 아직 아니라고 봅니다. 그러나 그것이 적용될 수 있는 조건이 어떤 것일지 검토해 볼 수 있을 것입니다. 먼저 자유 우선의 원칙이 무리 없이 적용되기 위해서는 국민 전체의 물질생활이 어느 수준 이상으로 안정되어야 하며, 그 나라의 문화 수준도 상당한 높이에 도달해 있어야 한다는

점을 그는 강조합니다. 기본 생활조차도 안정되지 못한 국가에서는 자유보다 더욱 시급한 것이 있을 수 있다는 것이지요. 그러나 그것이 어느 수준을 말하는지, 그는 구체적으로 언급하지 않았지요. 남한이 그 수준에 이른 것은 분명하지만 북한까지 고려해야 하므로 판단하기 어렵습니다.

엄정식 : 더구나 계약 당사자들로 가정되고 있는 사람들은 철저한 개인주의자인 동시에 강한 합리성을 지녀야 합니다. 그런 점도 고려되어야 하지 않겠습니까?

김태길 : 그렇습니다. 합리성이 매우 중요한 요소로 작용합니다. 그런데 남한에서는 가족주의가 파괴되어 개인의 독립을 고취하는 방향으로 발전하였으나 합리성이 충분하지 않은 경향이 있고, 반면에 북한에서는 자세히 알려져 있지는 않으나 개인이 소멸하고 오히려 가족보다 더 큰 국가 또는 민족 공동체를 자아의 단위로서 강조하는 방향으로 파괴되었지요. 이렇게 어중간한 상황에서 롤즈의 이론을 액면 그대로 적용하기는 불가능하리라고 봅니다.

엄정식 : 이왕 말씀이 나온 김에 여쭈어보겠는데요, 선생님께서는 통일의 가능성을 어떻게 진단하십니까?

김태길 : 저는 남북의 평화적 통일이 가능하다고 믿고 있으며 그것도 머지않은 장래에 달성할 가능성이 있다고 봅니다. 여기에는 몇 가지 이유가 있는데, 우선 이데올로기라는 것이 영원불멸한 체계가 아니며, 현재 남한과 북한의 체제를 떠받들고 있는 두 가지 상반된 이데올로기는 한민족의 생활 속에서 자생적으로 형성된 것이 아니라 외

세의 영향 아래서 남의 것을 빌려온 것이거나 소수의 독재자들이 인위적으로 만들어낸 것에 불과하다는 점을 들 수 있겠지요. 끝으로 지적할 것은 세계 사상의 흐름이 근래 고전적 자본주의와 고전적 사회주의를 지양한 새로운 길을 지향하는 추세에 있다는 사실입니다. 지금까지 남북한은 민중의 소망과 체험에 바탕을 둔 자생적 이데올로기가 아니라 소수의 강자들에 의해 지배되어 온 취약점을 가지고 있는 까닭에 그동안 유지되었던 이데올로기에는 변화가 생길 것으로 전망됩니다.

엄정식 : 그렇다면 가까운 장래에 통일이 이루어진다고 가정할 때 한반도가 어떠한 방식으로 하나의 통일국가를 이룩할 수 있다고 보십니까?

김태길 : 잘 알려진 바와 같이, 북한은 통일 방안으로 연방제를 제시한 바 있습니다. 그 대안으로 남한에서는 '남북 연합안'을 제시했으나 서로 견해 차이를 좁히지 못하고 오늘에 이르고 있습니다. 그러나 이 두 방안의 차이는 정도의 차이라고 볼 수 있으며 통일을 위한 쌍방의 의지만 확고하다면 타협의 여지가 충분히 있다고 생각합니다.

엄정식 : 어떤 점에서 그렇다고 보십니까?

김태길 : 아직은 연방국가를 형성하는 것이 시기상조라고 판단한다면, 우선 국가연합의 형태로 느슨한 공동체를 구성하여 예비적 단계로 삼고, 다음 단계에서 완전한 단일국가로 통일하는 방안을 진지하게 고려할 필요가 있습니다. 중간 단계에서 여러 분야의 교류를 활발하게 전개하는 가운데, 상호 이해가 깊어지고 공동의 생활 영역이 확

대되면 단일국가의 국민으로서 원만하게 행동하며 살아갈 수 있는 공통의 문화적 기초가 형성될 것입니다.

엄정식 : 그러나 현실적으로는 어려운 문제가 많은 것 같습니다. 국내에서의 의견 수렴도 어렵고 국제 정세도 중요한 변수가 될 뿐 아니라, 북한의 경직된 자세와 경제 사정 등 어려운 여건이 너무도 많아서 어떤 방안을 내놓는 것 자체가 의미를 지니는 것인지 의심스러울 정도입니다. 오히려 지금은 분열을 더욱 조장하지 않도록 노력하는 것이 차라리 효과적일 수 있다는 생각이 듭니다.

김태길 : 좋은 생각이군요.

엄정식 : 이제 화제를 좀 바꾸어보겠습니다. 동서양의 전통적인 철학자들 중에서도 우리의 문제를 해결하는 데 있어서 많은 지혜를 얻어야 할 것 같습니다. 선생님께서 특히 존경하는 철학자는 누구입니까? 그 이유도 좀 말씀해 주십시오.

김태길 : 아주 젊은 시절부터, 좀 더 구체적으로는 학위 논문을 준비할 무렵부터 스피노자(Baruch de Spinoza)를 좋아했고 또 존경했습니다. 무엇보다 그의 이론적 체계가 일관될 뿐만 아니라 설득력이 있었고, 또한 그 체계와 모순되지 않는 삶의 자세가 존경스럽더군요. 그는 '철학자'라기보다 '철인'에 가깝다고 생각합니다.

엄정식 : 그의 이론 중에서 특히 어떤 점이 좋다고 생각하십니까?

김태길 : 잘 알려져 있는 바와 같이 스피노자에게는 오직 하나의 실

체만이 있습니다. 존재하는 모든 개체들은 자연이요 신이기도 한 오직 하나의 실체를 구성하는 여러 부분들입니다. 이 점은 사람들에 있어서도 마찬가지인데, 어느 개인도 엄밀하게는 독립한 존재가 아니라 더 큰 전체의 한 부분을 이룰 뿐입니다. 스피노자의 관점에서 볼 때 한 사람을 하나의 독립된 단위로 볼 수 있는 근거는 나뭇잎 하나를 독립된 단위로 볼 수 있는 그 이상의 것이 아닙니다. 나뭇잎인 '나'가 급기야 나무의 줄기와 뿌리까지 확대될 이유가 있다면, 사람의 '나'는 우주의 끝까지 뻗어 나갈 이유를 가졌다고 하겠지요.

엄정식 : 그러나 현실적으로 우리는 개체로서의 '나'를 기본단위로 해서 살아가고 있고 그것이 점점 더 자연스러운 현상이 되어 간다고 볼 수 있지 않을까요. 물론 가족이나 민족, 혹은 인류의 차원으로 확대하는 것이 바람직하기는 하겠지만 모든 사람에게 그것이 가능한 것이 아니기 때문에 상당히 관념적이고 추상적으로 들리는데요.

김태길 : 여하튼 다섯 자 정도의 육체 속에 갇힌 것을, 그리고 그것만을 '나'의 전부라고 보는 것은 도리어 사리의 극치를 모르는 천박한 관념의 소치라고 할 수 있습니다. 더구나 그러한 관념은 인생이 경험하는 모든 불행의 원천이라는 것이 스피노자의 생각입니다. 왜냐하면 불행이란 결국 슬픔, 두려움, 노여움, 걱정 따위의 괴로운 정서들의 함수이며, 그러한 정서를 빚어내는 첫째 인자는 전체의 진상을 모르고 부분을 전체로 인식하여 그 보존에만 여념이 없는 어리석은 애착, 이를테면 무식한 이기심 때문이라는 것입니다. 자리다툼, 세력 다툼, 재산 싸움 그리고 시기와 질투 등 이 모든 불화와 고통의 원인을 스피노자의 견지에서 이해한다면, 그것은 마치 같은 나무의 여러 잎들이 서로 좋은 자리를 다투는 격이며, 왼손과 오른손이 서로 더 많이

가지려고 싸우는 것에 지나지 않을 것입니다.

엄정식 : 그러한 입장은 스피노자의 이른바 '형이상학적 결정론', 말하자면 우주의 삼라만상이 모두 필연적으로 결정되어 있다는 것을 전제로 해서 도출된 결론이라고 알고 있는데, 그러한 점에 대해서도 설명해 주십시오.

김태길 : 그렇습니다. 괴로운 정서를 빚어내는 또 하나의 인자는, 우주와 인생 안에 일어나는 모든 사실이 필연이요 불가피하다는 사리를 깨닫지 못하는 무지에 있다는 것입니다. 우리는 지난 일을 후회하지만 실제로는 그렇게 할 수밖에 없었고, 때로는 단지 운명을 한탄하고 팔자를 저주하지만 아무 소용이 없고 결국 그렇게 될 수밖에 없다는 것입니다. 따라서 이에 대해 책임을 질 존재도 없어지는 셈이지요. 이와 같이 모든 일이 필연의 법칙 하에 있다는 것을 투철히 깨닫는다면 지난날을 후회하거나 앞날을 근심할 까닭이 없을 것입니다. 오직 냉철한 지성으로 과거를 거울삼아 미래를 계획할 뿐입니다. 그것을 지성으로 인식하고 의지로서 받아들일 때 스피노자는 우리가 행복해진다고 보는 것이죠.

엄정식 : 분명히 스피노자는 우리에게 감동을 주는 철학자이고 동양인의 정서에도 잘 들어맞는 측면이 있지만, 우리에게 너무 많은 것을 요구하는 경향이 있고 현대의 다양한 삶의 문제를 해결하기에도 역시 다소 추상적이고 공허하다는 느낌이 듭니다. 어떻게 생각하십니까?

김태길 : 동감입니다. 그는 인간의 근원적인 욕구가 '자기보존'이라고

보았고 모든 욕구가 그 표현이라고 보았습니다. 그러나 그 외에도 다른 욕구들이 있고 이것이 충족되어야 완전히 행복해지는 것이지, 오직 사물의 이치를 터득하는 것만으로는 부족하다고 봅니다. 설령 스피노자의 이상인 '자유인', 다시 말해서 필연의 법칙에 순응하는 인간이 되었다고 하더라도 우리의 행복은 아주 완전할 것같이 생각되지는 않습니다. 그것은 주어진 것을 오직 '체념'의 이름으로 받아들이는 너무나 가냘픈 행복, 이를테면 소극적 행복이 아닐까요? 여하튼 스피노자의 윤리학으로는 현대가 당면한 여러 가지 문제를 해결하기는 어렵다고 봅니다.

엄정식 : 그럼에도 불구하고 그를 가장 선호하는 철학자로 택한 까닭은 무엇입니까?

김태길 : 아마 저 자신이 '소극적 행복'에 만족하기 때문인지도 모르지요. 아니 그보다는 그가 가장 철학자답기 때문이 아닐까 하는 생각이 드는데요. 다시 강조하자면 자기의 철학체계의 이론과 일관되도록 살아보려고 애썼다는 점을 특히 존경합니다. 그렇게 하기 위해서 세속적인 영달과 거리를 두었고, 때로는 수난과 질곡의 삶을 살기도 했습니다. 하이델베르크 대학의 정교수로 초빙되었을 때 '철학하기에 충분히 자유롭기 위해' 거절했으며, 물려받은 재산을 포기했을 뿐만 아니라 자기 민족의 종교인 유대교로부터 파문을 당했고, 렌즈를 갈며 생계를 유지하다가 불과 44세로 세상을 떠났습니다. "자연이 많은 것을 요구하지 않으므로 나도 그렇게 살리라."는 그 자세가 좋습니다.

엄정식 : 감사합니다. 스피노자에 대해서 말씀하시는 가운데 행복에 대해 많이 언급하셨는데, 선생님의 행복관은 어떤 것입니까?

김태길 : 글쎄요. 흔히 이런 질문이 나올 때 저는 '행복이란 무엇인가?' '행복은 어디에 있는가?' 등의 문제보다는 '어떤 사람이 행복한가?'라는 질문을 던져봅니다. 그렇게 했을 때 그러한 사람이 갖추어야 할 조건이 무엇인지 고찰하게 되고 이것을 살펴보는 동안 어느 정도 행복에 대해서 명확한 개념을 갖게 되는 것이 아닌가 하고 생각합니다.

엄정식 : 그렇다면 먼저 행복의 조건에 대해서 말씀해 주시지요.

김태길 : 그 조건은 주관적인 측면과 객관적인 측면을 나누어서 살펴볼 수 있겠지요. 주관적 측면이라 함은 마음의 평화와 자신의 삶에 대한 깊은 만족이라고 요약할 수 있습니다. 그리고 객관적 측면은 이러한 것을 누리기 위한 객관적 조건을 말하는 것입니다. 그것은 기본 생활의 안정과 건강, 자아의 성장과 역할, 그리고 원만한 인간관계를 말합니다. 이 조건을 갖추면 마음의 즐거움과 평화를 얻고 삶에 대한 만족과 보람을 얻기 때문에 그것을 얻으려고 노력해야 한다는 것입니다.

엄정식 : 결국 그러한 조건을 갖춘 사람이 말하자면 '행복한 사람'이 되겠군요. 여기서 특히 관심을 끄는 것이 삶에 대한 '만족과 보람'인데, 그 점에 대해서 좀 더 설명해 주십시오. 특히 자아의 성장과 역할에 대해 말씀해 주시지요.

김태길 : 행복한 사람은 무엇보다 자신의 삶에 대해서 보람을 느낍니다. 그것이 단순히 순간적인 즐거움이 아니라 지속적인 것이며 동시에 삶의 설계라는 관점에서, 그리고 다른 사람과의 관계나 공동체의

맥락을 통해서 보람을 느끼지 않으면 구태여 '행복'이라고 부를 필요는 없겠지요. 여기서 특히 중요한 것은 인간이 뚜렷한 '자아의식'을 가진 유일한 동물이라는 점입니다. 이 의식이 아니었다면 인간의 삶이 크게 달라졌을 것이고 행복의 추구라는 것도 상상할 수 없을 것입니다. 그런 의미로 행복은 자아의 상태가 만족스러울 때 실현되는 그 무엇이라고 볼 수 있겠지요.

엄정식 : 그렇다면 이것이 '자아의 성장'과 어떻게 연관이 됩니까? 특히 아리스토텔레스의 '자아실현'이나 스피노자의 '자아보존'과는 어떻게 다릅니까?

김태길 : 우선 모든 것이 변화하는 가운데 자아의 상태도 변화한다는 것을 강조하고 싶습니다. 좋은 방향으로 변한다면 성장이 되고 나쁜 방향으로 변하면 '퇴보'라고 할 수도 있겠지요. 또 그것은 육체적일 수도 있고 정신적인 것일 수도 있지요. 그런데 인간은 자아의 성장을 느낄 때 만족을 느끼니까 행복을 조장한다고 해야겠지요. 그리고 이 성장은 육체적인 것만을 의미하는 것이 아니기 때문에 노쇠할 때까지 삶 전반에 걸쳐서 지속될 수 있다는 것입니다. 그러한 맥락에서 성장은 자기 자신의 고유한 것이 되고 또 삶의 설계와 관계가 있습니다. 그러한 점에서 이성적 측면의 성장을 강조하는 아리스토텔레스의 '자아실현'이나 스피노자의 '자아보존'보다 더 포괄적이고 구체적이며 또 현실적이라고 할 수도 있습니다. 저는 이성적 소질을 충분히 발휘하는 것이 중요하기는 하지만 그것만이 유일하게 중요한 것은 아니라고 생각하기 때문입니다.

엄정식 : 그런데 자아의 성장이 행복의 다른 요소인 '보람'의 문제와

연관되기 위해서는 공동체에 기여하는 측면이 있고 또 다른 사람들과 원만한 관계를 유지해야 하지 않겠습니까. 저는 행복의 추구에서 삶의 설계와 자아의 성장이 시간과 관계된 종적인 측면이라면, 공동체에서의 구실과 원만한 대인관계는 공간과 관계된 횡적인 측면이라고 보고 싶습니다만…. 특히 고독으로부터 탈출하기 위해서라도 대인관계가 매우 중요하다고 생각되거든요.

김태길 : 좋은 말씀입니다. 사실 "가족이 화목하면 이루어지지 않는 일이 없다."는 말도 있듯이, 인화가 물질적 풍요나 육체적 안락보다 더 중요하다고 봅니다. 그런데 문제는 그것이 생각보다 실천하기가 어렵다는 것입니다. 그래서 상식적 차원에서 몇 가지 원칙을 생각해 보았습니다.

엄정식 : 그것이 무엇입니까? 말씀해 주십시오.

김태길 : 첫째로, 흥분을 느낄 때는 일단 참아야 한다는 것입니다. 그러한 상태에서는 판단이 객관성을 잃게 되고 그렇게 되면 문제를 더욱 악화시킬 수도 있기 때문입니다. 둘째는 잘난 척하지 말라는 것입니다. 물론 잘난 것은 복 받은 일이지만 그것을 과시하는 것은 교만한 태도이기 때문에 복을 쫓는 꼴이 됩니다. 셋째로 남의 처지를 무시하고 자기의 주장과 이익만을 내세우면 사람들과 거리가 멀어집니다. 마지막으로 자질구레한 일은 너무 꼼꼼히 따지지 말아야 합니다. 물론 근본적인 문제는 철저하게 짚고 넘어가야 하지만 말입니다. 그런데 정작 중요한 것은 이러한 원칙들이라기보다 사람들을 대할 때 성실한 자세로 임하는 것이라고 말해야겠지요.

엄정식 : 결국 행복한 사람이 많은 사회라야 성숙한 사회가 된다고 말할 수도 있겠습니다. 선생님께서는 윤리학이나 도덕철학을 이론적으로만 연구하고 가르친 것이 아니라 실천적 차원에서도 많은 노력을 기울이고 또 큰 성과도 거두었다고 알고 있는데, 오늘날 이 사회에서의 도덕운동을 어떻게 보십니까?

김태길 : 이 사회에서의 도덕운동은 그 어느 때보다도 절박하고 또 시급한 과제라고 봅니다. 우리가 남의 식민지에서, 혹은 군사독재 정권에서 억압받고 가난하게 살 때에는 그러한 것이 비현실적인 것으로 비칠 수도 있겠지만, 이제 경제적으로나 정치적으로 어느 정도의 수준에 도달한 상황에서 문화적 발전을 위해서라도 도덕적 의식의 향상이 매우 중요하다고 생각합니다.

엄정식 : 지난 십여 년간 선생님께서는 '성숙한 사회 가꾸기 모임'이라는 도덕운동 단체를 결성하시어 여기에 전념해 오셨고 저도 그동안 가까이 모시면서 관여해 오기도 했는데, 현실적으로 어떠한 문제가 있다고 보십니까?

김태길 : 무엇보다, 예상하기는 했지만, 가시적인 성과가 별로 없다는 점입니다. 아마 이러한 운동은 여러 세대를 거쳐서 지속적으로 전개되어야 한다고 봅니다. 도산 안창호 선생의 고뇌를 어느 정도 이해할 것 같습니다.

엄정식 : 구체적인 문제는 어떤 것이라고 보십니까?

김태길 : 다른 사업도 마찬가지지만 특히 비영리 운동은 역시 재정과

인화가 가장 중요하다고 봅니다. 재정적 상황이 너무 열악해서 새로운 사업을 펼치기가 어렵고 그동안 하던 일도 점점 더 축소하게 되는 것이 안타깝습니다. 그러나 이것보다 더 중요한 것은 문화적으로 다원화되고 정치적으로 복잡해지니까 입장이 여러 갈래로 갈려서 도덕적 중립을 유지하기가 어렵다는 점입니다. 특히 정치적으로 진보와 보수, 실천적으로는 적극적인 참여와 소극적인 진행 등 다양한 모습을 보여서 이러한 문제를 먼저 해결하는 것이 관건입니다.

엄정식 : 아마 이러한 운동이 지닌 구조적 측면이 더 클 것입니다. 이런 때일수록 치밀한 분석과 처방, 그리고 무엇보다 낙관주의가 필요한 것이 아닐까요. 저도 좀 더 가까이서 더욱 적극적으로 임해 보겠습니다.

김태길 : 고맙습니다. 기대가 큽니다.

엄정식 : 장시간 대담에 응해 주셔서 감사합니다. 아무쪼록 건강하시고 행복한 나날이 되시기를 빌겠습니다.

우송의 사상을 논하다

윤리적 이상사회에의 꿈

— 김태길, 『소설에 나타난 한국인의 가치관』 연구 —

김광수

전 한신대 철학과 교수

선생님, 그간 안녕하셨습니까?

이렇게 상투적인 인사를 드리는 것을 용서하시기 바랍니다.

선생님께서 떠나신 지 벌써 한 해라지만, 저는 진정 그것을 인정할 수 없습니다. 언제나처럼 선생님은 잔잔하게 선생님의 자리에 계시기 때문입니다. 어쩔 수 없이 저도 조금씩 선생님의 존재 양상이 예사롭지 않다는 것을 눈치 채가고 있습니다. 그러나 끝내 놓아버릴 수 없는 것은, 방배동 현존의 터에서도 선생님께서는 이미 가없는 '존재 자체'의 지평에 나아가 계셨다는 것입니다. 그래서 선생님의 자리는 벌써부터 초월의 서기(瑞氣)가 어른거렸던 것입니다.

아시지요? 후학들이 선생님의 자취를 더듬어 정리하는 일을 하고 있습니다. 저는 선생님의『소설에 나타난 한국인의 가치관』[1])에 대한

---

1) 김태길,『소설에 나타난 한국인의 가치관』, I, II, 문음사, 1986. 필자가 유학을 마치고 귀국한 해에 출판된 책이다. I권 앞에 '金光秀 博士 惠存, 1987年 12月 30日 金泰吉'이라는 친필이 있고, 사각 인(印)이 찍혀 있다. 이하 이 책을 인용할 때는 권수(I, II)와 쪽수만을 적는다.

논문을 쓰기로 되어 있었습니다. 그렇지만 이렇게 선생님과 대담을 하기로 하였습니다. 구구절절 가슴 조이는 선생님의 문제의식과 절제된 감성이 녹아 있는 생음(生音)을 어찌 '논문'이라는 격자(格子)에 구겨 넣을 수 있겠습니까?

어떻습니까, 선생님, 모처럼 참한 생각이 아닌지요?

나로서는 고마운 일이야. 나도 언젠가는 김 교수가 이 책에 대하여 무슨 말이 있을 것이라 생각은 하고 있었어. 김 교수가 문학에 관심을 가지고 있다는 것을 알고 있었거든.

사실 저는 이 책을 읽으며 새삼스럽게 감탄을 금치 못하였습니다. 어떻게 그 많은 소설들을 다 읽으셨는지…. 그것도 조선시대부터 현대(1980년대 초)에 이르기까지 말입니다.

많이 읽었지. 그렇지만 다 읽은 건 아냐. 더구나 읽은 소설들도 제대로 읽었다고 할 수 없을 거고. 내 관심은 한국인의 가치관에 제한되었거든. 소설의 문학적 가치나 역사적 의의를 고찰하는 따위의 일은 처음부터 관심 밖이었어.2)

과연 소설의 문학적 가치나 역사적 의의를 제쳐놓고 소설에 나타난 가치관을 짚어낼 수 있는지는 모르겠습니다. 소설가들은 소설 속에서 한 개별자 또는 토큰(token)으로서의 이야기를 말하지만, 정작 그가 말하고자 하는 것은 다른 것일 수 있기 때문입니다. 소설 속에 나타나는 수많은 가치관들은 작품 전체를 꿰뚫는 다른 가치관을 말

---

2) II, pp.12-13.

하기 위한 보조 장치에 불과할 수 있지요.

그렇겠지. 그러나 그것은 작가가 지향하는 가치관이지, 내가 관심을 가지고 있는 사실로서의 '한국인의 가치관'은 아닐 수 있을 거야. 나는 퇴계(退溪)나 율곡(栗谷) 같은 출중한 학자 또는 사상가의 윤리사상보다도 일반 생활인들의 체질 속에 형성된 행동적 가치관을 알아보는 일이 더욱 중요하다고 생각했어. 소수 저명인사들의 관념적 이론보다도 일반 대중의 체질 속에 형성된 행동적 가치관이 사회의 현실을 움직이는 힘에 있어서 월등하다는 믿음을 가지고 있었거든.[3]

그런데 '가치관'이라는 표현은 일반 대중보다는 저명한 학자나 사상가의 이론이나 사상을 떠올리게 하지 않습니까?

맞아. 그래서 내가 어떤 의미로 '가치관'이라는 말을 사용하는지 밝혀둘 필요가 있겠어. 내가 말하는 '가치관'은 가치문제에 관한 체계적 사상만을 가리키는 좁은 의미의 '가치관(view of values)'이 아니라, 가치문제에 관련된 사고방식과 행동 양식을 통틀어서 가리키는 넓은 의미의 '가치관(values)'이야.

알겠습니다. 그런데 소설들을 통해서 한국인의 가치관을 알 수 있을까요? 소설들에 나타난 가치관들은 결국 작가들의 관심과 문제의식에 의해 선별되고 재구성된 것들이 아닐까요?

그런 문제점이 있지. '한국인의 가치관'이라고 일반화할 수 있는 가치관

---

[3] I, 서문 중에서.

이 있는지도 의심해 볼 수 있지만, 도대체 어떤 사람들을 '한국인'이라고 부를 수 있는지도 문제될 수 있지. 그러나 이러한 문제점들이 나의 연구에 결정적 장애가 되지는 않았어. 이러한 문제점들이 있다는 것을 전제하고, 그래도 '한국인의 가치관'이라는 것을 찾아볼 수 있다면, 그것은 소설에 나타난 것이 그나마 표본으로서 가치가 있을 것이라 생각했어. 물론 소설에만 의존할 수는 없지. 그래서 나는 문맥을 통해 본 해석의 방법을 취택하기로 했어.4) 나의 직접 경험과 역사에 대한 지식, 그리고 나 나름대로의 인간관을 전제로 하여 소설 속의 이야기들을 가장 잘 설명하는 가설로서의 가치관을 추정해 내고자 한 것이야.

어차피 실증적 방법을 쓸 수 없으니, 그럴 수밖에 없기도 하지만, 모든 해석이 가설추리라는 점을 생각해 볼 때, 선생님의 연구 방법은 적절하다 하겠습니다.
또한 변화하는 한국인의 가치관을 발생하는 순서에 따라 단선적으로 추적하거나, 두께가 들쭉날쭉한 역사의 궤적을 기계적으로 나누어 연구하는 대신, 다음과 같이 요동치는 역사의 대전환기를 단락으로 나누어 연구하신 점도 좋았습니다.

(1) 조선시대 소설에 나타난 한국인의 가치관 : 우리나라 최초의 소설작품으로 알려진 김시습(金時習)의 『금오신화(金鰲新話)』에서부터 갑오경장(1894)과 더불어 나타난 신소설 이전의 작품에 나타난 한국인의 가치관
(2) 근대소설에 나타난 한국인의 가치관 : 이인직(李人稙)과 이해조(李海朝)로 대표되는 신소설을 출발점으로 삼고, 1945년의 광복을

---

4) I, p.13.

맞이하기까지, 즉 구한말과 일제강점기에 쓰인 소설에 나타난 한국인의 가치관

(3) 현대소설에 나타난 한국인의 가치관 : 해방 이후 6·25, 4·19, 5·16을 거쳐 1980년대 초반까지 쓰인 소설에 나타난 한국인의 가치관

이러한 역사의 격랑 속에서 우리 한국인은 어떤 가치관을 가지고 살았을까? 저는 단순한 지적 호기심을 넘어 흥분하기까지 하였습니다. 저 나름대로의 문제의식도 있었지만, 우리의 미래에 한줄기 빛을 던질 수 있게 하는 실마리를 발견할 수 있지 않을까 하는 생각에서였습니다.

1. 조선시대 소설에 나타난 한국인의 가치관

가치관이란, 넓은 의미에서든 좁은 의미에서든, 세계와 삶에 관한 어떤 시각, 즉 세계관(선생님은 '인생관'이라 하셨지요)을 가지고, 자신이 처한 삶의 조건 속에서 당면한 문제를 해결하고 더욱 만족스러운 삶을 이루는 방향으로 판단하고 행동하도록 추동하는, 지향심(指向心)을 반영하는 것이라 생각합니다.[5] 그래서 조선시대 우리 조상들의 가치관을 알아본다는 것은, 그들의 세계관과 그들이 처했던 삶의 조건을 전제로 하여, 그들이 어떤 삶을 지향하였는가를 추정해 보는 일이 되겠습니다.

김 교수 말대로, 가치관을 결정하는 주요 전제로서 세계관과 지향심을 고

---

[5] 김광수, 『논리와 비판적 사고』(쇄신판), 철학과현실사, pp.130-147 참조.

려할 때, 조선시대 우리 선조들의 가치관은 대체로 소극적이었다고 할 수 있어.

유교 사상, 불교 사상, 도교 사상 및 무격(巫覡) 사상의 네 가지 흐름이 조선시대 소설 전반에 걸친 배경을 이루고 있었는데,[6] 그들에게 자연은 두려움과 신앙의 대상이었으며, 인간의 길흉화복을 좌우하는 초월적인 존재였어.[7] 그래서 세상의 모든 일이 천명 또는 천수에 달려 있다고 보는 숙명론적 인생관 또한 널리 전파될 수밖에 없었지. 소설에 나오는 주인공들은 걸핏하면 팔자를 탄식하고 국운을 한탄해. 흥부 내외가 그랬고, 『한중록』의 작가가 그렇게 했으며, 『사씨남정기』의 등장인물들도 그랬어.[8]

인생관이 이러니, 지향심도 크게 기대할 게 없었던 것 같아. 이 점은 중요한데, 그것은 그들이 처했던 삶의 조건과 관계없이 숙명론적 인생관에 입각한 지향심을 가졌을 뿐이야. 그것은 주로 유교적 도덕관념에 입각한 것으로서 기존 질서에 순응하게 하는 규범이었으며, 자연 또는 사회 속에서 봉착하는 어려운 문제 또는 심각한 모순에 용감히 도전하여 그것들을 해결하고 극복하는 적극적인 생활의 원리는 아니었어. 그들이 권장한 선행 또는 덕행은 그 행위 자체의 힘으로써 직접적으로 소망되는 결과를 초래할 수 있는 그러한 성질의 것이 아니라, 그 선행 또는 덕행을 어여삐 본 초월자의 은총을 통하여 간접적으로 행복에 도달하기를 희망한 타율적 내지 의존적 규범에 지나지 않았던 것이었지.[9]

숙명론적 인생관이 가치관을 왜곡시킨 것이군요.

그렇지만 그들도 나름대로 행복한 삶을 추구하지 않았을까요? 즉,

---

6) I, p.14.
7) I, p.20.
8) I, p.23.
9) I, p.25.

그들의 사고방식대로 말하자면, 행복한 삶을 살 수 있게 하는 숙명을 타고났기를 바라지 않았을까요? 그들이 생각한 행복의 조건은 어떤 것이었는지요?

그들이 생각한 행복의 조건은 다음과 같이 정리해 볼 수 있어.

(1) 명문거족의 집안에 태어남
(2) 일찍이 과거에 급제하여 벼슬이 차차 높아져 마침내 고관의 자리에 오름으로써 가문을 더욱 빛냄
(3) 덕망과 공로가 탁월하여 명성이 사방에 자자함
(4) 학식과 인품이 높아 남의 존경을 받아가며 깨끗하게 살아감
(5) 아름답고 현숙한 요조숙녀와 결혼하여 부부 화목함
(6) 재주와 덕과 효성이 지극한 아들을 여럿 두되, 그들이 모두 입신양명함
(7) 많은 자손이 대를 이어 번영함
(8) 건강과 백년해로로 장수함
(9) 죽을 때 편안히 죽음10)

이러한 가치들은 세 부류로 나누어 볼 수 있는데, 첫째는 처자와 더불어 물심양면으로 안정된 생활을 유지하며 단란한 가정생활을 즐기고, 대대로 자손이 번창하여 끊이지 않는 일, 둘째는 입신양명하여 부귀와 영화를 누리는 가운데 가문을 더욱 빛내는 일, 셋째는 지조, 정조, 의미 등 사람의 지킬 바를 지킴으로써 명예롭고 깨끗한 삶을 갖는 일이라고 할 수 있어.11)

---

10) I, p.30.
11) I, p.37.

오늘날 현대인이 최고의 가치로 여기는 '돈'이 빠져 있군요. 신기합니다.

돈을 내세우지는 않았어. 그렇지만 공명의 길에서 성공만 한다면, 물질생활의 안정, 미녀와의 사랑, 가문의 영광, 자자한 명성 등은 자연히 뒤따르리라고 기대하지 않았겠나?12)

그렇군요.
그런가 하면, 그들이 지조, 정조, 의미 등 사람의 지킬 바를 지킴으로써 명예롭고 깨끗한 삶을 사는 것을 중요하게 여겼다는 점도 짚고 넘어가야 할 것 같습니다.

우리가 선조들의 가치관을 연구하는 뜻도 거기에 있을 거야.
먼저 지적하고 싶은 것이 있어. 조선시대의 양반계급이 술과 기생으로 환락을 즐기는 순간에도, 그들은 시로써 문답하고 서화와 가무를 즐기는 풍류를 가졌다는 사실이야. 당시 특권계급의 환락을 위한 노리개에 가까웠던 기생들까지도 시서, 가무, 음곡 등에 능한바 식자와 예인으로서의 일면을 갖춘 사람들이 있었지. 돈과 술과 육체만으로 모든 수작이 시작되어 또 그것만으로 모든 거래가 끝나는 현대 화류계의 현실에 비하여, 주목할 만한 차이점이 아니겠나?13)

그 점은 다른 시각에서 볼 수도 있지 않을까요? 양반계급이 시로써 문답하고 서화와 가무 등 풍류를 즐긴 것은, 그들이 본질적으로 높은 수준의 인간이기 때문에 그랬던 것이 아니라, 양반, 중인, 상민,

---

12) I, p.39.
13) I, pp.44-45.

천민의 계급사회에서 그들의 기득권을 독점하고 유지하기 위한 수단으로서 그런 것이 아니었을까요?

양반들 모두가 시와 가무를 수단으로 하지는 않았을 거야. 그리고 비록 수단이라 할지라도, 시와 풍류가 수단이 되었다는 것 자체가 오늘의 세태와 비교해 볼 때 주목할 만한 일이라는 사실을 부인하기는 어려울 거야.
내 말에 오해 없길 바라네. 사실 조선시대의 특권계급은 학문과 예절을 앞세우는 유교 사상의 영향을 강하게 받았지만, 그만큼 위선적 삶을 살았다고 볼 수도 있어. 연암의 『양반전』, 『허생전』, 『호질(虎叱)』 등에 잘 그려져 있지만, 양반들은 무위도식하면서 말로만 재물을 가벼이 여기었을 뿐 행동으로는 몹시 그것을 탐내었으니 말이야.14)

연암의 소설들은 조선시대의 자부심이 아니었을까 생각합니다. 그러한 폐쇄 사회에서 사회적 모순을 고발하고 개혁을 촉구하였으니 말입니다.

물론이지. 연암의 소설 외에도 많아. 『춘향전』, 『창선감의록』, 『한중록』, 『홍길동전』, 『옥단춘전』, 『요로원야화기』, 『조웅전』, 『양산백전』, 『전우치전』 등 여러 소설이 매관매직, 양민 착취, 인신매매, 당파 싸움, 모략 음모, 그 밖의 악정을 지적하고 있어.
예컨대 『전우치전』을 보면, 전우치가 신기한 도술로써 부자들의 재물을 빼앗아 가난한 백성들에게 나누어 준 다음에 동구에 붙인 방문에 현대적 감각에 가까운 정의의 관념이 표현되어 있어.

---

14) I, pp.47-50.

대개 나라는 백성을 뿌리삼고 부자는 빈민이 만들어줌이거늘, 이제 너희들이 양순한 백성과 충실한 임금으로 이렇듯 참혹한 지경에 이르렀건마는, 벼슬한 이가 길을 트지 아니하고 감열한 이가 길을 내고자 아니함이 과연 천리(天理)에 어그러져 신인(神人)이 공분하는 바이기로, 내 하늘을 대신하여 이러저러한 방법으로 이리저리 하였으니, 너희들은 … 잠시 남에게 맡겼던 것이 돌아온 줄만 알고 남의 힘을 입는 줄은 아지 말지어다.15)

사회적 모순을 지적하고 개혁을 요구하는 목소리는 소설 속에만 있었던 것은 아니지요?

당연하지. 조정의 고관이나 이름 높은 선비 가운데도 갖가지 불합리를 시정해야 한다고 역설한 사람들이 있었어. 관기의 제도를 폐지할 것을 주장하기도 하고, 노비의 사유 제도를 혁파하자는 주장도 있었으나, 대부분의 저명 인사들은, 그것이 비현실적이라느니, 또는 명분(名分)이나 상하(上下)의 분별(分別)에 어긋나느니 하는 궤변으로 개혁에 반대하였어. 그래서 실질적 혁신은 요원한 꿈으로 남았고, 그 누적된 악정과 부패는 국가와 민족을 일본의 지배 아래로 몰아넣는 치욕으로 연결되었던 것이야.16)

선생님은 조선시대 가치관이 어떤 점에서 가장 문제가 있다고 보십니까?

첫째, 입신양명하여 가문을 빛낸다는 양반계급의 사고방식에 근원을 두고 야기된 가족적 이기주의가 문제였어.

둘째, 인간을 양반, 중인, 상민, 천민 등으로 나눈 불공정한 제도를 지키

---

15)『전우치전』,『한국고전문학전집』, 세종출판공사, 1970, 제5권, p.292; I, p.125.
16) I, p.126.

고자 한 비민주적 성격이 문제였지.

셋째, 경제적 빈곤이 심했음에도 불구하고, 모든 것이 하늘의 뜻에 달렸다는 전근대적 세계관과 문벌이 인생의 승패를 결정하다시피 하는 봉건적 사회제도로 말미암아 사람들이 숙명론에 사로잡혀, 자신의 힘으로 자기의 삶을 개척하고자 하는 신념과 의지가 없었어.

넷째, 가장 큰 문제점으로, 자기네의 가문 또는 당파를 넘어선 공동체 전체를 위한 사고를 하지 못하였어.

통탄할 일로서, 19세기에 접어들면서 무서운 제국주의적 침략의 징후들이 점증하고 있었으나, 국가와 민족을 위한 대국적인 가치관과 다른 한편 새로운 사조와 시련에 대비한 창의와 개척의 정신을 외면하고, 우리 조상들은 오직 퇴영과 안일에 잠겨 다가오는 새 시대에 대비하지 못하는 큰 우를 범하였던 것이야.[17]

2. 근대소설에 나타난 한국인의 가치관

선생님, 일제강점기에 우리 조상들은 어떻게 살았을지, 참으로 어려웠을 것 같습니다. 반봉건, 외세 배척 운동으로서의 동학농민운동이 두 번에 걸쳐 실패하였습니다. 이를 진압할 목적으로 정부가 불러들인 청나라 군사와 톈진조약을 구실로 들어온 일본 군사가 조선의 내정(內政) 개혁을 놓고 힘겨루기를 하다가 회담이 결렬되고, 청일전쟁이 발발하였습니다. 예상과는 달리 이 전쟁에서 일본이 승리하고, 일본 군대는 왕궁을 포위하고 대원군을 앞세워 민씨 일파를 축출하였으며, 김홍집을 중심으로 하는 온건 개화파로 친일정부를 수립하여 국정개혁을 단행하였습니다. 본격적으로 조선 침략의 속내를 드러내

---

17) I, pp.140-143.

기 시작한 것이지요. 그 후 1945년 해방이 되기까지, 일본은 우리나라를 말살하기 위한 여러 가지 악랄한 정책을 폈습니다. 이러한 국가적, 총체적 난국에 처하여 우리 조상들은 참으로 힘든 세월을 살았을 것 같습니다.

일제강점기의 우리 조상의 의식구조는 일본의 압정에 의하여 결정적인 영향을 받았지. 외세의 침략을 당하고 있다는 사실은 민족의식을 자극했으며, 반일 감정과 독립에 대한 염원은 거의 누구나가 가졌던 것으로서 당시 한국인의 의식구조의 바탕을 이루고 있었어. 그러나 이러한 사실을 정확히 파악한 일본 관헌은 온갖 수법으로 한국인의 정신상태에 수술을 가하였어. 악랄한 경제정책에 의하여 생활고에 시달리게 함으로써 마음의 여유를 갖지 못하게 한 다음, 사상적 탄압과 식민지 교육 및 회유책을 적절하게 구사함으로써, 우리의 민족정기를 약화시키는 실효를 거두었지. 특히 그들은 교묘한 회유책을 써서 상당한 친일파를 만드는 데 성공했으며, 친일파를 미워하는 일반적 심리를 역이용하여 민족 분열을 일으키기에 빈틈이 없었어. 마침내는 '내선일체(內鮮一體)'니 '동조동근(同祖同根)'이니 하는 슬로건을 앞세워 가며 한국 문화와 민족의식을 아예 말살해 버리려고까지 했던 거야.18)

그러한 문제 상황 속에서 소설들은 어떤 이야기들을 하고 있었습니까?

조선시대의 소설들에는 당대 사람들의 삶의 목표가 비교적 뚜렷하게 나타나 있음을 발견할 수 있어. 그러나 일제시대의 소설에서는 옳든 그르든 뚜렷한 삶의 이상을 찾아보기 어려워. 간혹 삶의 목표로 볼 수 있는 것이 나

---

18) I, p.211.

타나 있을 경우에도, 그것은 매우 소극적이고 위축되어 있어. 고관대작의 벼슬자리를 한국인에게 줄 리 없으니 입신양명하여 가문을 빛낸다는 것도 사실상 꿈같은 소망이고, 본래 넉넉하지 못하던 국민경제가 일본인에 의하여 크게 침식을 당했으므로 물질생활의 안정을 얻는 일도 어려운 형편이었던 까닭에, 희망찬 이상을 품는다는 것이 쉽지 않았던 것이야.

모든 일이 어려운 사정 속에서, 사람들의 가장 큰 관심사는 역시 경제생활의 안정이었던 것으로 보여. 우리나라에서는 고래로 여자의 정조를 지극히 귀중한 것으로 여기는 전통이 있었거니와, 그 정조를 팔아서라도 생계의 대책을 마련하는 생활 태도를 주제로 삼은 소설을 볼 수 있을 정도로, 빈민층에게는 생존이 심각한 문제가 아닐 수 없었어. 정조를 팔아서 생계를 해결하는 이야기를 줄거리로 삼은 작품으로서는 김동인의 「감자」가 널리 알려져 있거니와, 김유정의 작품 가운데도 그와 비슷한 것을 찾아볼 수 있어. 그가 1933년에 발표한 「산골 나그네」는, 어디선가 떠돌아 온 젊은 아낙네가 과부임을 사칭하고, 술집 아들 덕돌이와 위장 결혼을 한 다음, 밤에 옷을 훔쳐 가지고 도망친 이야기로 엮어졌어. 집은 극도로 가난하고 남편은 병들어 누운 딱한 사정 아래서 그녀가 취할 수 있었던 궁여지책이었던 거지. 대단치 않은 의복 몇 가지 훔치기 위해서 며칠 동안 남의 아내 노릇을 한 것이지만, 그것은 그녀 나름대로 병든 남편을 위한 충실한 아내의 길이기도 하였던 것이지.19)

김유정은 「소나기」에서도 비슷한 소재를 다루었어. 빈농의 부인 쇠돌 엄마는 부자인 이 주사와 배가 맞아 몸과 돈을 바꾸어 생계에 보태는데, 쇠돌 아버지도 "이게 웬 땡이냔 듯이 아내를 내어 논 채 눈을 살짝 감아 버리고 이 주사에게서 나는 옷이나 입고 주는 쌀이나 먹고" 뱃속 편히 살아가. 쇠돌 엄마와 이 주사의 관계는 공공연한 비밀이었으며, "온 동리의 아낙네들

---

19) 김유정, 「산골 나그네」, 『한국단편문학대계』, 제4권, pp.8-16 참조.

은 치맛바람에 팔자 고쳤다고 숙덕거리며 은근히 시새우는" 처지였거니와, 특히 춘호의 처는 쇠돌 엄마의 처지를 부러워하지. 돈 2원을 만들어내라고 독촉이 성화같은 남편의 소망을 푸는 길은 그밖에 없었기 때문이야. 천행으로 춘호의 처도 얼굴은 반반한 편이어서, 어느 소나기 퍼붓던 날 이 주사에게 몸을 맡길 기회를 가졌고, 춘호도 그 눈치를 알고도 모르는 척, 다음 날도 2원을 받으러 가는 아내의 화장을 돕지.

김동인의 「감자」에 있어서나 김유정의 두 단편에 있어서나 공통되고 주목되는 점은, 아내의 매음을 남편이 대견하게 생각했다는 것과 동리 아낙네들도 그러한 '관계'를 은근히 부러워했다는 사실이야. 아무도 유부녀의 부정 그 자체를 잘하는 짓이라고 인정했을 리는 만무해. 다만 이들 남편이 우리에게 알리는 것은 극도의 빈궁보다는 차라리 그 길이 낫다는 도덕 이전의 생활감정이며, 정조보다도 생존에 우위를 두는 소박한 가치의식이라 하겠지.20)

그래서 정조를 생명보다도 중요시하던 조선시대의 관념은 조금씩 후퇴하는 반면에, 생명의 가치를 더 높게 보는 경향이 점차로 높아졌어. 이광수의 『무정』의 여주인공 영채가 강간을 당하고 자결한 것으로 알려졌을 때, 남주인공 형식은 "충(忠)이나 효(孝)나 정절(貞節)이나 명예가 사람의 생명의 중심은 아니니, 대개 사람의 생명이 충이나 효에 있음이 아니요, 충이나 효가 사람의 생명에서 나옴이라"고 생각하여, 도덕이 생명의 근원이 아니라 생명이 도덕의 근원임을 믿었던 것이야.21)

선생님께서는 조금 전에 일제시대의 소설에서는 옳든 그르든 뚜렷한 삶의 이상이 나타나 있음을 찾아보기 어렵다고 말씀하셨는데, 모두가 다 그렇지는 않겠지요? 선각자들은 '일제로부터의 해방'이라는

---

20) I, pp.239-241.
21) 이광수, 『무정』, 경진사, 1954, 전편, pp.212-214 참조; I, p.243.

이상을 품고 활동하지 않았나요?

　맞는 말이야. 일제에 협력한 사람들도 있었지만, 심훈의 『상록수』, 박화성의 「하수도공사」, 유주현의 『조선총독부』에서 볼 수 있는 것처럼, 일본 사람들이 세운 학교에서 공부하기를 거부하고, 일본 정권 아래서의 공직을 물리치는가 하면, 더 나아가 일본에 적극적으로 항쟁한 사람들도 적지 않았어.
　또한 선각자들은 혁신과 근대화를 이룩하자면 우선 힘이 있어야 하고, 그 힘의 가장 큰 원천은 교육이라고 생각했어. 재래식 서당에서 베푼 교육이 아니라 신학문에 대한 교육으로 민중을 깨우치는 것이 선결 조건이라고 믿었지. 물론 신학문을 공부하는 근본 목표는, 개인적인 영달이나 교양에 있는 것이 아니라, 나라와 겨레를 위해서 크게 일하는 데 있다는 것이, 우리 소설의 주인공들의 공통된 생각이었지. 조선시대의 젊은이들이 벼슬하여 가문을 빛내자는 동기에서 학문에 힘을 기울인 것이나, 해방 이후의 우리나라 청소년들이 주로 개인적 출세를 꿈꾸며 명문 고교와 일류 대학의 문을 두드린 것과는 매우 대조적이었어.[22]
　이광수는 『무정』에서 "먹고 입고 계집 희롱하는 것밖에 아무것도 없는 … 죽은 사람들이" 득실거리는 우리 사회를 개탄하고, '참 사람', '참 시인'의 출현을 힘주어 외쳤어. 기생 월화를 통하여 그것을 외치고, 학생들의 노래를 통하여 그것을 부르짖었어.[23] 그러다가 30세의 장년으로 「민족 개조론」을 발표하였는데(『개벽』, 1922년 5월호), 이 논문으로 이광수는 친일파로 몰리게 되었지.[24]

---

22) I, pp.186-187.
23) I, p.209.
24) I, p.216.

이광수 같은 민족주의자요 선각자가 친일파라는 것은 이광수 개인의 불행이 아니라 우리 민족의 불행이요 손실이 아닐까 생각합니다.

사실 이광수의 민족 개조론은 이광수 한 사람만의 사상은 아니었고, 당시의 한국의 지성인 또는 한국인 일반에게 상당히 널리 깔려 있던 사상을 대변한 것이라고 보아도 무방할 거야.25) 그러나 우리의 민족성이 보잘것없어서, 그대로는 독립 국가를 이룰 자격이 없고, 오직 민족성을 개조해야만 민족에 미래가 있다는 식의 주장은, 깊은 분석을 하지 않더라도 문제가 있음을 알 수 있어. 우선 사실 여부를 떠나서 그가 우리 민족성을 본 방식은 낯뜨겁게도 일본이 우리 민족을 비하하는 방식과 같았거든. 그리고 그는 항일운동을 비하하였고, 은근히 '현 체제'에 순응할 것을 종용하였어. 그러니 친일파로 몰릴 수밖에 없었던 거야.

그렇지만 우리 민족이 깨어나야 한다는 그의 주장은 오늘날에도 유효하지 않을까요?

그건 그래. 사실 누가 보더라도 우리보다 먼저 개화된 일본인들에 비추어 볼 때 우리 조상들의 모습은 초라하였을 거야. 그래서 선각자들은 그토록 배울 것을 강조하였던 것이야. 과거에는 양반과는 달리 상민은 글을 배울 기회도 거의 없었고, 배운다 하더라도 아무 소용이 없었어. 그러나 갑신정변에 싹이 트기 시작한 평등주의의 물결은 서민에게도 교육의 기회를 주었고, 그들도 배우면 옛날의 양반처럼 행세할 수 있는 길이 열렸어. 이에, 교육은 모든 국민의 관심사가 되었고, 향학열은 방방곡곡에 높아졌어. 이러한 상황을 채만식의 1934년 작품 「레디메이드 인생」은 다음과 같이 말하고 있어.

---

25) I, p.216.

"배워라, 글을 배워라. … 지식만 있으면 누구나 양반이 되고 잘살 수가 있다."

이러한 정열의 외침이 방방곡곡에서 소스라쳐 일어났다.

신문과 잡지가 붓이 닳도록 향학열을 고취하고, 피가 끓는 지사(志士)들이 향촌으로 돌아다니며 삼촌의 혀를 놀리어 권학(勸學)을 부르짖었다.

"배워라! 배워야 한다. 상놈도 배우면 양반이 된다."

"가르쳐라! 논밭을 팔고 집을 팔아서라도 가르쳐라. 그나마도 못하면 고학이라도 해야 한다."26)

교육을 통한 신분 상승! 오늘날 우리나라 교육열이 그때부터 달구어지기 시작했군요!

사람은 교육을 통해서 세상을 알아가고, 살아가는 데 필요한 지식과 기능을 얻고, 다른 사람들과 함께 사회를 이루어 살아갈 수 있는 공동체적 삶의 룰을 배웁니다. 그런 의미에서 우리의 선각자들이 교육에 정성을 들인 것은 당연하다고 하겠습니다.

그렇지만 불행히도 당시의 교육은 오히려 역기능으로 작용하였어. 일제시대의 교육은 식민지 교육이었거든. 3·1 운동이 일어난 뒤에 조선 총독으로 부임한 사이토 마코토(齊藤實)가 '문화정치'를 표방하며 약간의 각급 학교를 세우기도 했으나, 거기에서 새 시대에 적합한 한국인의 역사관이나 국가관 또는 가치관을 배운다는 것은 본래 불가능한 일에 가까웠지. 일제의 교육 목표는 우리 한국인으로부터 민족의식을 제거하는 데 있었거든. 그리고 당시의 일본은 그 자체가 군국주의를 고수했던 까닭에, 그들이 운영하는 학교에서 민주 시민으로서의 훈련을 받는다는 것은 기대하기 어려운 일이었어. 다만 그들의 학교에서 인격의 성장을 위해서 도움이 되는 것을 배울 수

---

26) 채만식, 「레디메이드 인생」, 『한국단편문학대계』, 제3권, p.12; I, pp.286-287.

있었다면, 그것은 정직 또는 절제 따위의 개인적 덕목에 국한되었다고 할 수 있어.27)

서양의 근대는 가히 혁명적이라고 할 수 있는 큰 변화가 있었던 때였습니다. 목적론적 세계관이 인과적 세계관으로 대체되어 과학이 등장하였으며, 인간이 운명론적 세계관을 벗어나 자신이 자기 삶의 주인이라는 인간중심주의적 인간관이 정립되기 시작하였고, 사회적으로는 자유와 평등 사상에 입각한 민주주의 사회를 이루고자 하는 꿈이 꿈틀대던 때였습니다. 이러한 서양의 근대를 놓고 볼 때, 우리의 근대는 너무나 초라하다는 생각을 금할 수 없습니다.

일제 탓만 할 일은 아니나, 일제로 인해 우리의 근대는 실종되어 버렸다고 할 수 있어. 그러나 더 큰 문제는 실종된 근대의 후유증이야. 우리는 아무 준비 없이 '해방'을 맞이할 수밖에 없었거든.

3. 현대소설에 나타난 한국인의 가치관

선생님께서는 일제강점기에 태어나28) 청년기를 보내셨고, 그 후 오늘까지 격변하는 한국사를 몸소 체험하신 역사의 증인이신데, 이 연구를 진행하시면서, 특히 해방 후의 소설들을 연구하시면서, 가슴이 많이 착잡하셨을 것 같습니다.

답답하고 착잡한 심정 말로 다 표현할 수 없었지 뭐. 그러나 그런 만큼 이 연구의 뜻도 크다고 생각하였어. 가치관에 관한 많은 문제들을 정리하고,

---

27) I, pp.301-302.
28) 선생님께서는 1920년 11월 15일에 태어나 2009년 5월 27일에 타계셨다.

나름대로 해결책을 모색하여, 우리 국민이 도덕적으로 성숙한 세계 시민으로 우뚝 서는 데 일조를 할 수 있으면 좋겠다고 생각하였지.

갑작스러운 해방으로 인하여 우리 민족은 일종의 정신적, 윤리적 쇼크 상태에 빠지게 되었을 것 같습니다.

이무영의 1947년 작품 『삼년』 가운데는 해방 직후의 우리나라 사회상의 이모저모가 소개되고 있지. 8·15 해방은 너무나 급격한 역사적 변화의 계기였던 까닭에, 이 크나큰 변화에 대처할 만한 훈련과 마음가짐의 준비가 별로 없었던 한국인이 해방 직후 수년 동안에 경험한 것은 오히려 혼란과 실망에 가까운 것이었어. 술에 취한 사람들은 거의 일본말을 예사로 사용하였고, 그들이 부르는 노래는 일본의 군가 또는 일제시대의 유행가가 대부분이었어. 뒷골목의 시정배라면 또 모르거니와 경찰서의 누구누구, 도청의 무슨 과장, 신문사 지국의 누구, 실업가의 아무개 등 이를테면 지방의 지도자층에 속하는 사람들까지도 같은 꼴이었어.[29] 해방은 자유를 의미하는 것이라고 하였지. 그러나 많은 사람들이 자유와 방종을 혼동하여, 식당에서 음식을 먹고 돈을 내지 않는 것도 자유라고 생각할 정도였어.[30]

홉스가 말한 '자연 상태'는 아닐지라도, 그 혼란상이 극에 달했을 것 같습니다.
저도 6·25를 겪은 세대이지만, 해방 후 우리 역사는 굵직굵직한 사건들로 점철되었습니다. 그리고 그 사건들은 대부분 재난이었습니다. 왜 우리의 현대사는 그런 식으로 흐르게 되었을까요?

---

29) 이무영, 『삼년』, 『신한국문학전집』, 23권, p.210.
30) 조정래, 「청산댁」, 『허망한 세상 이야기』, 삼중당, 1980, p.150; II, pp.13-14.

최인훈이 1968년에 발표한 「주석(主席)의 소리」를 가지고 문제를 정리해 볼 수 있을 거야.

그는 민주국가의 주체를 "편의상, 정부, 기업인, 지식인, 국민으로 나누고" 그들 각 계층의 바람직한 행위의 방향을 대략 다음과 같이 제시하였어.

(가) 정부는 안으로 "헌법에 쓰여 있는 것을 좇아 권한을 행사하고" 밖으로 민족국가의 "독립을 유지하고 더 나은 국제적 지위를 얻기 위하여 국민을 조직하고 지도할 책임이 있다." 정부는, "공산주의에 대한 가장 강한 정부는 민주적 정부"임을 명심하고, 진정한 민주주의를 위하여 "국민에 의한 비판의 온갖 기회를 스스로 개방하여야 하며, 결과적으로 그것이 그 정권 자체의 득이기도 하다는 것을 알아야" 한다. 그리고 주권 행사에 대한 국민의 참여를 위한 최대의 기회인 선거가 자유롭도록 보장해야 한다.

(나) 기업인은 "자기의 이익이 국가의 이익과 직결돼 있다는 것을 알아야" 하며, 인간은 "사회로부터 무엇인가를 받았으면 무엇인가를 내주어야 하는 도리"를 명심해야 한다. 기업인은 "유럽 자본주의의 자기 수정 과정을 본받아, 기업의 공익성에 대해 최대의 노력과 자세를 보여야" 한다. 그리고 그들은 선진국에 비하여 불리한 여건을 근면과 창의로써 극복해야 한다.

(다) 지식인은 그들의 사명이 진리의 옹호임을 명심하고, "민족국가의 독립을 지키고, 사회정의를 실천하고, 사회적 부의 증대를 가져오기 위한 과학적 방법을 연구하고 이것을 사회에 보고하는 일"을 게을리 하지 말아야 한다. 그리고 "윤리적 기술자"이기도 한 그들은, 헌법이 규정한 언론의 자유를 부단히 행사함으로써, "정부와 기업에 대한 비판자로서의 의무"를 다해야 한다.

(라) 국민 각자는 정치와 직장으로부터 소외당하는 일이 없도록 하기 위하여, 자기를 소외시키는 자를 찾아내어 "그와 투쟁하고 협상하고 거래함"으로써 인간으로서의 권리를 지켜야 한다. "우리는 우리가 인간일 수 있게

하라고 상황에 대해 요구할 권리를 가짐과 동시에, 우리 자신이 인간임을 개인으로서 증명할 의무가 있음"을 명심해야 한다.31)

나는 우리 사회의 지식인 대부분이 「주석의 소리」에 나타난 것과 대동소이한 내용의 민주주의 사상에 공감을 느낄 것이라는 심증을 가지고 있어. 그러나 실상은 어떤가? 김광주는 그의 『표정』에서, "한 사람도 머릿속이 온전한 사람은 없는 것 같습니다. … 대한민국 사람들은 모두 머리가 약간 돌아가고 있는 것 같습니다."32)라고 개탄하고 있는데, 정치인과 관료, 기업인, 지식인, 그리고 일반 국민이, 모두가 아니더라도 대다수가, 정상에서 많이 벗어난 삶을 살았다고 할 수 있어.

먼저 정부를 생각해 보자고. 해방 후의 혼란 속에서 "전 국민이 한 덩이가 되어도 35년 동안에 기름기 없는 땅이 되어 버린 이 강토를 다스리기가 어려울 것인데, 삼천만은 완전히 좌우 두 갈래로 나뉘어서 개돼지처럼 맞붙어서 싸우"다가33) 남북이 분단되고, 6·25 사변이라는 동족상잔의 참극을 벌이게 되었는데, 누구보다도 정치인들의 권력욕과 무능을 탓해야 할 것이야. 4·19 혁명은 이승만 정권의 부패를 참다못해 토하게 된 '신음'과 같은 저항이었지만, 정치권에 대한 엄중한 경고라고 볼 수도 있었지.

그러나 정치권은 그 경고를 외면했어. 새로운 정권이 미처 숨을 돌리기도 전에 "민생고를 시급히 해결"한다는 명분으로 군인들이 정권을 탈취하는 5·16 쿠데타가 발생하였지. 사회의 혼란상에 지친 국민들은 차라리 잘되었다는 정서를 보이기도 하였어. 가까운 사람들끼리 술잔을 나누는 자리에서는, "엽전은 그저 군화발로 짓밟아야 돼!"라는 자조적인 말로, 이성적으로는 통제가 되지 않는 아수라장 같은 사회상을 비통해 하는 모습을 흔히 볼

---

31) 최인훈, 「주석의 소리」(1968), 『광장』, 민음사, 1973; II, pp.242-243.
32) 김광주, 「표정」, 『신한국문학전집』, 27권, p.106.
33) 이무영, 『삼년』, 『신한국문학전집』, 23권, p.233.

수 있었지.

　5·16 주체 세력은 정권을 장악하자마자 윤리적 구호를 내걸기 시작했어. 구악을 일소하겠노라고 공약을 하면서 '인간 개조'라는 윤리적 목표를 국민의 공동 과제로서 제시하였지. "우리의 나아갈 바를 밝혀 교육의 지표로 삼는다."는 국민교육헌장을 제정 선포하고, 1970년대 초반부터 대학 필수과목으로 '국민 윤리'를 추가하였으며, '새마을운동'과 '새마음운동'을 전국 규모로 전개하고, 1978년에는 한국정신문화연구원도 설립하였어.[34] 그러나 윤리가 그러한 목표나 구호만으로 바로 설 수 있는 것은 아니지. 모범을 보이기는커녕 매사를 힘으로 몰아붙였으니, '인간 개조'가 뜻대로 될 수 없었지.

　박정희 군사정권이 무너진 다음 이제야 민주주의가 실현되겠다 싶었는데, 또 군인들이 반란을 일으켜 정권을 장악하였어. 그것도 수많은 생명을 담보로 해서 말이야. 이처럼 정치권력이 앞장서서 파행을 일삼고 있었으니, 나라가 정상적으로 돌아갈 리 없었지.

　이러한 권력 다툼을 정면에서 다룬 소설들은 없었습니까? 별로 눈에 띄는 것이 없었는데요?

　걸핏하면 간첩으로 몰아 감옥에 잡아넣는 판국에 누가 그런 소설을 쓸 수 있었겠어? 박연희가 그의 「변모」에서 교사 이진규의 입을 통하여, "국민의 손으로 선출해 놓으면 협잡이나 해 처먹고 정권 유지에만 굶은 이리떼처럼 혈안이" 되어 있다고 말하면서, 자유당이 그 짓을 하다가 망했는데 아직도 정신을 못 차린다고 질타하였는데, 그 정도였어.[35] 최인훈이 『회색인』에서 "우리는 갇혀 있어."라고 한탄하고, 박완서가 「세상에서 제일 무거운 틀니」

---

34) II, p.26.
35) 박연희, 「변모」, 『신한국문학전집』, 28권, p.44; II, p.31.

에서 우리 한국을 "세상에서 제일 무거운 틀니"가 끼인 것처럼 고통스러운 나라라고 빗대어 말하였으며, 비교적 보수적이고 온건한 작가 박영준이 『고속도로』에서 "가짜를 만들어내는 세상", 청년들에게 허탈감을 안겨 주고 학생들에게 대학에 대한 매력을 잃게 한 어두운 시대라고 한탄하였지.36) 소설가들은 정치권의 파행적 행태에 대하여 정권이 문제 삼지 않을 정도의 약한 톤으로 말할 수밖에 없었던 상황이었던 것이야.

그래서 소설가들은 대신 기업인들에게 '화풀이'를 한 것이었군요.

그런 점이 있지. 1960년대나 1970년대 소설들은 대부분 기업가의 부도덕한 치부 행위를 고발하고 있지. 윤흥길의 「직선과 곡선」, 『아홉 켤레의 구두로 남은 사내』, 황석영의 『객지』, 조세희의 『난장이가 쏘아올린 작은 공』, 곽학송의 「두 위도선」, 조정래의 「동맥」, 박용숙의 「검은 연기 밑에서」, 김이석의 「아름다운 행렬」 등 수없이 많아. 예컨대, 윤흥길의 단편 「직선과 곡선」에 보이는 다음 대화는 기업 윤리의 타락 또는 기업가들에 대한 불신의 일단을 짐작할 수 있게 하지.

"우리 기업인들은 거개가 소비자나 종업원들의 취약점을 먹고 살찌고 있는 것 같아요. 그들은 사회가 혼란하고 무질서할수록 그 혼란이나 무질서를 치부에 이용하고자 혈안이 됩니다…."
"실상을 정도 이하로 평가하는 점에서 오 선생 얘기는 틀린 것 같군요. 제가 보는 견해로는 그보다 훨씬 정도가 심합니다. 그들은 닭하고 비슷한 생리를 가졌어요. 닭들은 무리 중에서 탈장 증세가 있는 놈을 발견하면 우우 달겨들어 숨이 끊어질 때까지 똥구녁을 쪼아댑니다. 먼저 경쟁자가 뻗고 다음에 소비자가 뻗을 때까지 그들은 마구 쪼아대는 겁니다."37)

---

36) II, pp.37-39.

최인훈이 지적하는 것처럼, 지식인의 역할이 기대되는 때였는데, 소설 속에서 지식인은 어떤 모습이었습니까?

정치계와 경제계가 국민을 상대로 권력과 금력 놀이를 하는 상황에서 지식인은 파수꾼으로서의 역할을 해야 하는데, 그렇지 못하였어. 미운털이 박히면 회복하기 어려운 '대가'를 치러야 하는 살얼음판 같은 시국에 유약한 지식인이 뭘 할 수 있었겠나. 물론 실제 상황에서는 부당한 시류에 맞서 싸우다 고난을 당한 지식인들이 있었으나, 그들의 이야기가 소설화되기는 어려웠을 거야. 최인훈이『회색인』에서, "무슨 일을 해보려 해도 다 절벽인 사회, 한두 사람 힘으로는 어쩔 수 없는 시대"에 살고 있음을 느끼고, 이 땅은 "구제할 수 없는 땅"이며 한국인은 "세계의 고아, 버림받은 종족"으로 느끼는 자조와 자학 속에, "회색 의자에 깊숙이 파묻혀서 몽롱한 눈으로 세상을 바라보기만 하는" 방관자라 자조하는 정도야.38)

대신 지식인들의 부패상을 고발한 소설들은 있었지. 유주현은 보결 입학에서 돈거래를 하는 학원의 부정을 고발했고(「유전 24시」), 박영준은 돈으로 가짜 박사학위를 산 대학교수와 돈밖에 모르는 작가 및 바람기로 비틀거리는 유한부인들을 거론했으며(『고속도로』), 신석상은 언론계 주변의 비리를 폭로했고(「프레스 카드」), 박완서는 사찰 주변의 세속화를 날카롭게 풍자하였으며(「부처님 근처」), 이문열은 교회도 젊은 영혼의 안식처가 되기에 부족함을 암시하였지(『사람의 아들』).39)

정치인, 경제인, 지식인이 그러니, 일반 국민의 삶은 더욱 파행으로

---

37) 윤흥길,「직선과 곡선」,『아홉 켤레의 구두로 남은 사내』, 창작과비평사, 1977, p.239; II, p.30.
38) 최인훈,『회색인』, 삼중당, 1974, p.14 및 p.31 등 참조; II, p.240.
39) II, p.32.

치달았을 것 같습니다.

   소설들을 읽으면서 나도 배운 점이 많았어. 나도 세상을 알 만큼 안다고 생각하였는데, 소설이 그리고 있는 세상은 비참하다 못해 놀라웠어. 예컨대 황석영은 『어둠의 자식들』에서 서울 뒷골목의 어둡고 비정한 모습을 낱낱이 폭로하였지. 깡패와 소매치기 또는 날치기 등의 생태, 가난한 시골 처녀가 사기에 걸려서 매춘부로 전락하는 과정, 포주와 기둥서방의 죄악상, 사창가 악당들과 내통하고 있는 경찰의 실태, 걸인 수용소와 소년원의 잔인한 폭력, 귀금속 절도와 장물아비의 결탁 등 온갖 사회악의 모습을 생생하게 그렸어.[40)]

   김홍신도 『인간시장』을 통해서 우리나라 사회악의 여러 단면을 보여주었지. 이 소설은 무수한 깡패 집단의 생태, 여자 제비족과 깡패의 결탁, 가짜 휘발유를 양산하는 악당들의 수법, 술집에서 호스티스로 일하는 여대생의 매춘 행위, 한 텐트 안에서 집단으로 기거하는 십대 소년 소녀들의 "눈 뜨고 못 볼 장면"들을 소개하고 있지.[41)] 어떻게 그럴 수 있을까? 믿을 수 없지만, 작가 자신이 현장 취재를 해서 쓴 이야기라니, 사실일 거야.

4. 윤리적 이상사회

   굳이 소설로 확인할 필요도 없이 선생님도 저도 우리 사회의 문제를 알고 있습니다. 그럼에도 불구하고 이렇게 아픈 부위를 들춰내고 분석하는 것은 치료의 방법을 모색하기 위해서입니다. 선생님께서는 어떻게 해야 우리가 윤리적으로 이상적인 사회를 이룰 수 있다고 생각하십니까?

---

40) 황석영, 『어둠의 자식들』, 현암사, 1980; II, p.34.
41) 김홍신, 『인간시장』, 행림출판, 1981; II, p.34.

윤리적 견지에서 볼 때 가장 이상적인 행위는, 행위자의 신념을 따른 자율적 행위일 뿐 아니라, 사회적 요청에 비추어 보더라도 객관적 타당성을 갖는 행위야. 그리고 윤리적 견지에서 볼 때 가장 좋지 않은 행위는, 강자의 힘에 눌린 타율적 행위일 뿐 아니라 사회적 요청을 배반함으로써 객관적 타당서마저 잃은 행위이고. 여기서 윤리적으로 가장 성숙한 사회 또는 윤리적 이상사회가 어떤 것이냐 하는 물음에 대한 해답이 자연히 추리되지. 즉, 객관적 타당성을 가진 행위를 자율적으로 행위하는 사람들이 그 사회의 주축을 이루었을 때, 그 사회가 윤리적으로 가장 성숙한 사회인 것이야. 반대로 타율적이면서도 객관적 타당성이 없는 행위가 많은 사회일수록 윤리적 이상에서 먼 거리에 처진 사회라 하겠고.[42)]

선생님이 말씀하신 것을 잘 이해할 수 있도록 하기 위해 표를 만들어보았습니다.

	객관적으로 타당한 행위	자율적 행위	개인의 행위	사회
(1)	O	O	옳은 일을 스스로 하는 행위	윤리적 이상사회 (윤리적으로 성숙한 사회)
(2)	O	×	옳은 일을 강압, 법, 제도 때문에 하는 행위	철인왕의 전제 통치 사회
(3)	×	O	옳지 않은 일을 스스로 하는 행위	자연 상태의 사회
(4)	×	×	옳지 않은 일을 강압, 법, 제도 때문에 하는 행위	윤리적으로 최악의 사회

---

42) II, p.197.

이 표를 놓고 볼 때, 선생님이 말씀하시는 '윤리적 이상사회'는 (1)입니다. 그 사회의 구성원들은 객관적으로 타당한(옳은) 행위를 자신의 의지와 결단으로 합니다. 공자가 『논어』 위정편(爲政篇)에서 "일흔이 되어서는 무엇이든 하고 싶은 대로 하여도 법도에 어긋나지 않았다(七十而從心所欲 不踰矩)."라고 말하는 것처럼, 법이 필요 없을 정도로 구성원들이 성숙한 행위를 하는 사회입니다.

(2)는 사회 구성원들이 성숙한 판단을 할 수는 없지만, 지혜롭고 강력한 통치자가 있어서, 구성원들이 객관적으로 타당한 행위를 하도록 법과 제도로 강요하는 사회입니다. 플라톤이 말한 철인왕의 전제 통치 사회라 할 수 있습니다.

(3)은 사회 구성원들이 객관적으로 타당하지 않은 행위를 제멋대로 하는 사회입니다. 홉스가 말한 자연 상태의 사회일 것입니다.

(4)는 사회 구성원들이 객관적으로 타당하지 않은 행위를 할 수밖에 없도록 통제된 사회입니다. 강력한 전제군주가 자신의 정치적 목표를 달성하기 위하여 법, 제도, 폭력 등으로 구성원들을 억압하고 옳지 않은 행위를 할 수밖에 없도록 강요하는 사회입니다. 히틀러의 파시스트 사회를 예로 들 수 있을 것입니다. 선생님께서 '윤리적 이상에서 먼 거리에 처진 사회'라 칭한 사회입니다.

우리가 지향해야 할 사회는 윤리적 이상사회일 것입니다. 그러나 우리가 그러한 사회를 실현할 수 있을까요?

유감스럽게도 오늘(1980년대 초)의 시점에서 볼 때 윤리적 이상사회를 꿈꿀 수는 없을 것 같아. 무엇보다도 '힘의 지배'가 우세한 비중을 차지하고 있기 때문이야. 우리나라의 역대 정권과 행정 관리들이 국민을 대해 온 자세는 높은 곳에서 내려다보는 그것이었고 힘으로 끌고 가는 그것이었어. 국민의 여론 또는 민의를 앞세우고 대화의 중요성을 강조하기도 하였지만, 현실을 움직인 것은 힘으로 조작한 '민의'였고 자유로운 분위기가 결여된 일방적인 대화였지.

이러한 사태의 책임이 위정자와 관료들에게만 있다고는 생각하지 않아. 국민들 편에서도 그러한 대우를 자초한 책임을 나누어야 할 것으로 믿어. 오랫동안 수직적 인간관계의 전통 속에서 살아온 우리 한국인은 일반적으로 강한 자에게 약하고 약한 자에게 강한 심성을 가지고 있어. 바로 이러한 심성은 힘의 지배를 위한 온상이 되는 것이며, 특히 우리의 현실이 정치의 안정을 절실하게 요청하는 사태의 연속이었다는 사실은, 많은 국민으로 하여금 꾹꾹 눌러가며 강력하게 끌고 가는 정치를 환영하게 하였던 거야.[43]

박정희 군사정권이 출범할 당시에는 (3)과 같은 상태에 있는 한국 사회를 (2)와 같이 통치하여 결국 (1)과 같은 사회로 발전시키겠다는 뜻을 갖지 않았나 생각해 봅니다. 그러나 (2)와 같은 통치를 하기에는, 즉 어리석고 이기심에 눈이 먼 사회 구성원들이 객관적으로 타당한 행위를 할 수밖에 없도록 하는 '철인왕의 지혜'에 버금가는 지혜를 가지고 국가를 통치하기에는, 너무나 부족하였습니다. 그래서 결국 (1) 대신 (4)에 가까운 사회를 만들어버리지 않았나 생각해 보았습니다. 그 뒤의 군사정권은 더 말할 가치도 없고요.

돌이켜 보면, 조선 사회 역시 (4)에 가까운 사회가 아니었나 생각합니다. 계급제도가 자율적 삶을 불가능하게 하였고, 백성들은 객관적으로 타당한 행위가 무엇인지 판단할 능력이 없을 정도로 미개하였기 때문입니다.

일제강점기는 문자 그대로 (4)의 사회였을 것입니다. 일제는 '객관적으로 타당한 행위를 할 수 없는 무지몽매하고 성품 고약한 반도인'

---

[43] II, p.202.

을 힘으로 통치하였기 때문입니다. 이광수는 일제의 강압 통치는 외면하고, 백성이 객관적으로 타당한 행위를 할 수 있을 정도로 개조되어야 (1)의 사회로 나아갈 수 있다고 함으로써, 민족 배신자가 되었고 친일파가 되었습니다.

오늘 2010년 현재, 군사정권의 잔재가 완전히 가시지는 않았고 법과 제도가 개선되어야 할 여지가 많으며 남북 분단의 상황으로 인하여 자율성이 제한될 수밖에 없지만, 그럼에도 불구하고 우리 사회의 자율성은 크게 제고되었다고 생각합니다. 그래서 윤리적 이상사회를 이루기 위해서 남은 문제는 어떻게 하면 국민 각자가 '객관적으로 타당한 행위'를 할 수 있도록 하느냐 하는 것이겠습니다. 선생님의 고견을 말씀해 주십시오.

무엇보다도 가치관을 정립하여 그것을 실천하는 데서부터 실마리를 풀어가야 할 거야.

그 가치관은 어떤 것이어야 하지요?

가장 이상적인 가치관은 인간이 삶의 과정에서 봉착하는 문제들을 해결하기에 적합한 동시에 그 자체 안에 심성(心性)의 아름다움을 크게 간직한 것이어야 해. 바꾸어 말하면, 윤리 내지 가치관은 원만하고 만족스러운 인간생활을 위한 처방으로서의 수단적 측면과 그 자체를 위한 문화적 가치로서의 목적적 측면을 아울러 가지고 있어야겠지.[44]

한 개인의 관점에서 '어떻게 사는 것이 가장 바람직한 삶이냐?' 하는 물음을 제기하였을 때, 여러 가지 대답들 가운데서, 널리 '자아실현설(自我實

---

44) II, p.204.

現說)'이라고 불리는 견해가 가장 설득력을 가졌다고 나는 믿고 있어. 각자가 타고난 가능성을 최대한으로 발휘함을 목표로 삼는 인생 설계가 성공적으로 수행되었을 때, 그들의 삶은 바람직한 삶으로서 손색이 없을 거야.

한 나라의 문화는 그 나라 국민의 자아실현을 위한 발판인 동시에, 국민 각자의 자아실현이 종합적으로 집결하고 대를 이어서 축적됨으로써 발전하는 삶의 정수(精髓)일 것이야. 그러므로 개인의 견지에서 보나 집단 전체의 견지에서 보나, 문화가 갖는 의의는 막대한 것이며 문화적 전통을 바르게 계승하여 다시 이를 창달하는 일은 우리 모두의 귀중한 공동 목표의 하나일 것이야.45)

사회적 관점에서 '어떻게 사는 것이 가장 바람직한 삶이냐?' 하는 물음을 제기하였을 때, '공동체 의식의 함양'이 시급할 것이야. 우리들의 전통 윤리는 주로 정의(情誼)에 바탕을 둔 윤리였어. 현대사회에 있어서는 사람들의 만남과 관계가 공적인 성격을 띨 경우가 많으므로, 개인적 친소를 따라서 사람대접을 달리할 경우에는 여러 가지 부당한 결과를 수반하기 쉽지.

전통적으로 우리 조상들이 강한 애착을 느낀 공동체는 가문 또는 고향의 지역사회였고, 일본에게 주권을 빼앗겼던 반세기 동안은 국가를 가져보지 못했으며, 해방 후에는 개인주의가 범람하고 정치의 혼란이 거듭했으므로, 국가에 대한 민주 시민의 공동체 의식이 형성되기에 어려움이 많았지. 국민 각자의 민주 시민으로서의 자각을 바탕으로 삼은 실천적인 국가 공동체 의식을 함양하는 것도, 앞으로 한국 윤리가 보완해야 할 과제의 하나야.

또 한 가지 중요한 문제는, 김 교수가 '비판적 사고' 교육을 강조하는 뜻도 거기에 있다고 생각하지만, 판단 또는 의지의 질이야. 강자의 의지 또는 명령일지라도 선량하고 지혜롭다면 결과적으로 큰 지장이 없을 것이고, 자율적 행동일지라도, 그 바탕을 이루는 신념이 그릇된 것이라면, 사회는 혼란

---

45) II, pp.259-260.

과 파멸을 면하기 어려울 것이야. 따라서 국민 각자가 개인적 삶을 위해서나 공동체적 삶을 위해서 올바른 판단을 할 수 있도록 하는 판단의 방법을 잘 익혀야 할 것이야.

　이처럼 가치관을 정립하여 실천하는 삶을 살기 위해서는 그러한 삶을 지향할 수 있는 심성을 가지고 있어야 해. 윤리적으로 탁월한 인격이 되기 위해서는 적어도 두 가지의 심성을 갖추어야 하는데, 첫째 심성은 넓은 의미의 '사랑'의 감정 또는 인정이야. 그리고 또 하나는 지성을 따르는 보편적이요 합리적인 사고의 습성이야.46)

　'심성'은 교육적으로 어려운 문제라 생각합니다. 과연 인간이 타고난 심성을 바꿀 수 있을까요?

　어렵지만 어쩌겠나, 노력해 봐야지. 예컨대 사회 현실을 개조하여 공정한 사회를 건설하자면, 사회 현실을 움직일 수 있는 실력을 가진 계층이 솔선하여 선도적 임무를 맡아야 할 것이야. 그런데 현재 유리한 계층이 현실의 개혁을 위하여 솔선한다는 것은 자기네의 기득 이권을 어느 정도 포기함을 의미해. 여기서 생기는 문제는, 유리한 계층의 입장에서 볼 때, 자기네의 기득 이권의 많은 부분을 포기하는 것을 정당화할 만한 근거가 있느냐 하는 것일 거야.

　첫째로, 인도주의적 종교 내지 도덕에서 그 근거를 찾아보는 경우를 생각할 수 있어. 인도주의적 견지에서 볼 때, 남의 몫을 뺏거나 불공정한 현실을 긍정하는 것은 도리가 아니며, 비록 나의 손실을 무릅쓰더라도 그 시정을 위해서 노력해야 마땅할 것이야. 그러나 이 논법은 인도주의를 신봉하는 사람에게만 타당성을 가질 뿐이라는 약점을 가지고 있어.

---

46) II, pp.206-209.

둘째로, 정신 우위의 가치론을 근거로 삼고 물질적 이익을 자진 포기하도록 하는 이유를 찾아볼 수 있을 것이야. 사회정의의 구현 내지 이성적 사회의 건설, 우정과 평화의 실현 등은 인간의 큰 업적이요 승리인 동시에, 넓은 의미로 우리 모두를 위해서 큰 이익이지. 나의 경제적 손실을 대가로 삼고 도덕적 선과 마음의 평화를 얻는 것은, 거시적 안목의 계산이라는 관점에서 볼 때, 매우 현명한 행위라는 결론에 이를 수 있어. 다만 정신 우위의 가치론을 거부할 수 없도록 입증하기가 어렵다는 난점과, 이론적으로는 정신 우위의 가치론을 받아들이더라도 실천적으로는 물질적 가치를 선택할 가능성이 존재한다는 문제가 있지.

셋째로, '신중한 이기주의(prudential egoism)'의 견지에서 보더라도 물질적 특권에 대한 오늘의 자제(自制)가 긴 안목으로 볼 때 유리하다는 결론을 얻을 수 있을 것이야. 이미 필요 이상의 재산을 가진 사람을 위해서 가장 요긴하고 유익한 일은, 그 이상의 축재나 사치가 아니라, 사회적 격변을 미연에 방지하는 일이겠지. 그리고 사회적 격변을 미연에 방지하는 가장 효과적 방법은 빈부의 지나친 격차를 줄이는 일이고. 그러나 이기주의의 입장을 고수하는 한, 아무리 신중하게 계산을 한다 할지라도, 유리한 고지에 선 사람이 양보할 수 있는 선은 어느 한계를 넘어서기 어렵다는 약점이 있어.

그렇지만 모두 냉정하게 생각해 봐야 해. 오늘의 인간성이 크게 변하여 인간이 글자 그대로 이성적 존재가 되지 않는 한, 우리는 완전히 공정한 사회의 주민이 되기는 어려울 것이라는 사실을 말이야.[47]

선생님께서는 윤리학자이면서 동시에 실천가의 삶을 사셨습니다. 사재(私財)를 내놓아 우리 사회를 윤리적으로 성숙한 사회로 만들기 위한 철학운동을 하도록 하신 것입니다. 평소에 늘 가르치신 대로 우

---

[47] II, pp.255-257.

리의 눈을 멀게 하는 소아적(小我的) 이익을 포기하고, 너무 멀어서 보이지도 않는 대아적(大我的) 이익을 위해 돈을 쓰셨습니다.

어느 날 방배동 연구실을 찾았더니, 마침 사무실이 어수선했습니다. 세 대의 컴퓨터가 들어오는 중이었기 때문입니다. 그런데 저는 그 전날 아드님 김도식 교수와 전화 통화를 하던 중 알게 되었는데, 컴퓨터가 고장 났지만 새로 살 돈이 없다는 것이었습니다. 자식에게는 컴퓨터를 사 주지 않으면서, 연구소용으로 컴퓨터를 세 대나 샀다! 선생님은 혈육의 정보다는 공적인 의무를 중요시하는 분이라는 사실을 다시 한 번 확인하는 순간이었습니다.

저는 운 좋게도 선생님의 제자였고, 선생님을 모시면서 철학운동을 할 수 있었습니다. 선생님을 가까이 모실 수 있어서 가끔 농도 주고받는 친근한 사이가 되었습니다. 그럼에도 불구하고 언제나 선생님은 어려웠습니다. 그것은 제가 함부로 비집고 들어갈 수 없게 하는 어떤 강한 힘 때문이었습니다. 그 힘이 무엇일까? 저는 그것이 무척 궁금했습니다.

그뿐만 아니라 제가 선생님을 이해할 수 없는 부분도 있었습니다. 저는 한동안 선생님을 모시고 테니스를 친 적이 있었는데, 다음은 2005년 어느 날 제가 쓴 일기입니다.

2005년 6월 26일(일), 흐림
회장 부부가 연습 중이어서 코트는 연습 공으로 가득하였다. 그런 환경에서 시합 공을 사용하는 것은 어리석다. 잃어버리기 십상이기 때문이다. 김태길 선생님과 나도 그 연습 공으로 난타를 하고 있었다.
그런데 이게 웬일인가!? 치던 공이 도망갈 때마다 선생님은 애써 그 공을 쫓아가 가져오시는 것이 아닌가! 사방에 흩어져 있는 연습 공들 중 가까운 것을 다시 사용하면 되는데, 왜 굳이 치던 공을…?
선생님이 상황 파악을 하시지 못한 때문일까? 상황 파악을 못 하신다면, 문제다. 아니면 선생님의 성격일까? 그래도 문제다. 앞뒤가 꽉 막혀 있다는 것을 뜻하기 때문이다.

저는 감히 선생님께서 상황 파악을 잘 못하시든지, 앞뒤가 꽉 막혀 있는 것으로 보고 있습니다. 그런 예는 또 있습니다. 선생님과 테니스를 치면서 흔히 목격할 수 있었지만, 선생님은 공을 치다 말고, 운동화 끈을 고쳐 매곤 하셨습니다. 다른 사람들이 기다리고 있기 때문에 대충 매도 될 터인데, 선생님께서는 끈을 매는 데 그치지 않고 나풀거리는 남은 끈을 묶인 끈 옆으로 밀어 넣느라 시간을 끌곤 하셨습니다. 그럴 때마다 저는 선생님이 이해되지 않았습니다. 참 답답한 분이다, 이렇게까지 생각하였습니다. 그렇게 융통성이 없고서야 어떻게 역동적인 윤리를 할 수 있을 것인가? 선생님의 윤리는 현실을 무시한 학자의 윤리에 불과하지 않을까 하는 건방진 생각까지도 하였습니다.

제가 선생님과의 많은 추억들 중에서 굳이 이런 불측한 경우를 늘어놓는 것은, 앞서 제기하였던 의문, 즉 선생님에게서 발산하고 계시는 힘의 정체를 설명하는 가설로서, 선생님이 기인적 성향을 가지셨다고 말씀드리기 위해서입니다. 『악인명부』, 『사기꾼 열전』의 저자 제이 로버트 내쉬는 그의 『세계 기인 열전』에서 다음과 같은 '기인 헌장'을 선포합니다.

첫째, 기인은 존경받는 일은 없지만 왠지 모르게 사람들로부터 사랑받고 외경심의 대상이 되는 인간이어야 한다.
둘째, 기인은 일생 동안 기인이어야 한다.
셋째, 기인에게 있어서는 기행이 일상적인 것이어야 한다. 한때의 변덕이나 돌발적인 행동은 일시적인 기행에 지나지 않는다.

넷째, 기인은 꿈꾸는 사람이어야 한다.

다섯째, 기인은 그의 행위에 의하여 사회에 얼마간의 강한 충격을 주어야 한다.

여섯째, 기인은 그의 행위를 작위적인 것이 아니라 자연스럽게 몸으로 완수시켜야 한다.

선생님을 '기인'이라 칭하는 데 걸리는 점이 있다면, 그것은 선생님께서 많은 사람들로부터 존경을 받았다는 사실임을 알 수 있습니다. 그러나 그것은 기이한 행동이 존경받지 못하는 행위라는 내쉬의 기인관이 가진 문제일 수 있습니다. 선생님은 존경받을 수밖에 없는 기인의 길을 가신 것입니다. 그 외의 조건들은 모두 선생님에게 해당됩니다. 선생님은 가족과 친구들과 제자들조차도 기이하게 생각할 정도로 유례없이 이성주의자로서의 '정도'를 일관되게 실천하신 분입니다. 저를 당황하게 하였던 테니스 공 사건이나 운동화 끈 사건은 다름 아닌 선생님이 기인임을 입증하는 사소한 에피소드일 뿐이었습니다. 그 외에도 증좌는 많고 많습니다. 선생님께서는 일생 동안 우리나라를 윤리적으로 성숙한 사회로 만들고자 하는 꿈을 꾸셨습니다. 제가 가끔 철학운동이 가시적 열매를 보여주지 못함에 대해 투덜거릴 때도 선생님께서는 오히려 "그래도 많이 좋아졌잖아."라고 격려하실지언정, 어떤 경우에도 흐트러지거나 무너질 줄 모르셨습니다.

선생님, 선생님을 모실 수 있어서 영광이었고 행복했습니다.

선생님을 더 열심히 보필해 드리지 못한 점이 후회되고 죄송스러울 따름입니다.

내가 기인이라니 처음 듣는 말일세. 칭찬으로 알겠네.

우리가 인간으로서의 만족과 인간으로서의 삶의 보람을 느끼는 것은 인간의 특색을 살린 어떤 성취를 이룩했을 경우이며, 인간의 특색을 살린 성취는 이성적 존재로서의 정신적 기능의 발휘를 떠나서 생각하기 어렵지. 따라서 우리가 만족스럽고 보람된 삶을 실현할 수 있기 위해서는, 정신생활에 대해서 더 큰 비중을 두는 가치관의 토대 위에 우리의 문화를 건설해야 할 것으로 믿어. 생활의 안정에 필요한 경제력의 확보는 자아를 실현해 가며 보람되게 살기 위해서 반드시 갖추어야 할 선행 조건이지만, 경제적 번영 그 자체가 최고의 가치를 보유하고 있는 것이 아니라, 더 높은 내면적 가치의 실현을 위한 수단으로서 그것이 활용될 때 비로소 크게 생광스러운 것이 될 것이야.

이 땅에 사는 모든 국민이 경제생활의 안정을 누리고, 안정된 물질생활의 토대 위에서 각자의 소질을 개발하고 각자의 취향을 살림으로써 보람찬 삶을 영위할 뿐만 아니라, 공동체의 일원으로서 마땅히 해야 할 일들을 자율적으로 실천하게 된다면, 우리도 윤리적 이상사회를 이룰 수 있을 것이야. 한국에 태어나서 한국의 자연과 문화 속에서 성장한 우리에게는 한국인으로서 자랑할 만한 소양과 취향이 잠재해 있지. 우리의 체질에는 이 땅의 정기가 스며 있고, 우리의 생활감정 속에는 훌륭한 문화적 전통의 얼이 담겨 있어. 우리 모두의 몸과 마음속에 잠재해 있는 이 역량을 유감없이 발휘할 때, 마침내 우리 민족의 얼이 꽃을 피울 수 있게 될 것이야.[48]

내가 이루지 못한 윤리적 이상사회의 꿈을 자네들이 계속 이어갈 수 있기를 바라네.

---

48) II, pp.310-311.

우송 김태길 선생의 메타윤리학과 규범윤리학

김영진
인하대 명예교수

1. 시작하는 말

이 글은 2009년에 돌아가신 우송 김태길 선생님을 위하여 쓰는 것이다. 우송 선생님은 잘 아는 바와 같이 윤리학의 분야에서 어느 누구도 따를 수 없는 지대한 공헌을 했다. 필자는 그가 단지 윤리학자였을 뿐만 아니라 분석철학자로서도 큰 공헌을 했다고 생각한다.

여러 가지 궁리를 하다가 필자는 우송의 윤리설에 관한 글을 쓰기로 결정했고, 그리고 윤리설 가운데서 메타윤리학과 규범윤리학에 대한 그의 여러 가지 학설을 간단히 정리, 평가, 비교하고, 그리고 때로는 필자의 입장과 어떤 점에서 다른가를 간단히 밝히기로 마음을 먹었다. 이 논문에서 필자가 말하는 것 중의 대부분은 선생님이 살아계실 때 대화나 논의를 통해 의견을 나누었던 것이고 다른 몇 가지는 처음으로 필자의 견해를 나타낸 것이다. 이 논문을 준비하는 과정에서 김 선생님께서 쓰신 저서, 논문 등을 다시 읽으면서 김 선생님의 학문적 업적이 정말 크고 또 많은 공헌을 했다는 것을 깊이 느끼게 되어 기쁘게 생각한다.

선진국에서 훌륭한 학자가 죽으면 후학들이나 제자들이 박사학위 논문을 통해 그의 학문적 업적을 연구하고 평가하는 것처럼 우리나라에서도 김태길 교수의 업적을 다루는 박사학위 논문이나 저서들이 많이 나오기를 희망하고 기대한다.

이 글은 필요 이상으로 길지 않을 것이다. 요점을 중심으로 가급적 짧게 쓸 것이다.

2. 우송의 메타윤리설

20세기의 유명한 윤리학자 또는 도덕이론가로서 우리는 헤어(R. M. Hare), 스티븐슨(C. L. Stevenson), 프랑케나(W. K. Frankena), 롤즈(J. Rawls) 등을 생각할 수 있다. 이들 중에서 롤즈가 세계적으로 가장 많이 알려졌지만 순수 윤리적 문제만을 고려할 때 필자는 헤어가 20세기의 윤리학자들 중에서 최고의 위치에 도달했다고 믿는다. 옥스퍼드 대학을 다닐 때 전쟁이 일어나자 그는 자원해서 군에 입대하였다. 전쟁 중 그는 포로가 되었고 포로 생활을 하는 가운데 나치즘과 파시즘이 주는 엄청난 고통을 경험하게 되었다. 그래서 전쟁이 끝나 학교로 돌아간다면 윤리나 도덕을 전공해서 잘못된 사상이나 이념 그리고 윤리설을 제대로 연구하고 분석해서 해결의 실마리를 찾겠다는 결심을 했고, 전쟁 후 학교로 돌아가 철학과 윤리학을 전공했다. 그는 초기에 비판적 내지 분석적 윤리학이라 할 수 있는 메타윤리학 또는 분석윤리학을 주로 했고, 세월이 흐르면서 차츰 규범윤리학의 문제에 속한다고 할 수 있는 평화, 임신중절, 광신주의 등으로 그의 관심의 범위를 넓혔다고 할 수 있다.

필자의 생각으로는 우송이 세계적으로 유명한 철학자들 중에서는 헤어와 닮은 점이 많다고 생각된다. 우송은 법학을 전공해 고시를 보고 출세할 수 있었지만 한국 사회를 걱정하면서 특히 철학 중에서도 윤리학을 전공해 우리 사회의 부조리를 없애겠다는 결심을 가지고 윤리학 연구를 시작했다. 이런 점에서 우송과 헤어의 배경은 매우 달랐지만 윤리학을 시작하는 기본자세가 확연히 잡혀 있었다고 할 수 있을 것이다. 다음으로 헤어와 우송은 대부분의 다른 윤리학자들과 달리 메타윤리학(meta-ethics) 연구를 윤리학의 토대를 쌓는 데 있어서 가장 중요한 것으로 생각했다는 점에 있어서도 같다고 할 수 있다. 그리고 특히 한때 논리적 실증주의자로서 유명했던 카르납(R. Carnap), 에이어(A. J. Ayer) 같은 학자들의, 윤리적 판단이나 문장은 사실판단이 아니며, 진이나 위가 될 수 없으며, 단지 감정만을 표출하거나 표현하는 비인식적인(noncognitive) 것일 뿐이라는, 아주 비관적이고 회의주의적인 입장에 반대하면서 윤리적 판단이 전혀 사실과 관계없는 것이 아니라 오히려 사실과 분명히 관계를 가지며 또한 논리적 법칙에 제약을 받는다고 주장한 점에 있어서도 유사한 면을 가지고 있다고 말할 수 있다.

그러나 나중에 밝히겠지만, 우송은 필자가 이해하는 한 현대 윤리학자들 가운데 윤리학의 방법론에 관해 입장이나 방법에 있어서 헤어와 같은 점을 많이 가지고 있지만, 그러나 규범윤리학에 접근하고 또 이를 발전시키는 데 있어서는 헤어와 많은 차이점을 나타냈다고 분명히 말할 수 있을 것이다.

우송은 1950년대 중반에 미국으로 건너가 주로 메타윤리학과 윤리학의 방법론 연구에 주력했다. 그 연구 결과는 그가 1960년대 초에 귀국해서 학생들을 가르치고 또 특히 저서 활동을 하면서 아주 현저히 나타나기 시작했다. 지금부터 필자는 그의 메타윤리학에 관한 입장과 윤리학의 방법론에 관한 이론을 중심으로 해서 먼저 그의 이론이나 견해를 간단히 정리하고 또 상대적으로 비교하면서 필자의 입장에서 어떻게 평가하는가를 밝히고자 한다.

필자가 아는 한 우송은 한국의 역사상 규범윤리의 좁은 테두리를 벗어나 메타윤리학과 윤리학의 방법에 관한 이론들을 전문적으로 또 체계적으로 연구한 최초의 학자라고 할 수 있다. 그는 1963년에 출판된 저서인 『윤리학』에서 고전적인 서양 윤리사상을 형이상학적 윤리학, 자연주의적 윤리학, 그리고 직각론적 윤리학의 세 가지로 나누고 이들을 아주 명쾌하게 설명하고 또 분석했다. 또 그는 현대 윤리학의 유형에 관해서도 그의 견해를 밝히고 있으며 이러한 철학적 작업을 하면서 위에서 간단히 언급한 대로 우리나라에 최초로 메타윤리학을 소개했는데, 필자의 관점에서 볼 때 이러한 작업은 정말 획기적인 것이었으며 우리나라에서 윤리학의 수준을 한 단계 고양시킨 것이라고 분명히 말할 수 있을 것이다.

필자는 1960년부터 우송의 가르침을 받았고 그의 뛰어난 강의에 매료되어 그의 윤리학을 열심히 공부했다. 그리고 우송처럼 메타윤리학 내지 분석윤리학에 대한 연구로 박사학위를 받았다. 따라서 우송 선생의 메타윤리학에 관한 이론에 계속 관심을 가지고 있었다고 할 수 있는데, 특히 이번에 우송에 관한 글을 써달라는 부탁을 받고 그의 이론이나 학설에 대해 다시 한 번 더 관심을 가지고 그에 대한 공부를 다시 하면서 메타윤리학에 관한 한 누구도 그를 따를 수 없는 경지에 도달했다는 것을 분명히 알 수 있게 되었다. 그러나 우송은 초인이 아니기에 때로는 시대적 한계를 벗어날 수 없었으며, 또 꼭 다루어야 좋을 문제를 다루지 않고 남겨두었다는 것을 발견하게 되었다. 그래서 지금부터는 그가 다루지 못하고 미완성의 상태에 남겨둔 문제가 어떤 것인가를 밝히고, 그를 평가하는 작업을 하고자 한다.

첫째, 그의 저서와 여러 가지 논문을 읽으면서 제일 먼저 느낀 점은 그가 흄의 법칙(Hume's Law)과 무어(G. E. Moore)의 자연주의적 오류(the naturalistic fallacy) 사이에 어떤 차이가 있는가를 심층적으로 밝혔어야 했다는 것이 필자의 생각이다. 윤리학자들 중에는 메타윤리학과 규범윤리학 사이에는 근본적인 차이가 없다고 하는 사람들이 있다. 그러나 우송과 나는 메타윤리학과 규범윤리학 사이에는 아주 중요하고 근본적인 차이가 있다는 점을 믿은 사람들이라 할 수 있다. 쉽게 말해 규범윤리학은 예를 들어 "우리는 항상 정직해야 하는가?" "거짓말은 하지 말아야 하는가?" 등과 같은 질문을 제기하고 이러한 질문에 대해 체계 있게 대답하려는 윤리학의 한 영역이라 할 수 있다.

그러나 메타윤리학은 폴 테일러(Paul Taylor) 교수가 잘 설명하듯이 윤리학과 관련하여 아래와 같은 질문을 하고 그 대답을 찾으려는 윤리학의 한 영역이라 할 수 있다.[1]

(1) 도덕적 신념의 진위가 확증될 수 있는 타당한 방법이 있는가?
(2) 도덕적 진술은 검증 가능한가?
(3) 선과 악, 옳음과 그름에 대한 지식이 있는가?
(4) 도덕적 판단이 정당화될 수 있는 추론의 방식이 있는가?
(5) 도덕적 판단을 지지하기 위해 우리가 제시하는 이유가 정당한(건전한, 타당한, 수용 가능한, 보증된) 이유라고 할 수 있는가?

우리는 위에서 든 예들을 통해 규범윤리학이 대답하려는 질문과 메타윤리학이 대답하려는 질문에는 상당한 차이가 있다는 것을 쉽게

---

[1] 폴 테일러, 김영진 옮김, 『윤리학의 기본원리』, 서광사, 1997, p.22.

알 수 있다. 여하간 우리는 규범윤리학에서 묻는 질문의 예와 메타윤리학에서 묻는 질문의 예를 더 많이 열거할 수 있는데 앞으로의 논의를 위해 메타윤리학에서 다루는 문제의 예를 한두 가지만 더 예시한다면 "사실판단과 가치판단은 어떻게 다르며 또 논리적 관계는 어떠한가?" "도덕적 추론에는 어떤 방식이 존재하는가?" 등이 있다.

위에서 추가적으로 제시한 두 문제 ― 이 외에도 더 많은 문제가 있다 ― 중 첫째 문제인 "사실판단과 가치판단은 어떻게 다르며 또 논리적 관계는 어떠한가?"라는 문제는 윤리학의 역사상 과거에는 별로 큰 문제가 되지 않았다고 말해도 별로 틀리지 않을 것이다. 그러나 세월이 흐르면서 칸트에 이르러 아주 중요한 문제로 인식되기 시작했고 드디어 영국의 철학자 흄(D. Hume)에 이르러서는 사실판단과 가치판단의 차이와 상호간의 논리적 관계에 대한 새로운 이해의 지평이 열리기 시작했다. 그는 그의 아주 유명한 저술인 *Treatise*(III. i)에서 가치판단과 사실판단 간의 관계에 대한 견해를 밝혔는데, 그의 견해는 영국의 윤리학자인 허드슨(W. D. Hudson)이 편집한 『존재와 당위의 문제(*The Is-Ought Question*)』에서 잘 정리되어 있는 바와 같이 여러 학자에 따라 다르게 해석될 수 있지만 가장 지지를 많이 받고 있는 해석은 "사실판단은 가치판단을 함의하지(entail) 않는다."는 것이다. 필자가 아는 한 예외가 있기는 하지만 대부분의 사람들이 이러한 해석에 동조한다. 많은 학자들 중에서 헤어는 흄이 가치판단이 사실판단으로부터 논리적으로 연역될 수 없다는 것을 주장한다고 생각했으며 그리고 그는 이러한 법칙을 흄의 법칙이라고 명명했다.

흄과 같이 영국의 철학자인 무어는 분석철학의 시조 중 한 사람이라고 인정받는다. 그는 1903년에 발행된 저서『윤리학 원리(*Principia Ethica*)』에서 자연주의적 오류(the naturalistic fallacy)를 범하는 학자들이 많다는 것을 주장했는데, 이 오류는 현대 분석윤리학에서 기술주의적 오류(the descriptive fallacy) 및 정의주의적 오류(the definist fallacy)와 더불어 많이 논의되고 있는 것이다. 자연주의적 오류는 느슨하게 말하면, 예를 들어 'good'과 같은 가치언어는 아주 단순해서 정의를 할 수 없는데 옛날의 윤리학자들은 이를 '쾌락' 등과 같은 자연언어로 정의하거나 아니면 초자연적인 형이상학적 언어로 정의하려고 했기 때문에 생긴 것이라고 무어는 주장했다.

이상에서 아주 간단히 흄과 무어의 학설이나 주장을 설명했다. 그런데 오늘날 문제가 되는 것은 흄의 주장에 관한 올바른 해석이 어떤 것인가를 밝히는 일이 포함되기는 하지만, 그것보다는 『윤리학 원리』에서 무어가 주장한 자연주의적 오류를 어떻게 해석해야 하며, 그리고 흄의 법칙과의 관계를 어떻게 보아야 하는가이다.

현대 메타윤리학자들 가운데는, 예외가 있기는 하지만, 무어가 취한 입장은 흄과 같은 것이라고 주장하는 사람이 많았다. 머독(Irish Murdoch)은, 무어의 자연주의적 오류는 현대 도덕철학의 가장 중요한 논의라고 할 수 있는데 이는 존재로부터 당위를 이끌어내려는 것이 오류이며 그리고 자연주의적 오류는 근본적으로 흄의 법칙과 같은 것이라고 주장했다. 그리고 서얼(J. Searle)은 이렇게 말했다.[2]

> 어떤 기술적인 진술의 집합도 적어도 하나의 평가적 진술을 전제에 포함시키지 않는 한 평가적인 진술(evaluative statement)을 함의할 수 없다. 이와 다른 믿음을 갖는 것은 소위 자연주의적 오류를 범하는 것이다.

우리는 머독과 서얼이 흄의 법칙과 무어의 자연주의적 오류를 동

---

[2] John Searle, "How to Derive 'Ought' from 'Is'", *Philosophical Review*, lxxiii, 1964, p.43.

일시하고 있다는 것을 쉽게 알 수 있다. 이 두 사람 이외에도 같은 견해를 가지고 있는 사람들이 많다.

그러나 흄의 법칙과 무어의 자연주의적 오류는 다른 것이라고 주장하는 학자들도 많다. 대표적인 예를 우리는 프랑케나에서 찾을 수 있다. 앞에서 필자는 허드슨이 정리한 것에 따라 존재와 당위의 관계에 대한 흄의 주장은 서로 다른 해석을 할 수 있다고 했는데, 마찬가지로 프랑케나는 무어가 말하는 자연주의적 오류에 대해서도 세 가지의 다른 해석이 가능하다는 것을 주장할 뿐만 아니라, 서얼이나 머독 등과 같은 학자들의 주장과 완전히 상반되게 흄의 법칙과 무어의 자연주의적 오류는 서로 다른 것이라고 주장하고 있다.3) 그리고 프랑케나뿐만 아니라 화이트(A. R. White) 등의 철학자들도 흄의 법칙은 존재와 당위의 관계를 논하는 것이지만 이와 달리 무어의 자연주의적 오류는 존재와 당위의 관계에 관한 것이 아니라고 주장한다. 여기서 우리는 두 부류의 상반된 주장을 하는 철학자들 가운데 어느 쪽의 주장이 옳은가를 따지는 것이 중요한 철학적 작업 중의 하나라는 것을 알아둘 필요가 있다.

필자는 메타윤리학 또는 분석윤리학을 주로 연구한 철학자로서 메타윤리학의 영역 내에서 중요하게 다루어야 할 문제가 많지만 흄의 법칙과 무어의 자연주의적 오류는 그 중에서도 가장 중요한 것들이라고 생각한다. 그런데 우송은 이러한 문제에 대해 별다른 신경을 쓰지 않는 것 같다는 것이 필자의 생각이기에 아쉬운 마음이 생긴다.

둘째, 스티븐슨의 윤리설과 관련하여 말하고자 한다. 메타윤리학을 전공한 사람이라면 누구라도 다 동의하겠지만, 우송 선생의 이 분야에 대한 업적은 이미 밝힌 대로 지대하다. 그런데 개인적인 판단으로

---

3) W. K. Frankena, "The Naturalistic Fallacy", *Mind*, No. 48, 1939, p.467.

는 그가 스티븐슨을 다룰 때 보여준 학문적 업적은 그가 다른 학자들을 다룰 때 보여준 업적보다 훨씬 더 뛰어나다는 것이 필자의 생각이다.

스티븐슨은 메타윤리학을 연구한 학자 중에서도 방법론적으로 도덕언어를 주로 분석한 학자이기에 필자는 그를 헤어와 함께 분석윤리학자로 분류한다. 여하간 스티븐슨은 도덕언어에 대한 분석을 통해 도덕언어는 단지 감정만을 표시하는 정의적 의미(emotive meaning)만을 가진 것이 아니라 기술적 의미(descriptive meaning)도 가진다는 것을 밝혀냄으로써 도덕언어에 대한 우리들의 이해의 지평을 넓혔다. 또한 도덕적 논의는 사실의 대립만을 단지 포함하는 것이 아니라 태도의 대립도 포함한다는 것을 밝혔고, 도덕적 정의는 설득적 정의(persuasive definition)의 특징을 가지고 있다는 등의 여러 중요한 이론을 통해 큰 학문적 업적을 남겼다. 필자는 스티븐슨의 이론에 대한 우송의 글을 읽을 때마다 그의 탁월한 학문적 이해에 감탄한다. 그러나 단 한 가지 예외는 있다는 것을 여기서 밝히고자 한다.

필자는 박사학위 논문에서 밝힌 대로 1970년대의 세계윤리학자대회에서 스티븐슨을 만났고 오랜 시간 동안 순수한 윤리학의 문제에 관한 대화를 나눌 수 있었다. 그 대화에서 그는 자신의 중요한 저서나 논문을 쓸 때 옥스퍼드 대학 일상언어학파에 속했던 오스틴(J. L. Austin)이 화행이론(speech acts-theory)에서 발화수반행위(illocutionary act)와 발화효과행위(perlocutionary act)의 차이점을 상세히 밝힌 것을 전혀 모르는 상태에 있었기 때문에, 도덕언어의 의미(특히 정의적 의미)를 밝힐 때 도덕언어의 'speech act' 중에서 'illocutionary act'에서 주된 의미를 찾지 못하고 그 대신 'perlocutionary act'에서 의미를 찾으려고 한 데서 문제가 생겼다는 점을 시인했다. 이러한 점과 관련하여 상세한 설명 또는 논의가 필요하지만 여기서는 이를 생략하기로 하고, 다만 필자는 언어철학자 앨스턴(William P. Alston)이 그의 저서인 『언어철학(*Philosophy of Language*)』에서 주장한 대로 도덕언어의 의미를 밝히는 데 있어서 오스틴의 'illocutionary act'와 'perlocutionary act'의 차이점을 고려하는 것은 매우 중요하다고 생각한다. 필자는 우송이 스티븐슨을 다룰 때 이런 점을 간과하지 않았나 생각한다.

우송의 메타윤리설에 대해서 논할 것은 위에서 언급한 것 이외에도 많지만 지면의 사정 때문에 지금부터는 많은 메타윤리학자들 중에서 특히 헤어의 이론과 비교하여 설명하는 것이 좋을 것으로 생각되어 이에 따를 것이며, 기타는 따로 보충하는 방식을 취할 것이다.

헤어는 20세기 메타윤리학자들 중에서 최고봉에 도달한 사람이다. 그리고 우송도 필자의 판단으로는 틀림없이 최고봉에 도달한 사람 중의 한 사람이라고 분명히 말할 수 있다. 이제 두 사람이 어떻게 비교될 수 있는가를 차례로 아래와 같이 논하고자 한다.

첫째, 헤어는 『도덕의 언어(*The Language of Morals*)』에서 메타윤리학의 진수를 보여주었다고 할 수 있는데, 그는 이 저서에서 도덕이 무엇인가를 밝히는 방법으로, 어떤 관점의 개입 없이 중립적으로 도덕의 언어를 논리적으로 또는 개념적으로 잘 분석해서 그 특징을 밝히는 학문적 작업을 했다. 바로 이 점에서 그는 다른 윤리학자들과 의견의 대립을 나타내었다. 필자가 아는 한 우송은 때때로 도덕언어에 대한 분석을 하지만 이 길만이 도덕적 개념, 판단 그리고 추론의 특징을 잘 나타내는 유일한 또는 가장 좋은 방법이라고 생각한 것 같지는 않다. 바로 이런 점에서 그는 헤어와 의견을 달리했다고 할 수 있다. 그리고 다른 학자들도 헤어와 의견을 달리했는데, 예를 들면 푸트, 조지 워녹, 메리 워녹 등이 그들이다. 그리고 특히 우리가 잘 아는 롤즈도 도덕언어를 논리적으로 분석하는 것이 도덕이 무엇인가를 가장 잘 밝히는 방법이라는 헤어의 주장에 정면으로 반대한 것은 분명하다.

둘째, 현대 윤리학자들 가운데 여러 가지의 논쟁이 벌어졌는데 그 중의 하나가 윤리적 형식주의(ethical formalism)와 윤리적 내용주의 (ethical materialism) 사이의 논쟁이라고 할 수 있다. 윤리적 형식주의는 바로 위에서 언급한 헤어에 의해 대표된다. 그리고 윤리적 내용주의는 이와 달리 도덕에 특징적으로 나타나는 논리적 형식이 있는 것은 아니며 오히려 도덕에 포함되는 내용이 무엇인가를 밝히는 작업이 정말 중요하다고 반박한다. 푸트, 앤스컴, 메리 워녹, 머독, 조지 워녹 등으로 대변되는 내용주의자들은 대략 1950년대 후반부터 헤어와의 기나긴 논쟁을 벌였는데 이 논쟁은 약 25년간 지속되었다고 할 수 있다. 우송 선생은 필자가 아는 한 헤어와 푸트, 앤스컴 등과 같은 학자들에 대한 연구를 지속하면서도 방법론적으로 형식주의에 동조하는지 아니면 방법론적으로 내용주의에 더 동의하는지 자신의 입장을 분명히 밝히지 않았기 때문에, 그가 어느 방법론에 동조하는지 분명히 밝혀 말할 수가 없다. 내용주의의 방법을 택하는 학자들은 고전적 자연주의자들과 달리 흄의 법칙을 어기지 아니하며 그리고 무어가 경고한 자연주의적 오류도 범하지 않지만, 그래도 윤리적 자연주의의 입장을 새로운 각도에서 추구하기 때문에 이러한 방법이나 입장을 가볍게 볼 수 있는 것은 결코 아니다.

셋째, 우송은 헤어, 스티븐슨 등 메타윤리학 또는 분석윤리학을 연구하는 학자들과 마찬가지로 어떤 경우에도 흄의 법칙을 어기거나 또는 무어의 자연주의적 오류를 범하지 않으려고 한다. 이런 점에서 그는 단지 규범윤리학만을 한 사람들과는 결정적으로 다른 점을 보여준다고 할 수 있다. 그러나 우송은 헤어처럼 도덕언어를 분석하는 일이 가장 효과적으로 메타윤리학을 하는 방법이라고 믿지 않기 때문에 그의 방법은 아주 융통성이 있다고 말할 수 있을 것이다.

넷째, 메타윤리학자 내지 분석윤리학자로서 우송은 곳곳에서 도덕언어의 의미를 중요시하고 있다. 이런 점에서 필자는 그의 접근 방법에 동조한다. 그러나 앞에서 스티븐슨의 도덕언어에 대한 우송의 비판을 필자가 비판하는 과정에서 아주 간단히 지적한 것처럼, 스티븐슨에 대한 우송의 평가 또는 설명은, 아주 뛰어난 것임에 의문의 여지가 거의 없지만, 미완성 또는 미비의 상태에 머물렀다고 할 수 있다. 스티븐슨의 도덕언어의 의미에 대한 분석은 스티븐슨 자신이 필자에게 시인한 것처럼 오스틴의 화행 중에서 'illocutionary act'와 'perlocutionary act'를 제대로 구별하지 못하고 특히 정의적 의미를 앨스턴이 지적한 대로 'perlocutionary act'에서만 찾으려 했기 때문이라는 것을 우송이 밝혔으면 학문적 완성도가 훨씬 더 높았을 것이다. 그리고 헤어의 경우와 관련해서는 스티븐슨과 완전히 달리 그가 오스틴의 제자 중 한 사람이며 오스틴의 화행이론을 잘 아는 상태에서 도덕언어의 의미를 찾는 데 적극적으로 활용했다는 점을 여러 곳에서 분명히 밝히고 있는데, 우송 선생은 시대적 한계에 의해서인지 스티븐슨과 헤어의 도덕의 의미론을 설명하는 데 한계를 보인다고 할 수 있을 것이다. (여기에 대한 상세한 설명이나 논의는 지면 관계로 생략한다.)

다섯째, 도덕적 실재론(moral realism)은 도덕적으로 실재하는 것이 있으며 따라서 옳고 그리고 진리가 되는 것이 있다고 주장한다. 세상에는 도덕적 실재론이나 도덕적 진리가 확실히 또 절대적으로 존재한다는 것을 믿는 사람들이 꽤 많다. 그들은 확신에 빠져 있다. 그러나 이를 전혀 받아들이지 않는 사람도 많다. 도덕적 비실재론자, 회의주의자, 그리고 도덕적 비인식주의자들은 정반대되는 생각이나 믿음을 가지고 있다. 앞에서 간단히 언급한 대로 논리적 실증주의자들이었던 카르납, 에이어 등은 대표적인 도덕적 비인식주의자였다. 그리고 엄밀히 말하면 헤어도 비인식주의자라고 할 수 있다. 우송도 엄격한 의미의 비인식주의의 의미에 관한 정의를 택한다면 비인식주의자로 분류될 수 있을 것이다. 그러나 필자가 아는 한 우송과 헤어는 절대적인 도덕적 비인식주의자라고 분류하기보다는 도덕적 합리주의자라고 부르는 것이 옳다고 생각된다. 헤어는 객관성과 합리성을 논리적으로 분석하면서 자신은 객관주의자는 아니지만 합리주의자임을 분명히 밝히고 있다. 우송에 대해서도 여러 가지 논문과 저서를 총체적으로 분석하면 헤어와는 약간 다른 의미에서 또한 합리주의자라고 할 수 있다고 생각된다.4) 앞으로 우송의 합리주의에 대한 정체를 분명히 밝히는 작업이 필요할 것이다.

여섯째, 헤어는 도덕적 판단 그리고 특히 도덕적 정당화나 추론의 과정에서 어떤 원리를 택하는 것은 선택이나 결단에 달려 있다는 것을 그의 초기 저서 『도덕의 언어』에서 밝혔다. 그러나 『자유와 이성』 그리고 특히 1971년에 발간된 저서인 『도덕적 사고』를 보면, 도덕적 사고나 추론이 얼마나 사실과 논리에 의존해야 하는가를 밝히고 있다. 자세히 말해 도덕적 사고도 2단계로 나누어지며 1단계의 사고가 직관적인 데 비해 2단계의 도덕적 사고는 직관에서 벗어나 엄밀한 논리와 사실에 기초해야 하기 때문에 도덕적 판단자가 임의로 선택하고 결정하는 것이 아님을 보여준다. 필자는 헤어가 이런 철학적 작업에서 완전히 성공했다고는 생각하지 않는다. 그러나 새로운 가능성을 찾는다는 점에서 고무적이라고 판단한다. 우송도 초기와 달리 여

---

4) 헤어는 자기의 여러 저서에서 합리주의의 어떤 의미에서 합리주의자인가를 밝힌다. 그리고 『도덕적 사고』라는 저서의 말미에서 그는 분석철학을 이용하면서 객관주의와 합리주의의 차이점을 밝힌다.

러 가지 작업을 통해 도덕적 추론의 더 높은 단계로의 길을 찾았던 것으로 보이는데, 바로 이 점에서도 우송의 사상에 대한 새로운 연구가 필요하다고 생각된다.

3. 우송의 규범윤리

분석철학의 시작을 프레게로부터 왔다고 주장하는 철학자가 있는데 그가 바로 더밋(M. Dummett)이다. 그러나 이와 달리 분석철학의 시작은 무어와 러셀의 철학에 두어야 한다고 주장하는 학자들도 많다. 여하간 1920년대 중반부터 분석철학은 하나의 큰 변혁을 경험하는데 우리는 그것을 논리적 실증주의(logical positivism)라고 부른다. 논리적 실증주의는 필자의 입장에서 볼 때 아주 과격한 사상이었고 큰 평지풍파를 가져왔다. 논리적 실증주의가 끼친 영향은 아주 많은데 그 가운데 필자가 여기서 언급하고자 하는 것은, 이 철학적 사조 또는 학파가 전통적으로 가장 중요시되던 형이상학적 주장이나 발언들이 무의미하기 때문에 학문의 범주에 넣을 수 없는 것으로 아주 비하했을 뿐만 아니라, 전통적으로 중요시되던 윤리학과 미학도 역시 깊이 분석하면 무의미한 것이라고 비하한 것이다. 여하간 형이상학 및 미학과 함께 윤리학을 강등 또는 비하시킨 그들의 주장은 규범윤리학에 대한 총체적인 반성을 가져왔고, 그 결과 나타난 것이 윤리학에 대한 비인식주의라 할 수 있을 것이다. 앞에서 언급한 대로 메타윤리학의 시작은 그 계기를 이런 데에서 찾을 수 있을 것이며, 이러한 조류는 꽤 오랫동안 지속되었다.

그러나 세월이 흐르면서 앞에서 필자가 언급한 대로 스티븐슨과 헤어는 에이어나 카르납과 같은 철학자들과 달리 윤리학에도 사실과 논리를 강조하는 측면이 있다는 것을 강조하기 시작했고 세월이 더 지나면서 한동안 무시되고 비하되었던 전통적인 규범윤리학을 재생시키려는 노력이 활발하게 전개되었는데, 그 중 하나를 헤어에서 찾을 수 있다.

헤어는 위에서 밝힌 대로 그의 출발점을 규범윤리학에 두지 않고 메타윤리학에 두었다. 그러나 세월이 지나면서 메타윤리학에서 규범윤리학으로 넘어가는 작업을 했는데, 우리는 그것을 그의 메타윤리설인 보편주의적 처방주의(universal prescriptivism)로부터 규범윤리설의 하나인 공리주의가 연역될 수 있다는 과감한 주장에서 발견할 수 있다. 그는 1960년대부터 여러 편의 논문과 저서를 통해 메타윤리설로부터 규범윤리학이 가능하다는 주장을 하기 시작했고 그 절정을 그의 저서 『도덕적 사고』에서 발견할 수 있다. 그러나 헤어의 제자이며 오늘날 세계적으로 널리 알려진 공리주의 윤리학자인 피터 싱어(Peter Singer)와, 역시 공리주의를 지지하며 헤어와 학문적으로 밀접한 연관을 갖고 있는 필자도 보편적 처방주의로부터 공리주의가 연역적으로 도출될 수 있다는 주장에 대해서는 분명히 반대하는 입장을 취한다. 그리고 다른 많은 학자들도 헤어의 이러한 주장에는 반대하는 것같이 보인다. 이러한 반대 주장이 많은데도 불구하고 그는 자신의 입장을 바꾸지 않고 끝까지 계속하다가 죽었다.

그리고 헤어는 아주 특이하게 윤리학에서 그의 정설로 받아들여지는 목적론적 윤리설과 법칙론적 윤리설의 이분법적인 분류에 대한 반대 입장을 분명히 하면서 자신이 강조하는 공리주의는 고전적인 공리주의 윤리설과 달리 자연주의적 오류를 범하지 않으며 또 무엇보다도 중요하게 칸트의 보편성을 강조하는 의무론적 윤리설과 전통적 공리주의자인 벤담의 목적론적 윤리설을 종합한 것임을 강조하면서, 지난 수십 년 동안의 공리주의에 대한 비판은 잘못된 것이며 공리주의는 정당화될 수 있다는 점을 역시 『도덕적 사고』 및 다른 여러 논문에서 누누이 강조했다 그리고 그는 구체적으로 자신의 방법을 이용하면서 「평화」, 「케츠에게 고함」 등을 위시한 규범윤리학과 관련된 논문들을 썼다.

지난 세월 동안 헤어뿐만 아니라 많은 윤리학자들이 규범윤리학의 가능성을 여러모로 강조했는데 우리가 잘 아는 롤즈는 대표적인 한 사람임에 틀림없다. 그의 저서 『정의론』은 오늘날 규범윤리학의 한 새로운 전형이 되었다. 그런데 필자가 볼 때 새로운 규범윤리학의 이론들 중에서 가장 현저한 것은 응용윤리학의 이론에서 찾을 수 있는데, 의료윤리학 또는 생명윤리학, 환경윤리학, 과학과 기술에 대한 윤리학 등의 새로운 윤리설 등은 규범윤리학의 성공적인 부활을 가장 잘 보여주었다고 생각한다. 이 외에도 언급하고 강조할 것들이 더 있지만 이 정도로 끝내고자 한다.

이제 마지막 단계에서 우송의 규범윤리학 내지 규범윤리설을 간단히 정리하고 평가하고자 한다. 우송이 법학 공부를 해서 고시에 합격하고 권세를 누릴 수 있는 충분한 자질과 여건을 갖추었음에도 불구하고 마음을 바꿔 철학을 공부하고, 그리고 철학 중에서도 특히 윤리학에 뜻을 둔 것은 그가 살았던 시대와 민족과 사회에 대한 개혁 의지와 특수한 사명감 때문이라고 해야 옳을 것이다. 그런데 한 가지 특별히 주목해야 할 것은 개혁 의지와 특수한 사명감을 실천에 옮기는 데 있어서 그는 다른 사람들과 달랐다는 점이다. 그는 실천과 이론을 다 함께 겸비하는 것이 매우 중요하다고 생각했다. 그래서 그는 학문을 했고 그리고 단지 이론적으로 학문만 하고 실천은 하지 않은 사람으로 남지 않으려고 부단히 노력했다. 우송은 윤리학을 하는 데 있어서 자질과 능력을 갖추었음은 물론 운까지도 따랐다. 그는 1950

년대 중반에 미국에 유학할 수 있는 기회를 잡았다. 당시로서는 미국에 경제적 지원을 받고서 공부하러 간다는 것은 정말 어려웠지만 그는 유학을 갔고, 하고 싶은 공부를 했고, 훗날 그로 하여금 규범윤리학과 메타윤리학을 동시에 할 수 있게 한 기초를 완전히 닦았다. 바로 이러한 배경과 경험 때문에 그는 대부분의 윤리학도들이 공부를 마친 후 단지 모럴리스트가 되어 버린 것과 달리 체계를 갖춘 이론가이면서 실천가가 될 수 있었다고 해도 과히 틀린 말은 아닐 것이다.

규범윤리와 관련된 우송의 저서는 많다. 그 중에서 몇 가지만 소개하면 『윤리학』, 『한국 대학생의 가치관』, 『새 인간상의 정초』, 『한국 윤리의 재정립』, 『변혁 시대의 사회철학』 등을 들 수 있다.

규범윤리설과 관련된 우송의 관심의 범위는 매우 넓다고 하는 것이 당연할 것이다. 단지 전통적인 규범윤리설에 좁게 한정되어 있지 않고 심리학, 사회학, 사회철학, 정치철학, 가치관 등의 분야로 확장되어 있다. 따라서 우송의 규범윤리의 사상을 연구하기 위해서는 많은 노력이 필요하다. 그래서 필자는 앞에서도 간단히 언급한 바 있지만 우송에 관한 연구가 심화되어야 하고 박사학위 논문도 더 많이 나와야 한다고 생각한다. 필자는 우송과 마찬가지로 메타윤리학으로 박사학위를 받았다. 그러나 우송의 규범윤리설에 대해서는 깊은 관심을 가질 여유가 없었기 때문에 이 자리에서 그의 규범윤리적인 사상을 충분하게 다루기에는 역부족을 느낀다.

그러나 윤리학도로서 우송의 규범윤리설을 요약해서 정리한다면 다음 두 가지를 말할 수 있다고 생각한다.

(1) 가능한 한 최대한의 가치가 실현될 수 있도록 노력해야 한다.
(2) 사람들이 가지고 있는 욕구를 최대한 충족되도록 최선을 다해야 하지만, 그러나 모든 사람들의 욕구가 공정하게 충족되도록 도모

해야 한다.

위의 두 가지를 우송이 제시하는 규범 도덕률의 근본원리라고 불러도 좋을 것이다. 여하간 (1)과 관련하여 다음과 같은 말을 하는 것이 필요할 것으로 생각된다. 필자가 아는 한 우송은 명시적인 공리주의자는 아니었다. 그리고 고전적 공리주의에 대해서는 상당히 비판적이었다. 그러나 (1)은 동기주의라고 하기보다는 결과주의(consequentialism)라고 부르는 것이 타당할 것이며, 그리고 공리주의를 옹호하는 원리라고 해도 무리가 전혀 없을 것이다. 필자는 우송과 도덕문제에 관한 대화를 할 때 자주 일상생활에서 필요한 도덕의 규칙이나 도덕원리는 법칙론적이기보다는 목적론적일 필요가 현저하게 많다는 것을 강조했는데, 그때마다 그는 필자의 주장에 동의했다. 아무튼 (1)에 관한 필자의 주장이 틀리지 않다면 우송은 적어도 부분적으로 공리주의의 규범적 원리를 택하고 있었다고 말할 수 있다.

다음으로 (2)와 관련하여 논의를 전개해 보자. (2)는 정의의 원리 또는 공정성의 원리를 강조하는 것이라고 분명히 말할 수 있을 것이다. 이런 점에서 그는 의무론적 윤리설 또는 법칙론적 윤리설도 함께 강조하고 있음이 분명해진다. 따라서 우리는 우송의 도덕적 입장이 목적론적 윤리설과 법칙론적 윤리설을 종합하고 있다고 할 수 있을 것이며, 또 그래서 그의 입장을 절충적인 목적론적 윤리설이라고 할 수도 있고, 아니면 절충적인 의무론적 윤리설이라고 해도 무방할 것이다. 필자의 이해가 틀리지 않는다면 헤어와 우송의 규범적인 윤리설 사이에는 세부적으로 다른 점이 있음에도 불구하고 크게 보면 비슷하다고 평가할 수 있을 것으로 생각된다. 왜냐하면 위에서 보았듯이 헤어는 칸트와 벤담의 이질적인 윤리설이 완전히 모순되는 것이 아니라 오히려 종합 가능하다고 주장했는데, 이제 우리는 우송에게서 같은 맥락의 주장을 발견할 수 있기 때문이다. 바로 이런 점을 두고 필자는 우송을 헤어와 비교하면서 더 깊이 연구하는 철학적 작업이 앞으로 수행되는 것이 바람직하다고 생각한다. 그리고 필자는 이제까지 한국의 윤리학자들이 공리주의를 일방적으로 비판한 것을 반성할 필요가 있다는 점을 강조하는 바이다.

이제 끝으로 한 가지만 더 언급하고자 한다. 우송의 후기 사상은 우리가 보통 생각했던 것보다 훨씬 더 방대하고 깊다. 그리고 그는 때로는 시대정신까지도 언급하기 때문에 간혹 변증법적인 방법을 취하고 있지 않나 하는 생각을 갖게 한다. 심리학, 사회학, 정치철학, 사회철학까지도 다 동원하여 아주 종합적이면서도, 동시에 예리한 분석적 방법도 필요한 경우엔 다 동원하기 때문이다. 이제 그가 떠난 후 후학들이 그의 사상을 잘 정리하고 분석해야 할 뿐만 아니라 계승해서 더욱 발전시킬 필요가 있다고 생각한다.

자아실현의 윤리학

엄정식

서강대 명예교수

1. 머리말

김태길 교수는 현대 한국 철학계를 대표하는 걸출한 철학자 중 한 사람이다. 특히 그는 윤리학계의 태두로서 격동기를 겪고 있는 민족 현실에서 중용의 입장을 견지하며 인간의 본성에 대한 심리학적 근거로 자신의 윤리관을 정립해 왔다. 그는 아리스토텔레스적 전통에 따라 무엇보다 이성의 중요성을 강조해 왔다. 그러나 그 원리를 도출함에 있어서 아리스토텔레스 및 스피노자적 형이상학이나 칸트적 선험성에 의존하기보다는 오히려 흄을 비롯한 경험론적 경향을 보이고 공리주의적 취향을 나타내는 편이었다. 이러한 입장을 취하면서 그는 자신의 윤리학을 정립하고 두 가지 근본원리를 도출하는데, 첫째는 "가능한 범위 안에서 최대의 가치가 실현되어야 한다."는 원리이고 둘째는 "욕구의 충족이 극대화되도록 최선을 다하라. 모든 사람의 욕구가 공정하게 충족되도록 꾀해야 한다."는 원리이다. 황경식 교수가 지적하듯이, 제1원리를 공리의 원리 혹은 선행의 원리라고 한다면 제

2의 원리는 공정의 원리 혹은 정의의 원리라고 할 수 있으며, 이 두 원리로 이루어진 그의 입장을 '절충적 의무론(mixed deontology)'이라고 규정할 수도 있을 것이다. 이러한 관점에서 볼 때 그의 입장을 롤즈(John Rawls)의 사회정의론과 비교해서 검토해 볼 수도 있을 것이다.[1]

한편 김태길 교수는 이론의 정립 못지않게 윤리운동의 실천가로서도 많은 노력을 쏟아왔다. 그는 윤리학이 구체적 현실과 유기적인 관계를 통해서 성립되는 것이므로 이 현실적인 문제에 대하여 공허한 이론체계에 머물러서는 안 된다는 점을 강조하였다. 우리가 격동기를 살아가는 동안 구체적으로 어떻게 행동해야 하는가를 밝혀주지 못한다면 윤리학은 추상적 이론에 불과할 것이라는 것을 그는 염려하였다. 이것이 그가 공자를 비롯한 전통적인 유학 사상에 관심을 기울이고 이론과 실천을 병행했던 듀이(John Dewey)를 많이 언급했던 이유였을 것이다.

김태길 교수는 이론이 현실과 접목되게 하기 위하여 현실적인 사회에 존재하는 구체적인 '나'에서 출발하였다. 그는 무엇보다 소크라테스적인 자기 인식을 강조하였다. 자기가 누구인지 알고 그 나로서 먼저 우뚝 설 것을 환기시켰다. 그러나 확실한 자기 인식에 이르면 이를수록 나는 단순한 생물학적 욕구의 주체가 아님을 실감하게 된

---

[1] 황경식, 「김태길 선생님의 생애와 사상」, 『철학과 현실』 79호(2008년 겨울), pp.255-256. 그는 또한 김 교수의 윤리관을 다음과 같이 전해 준다. "이성을 기본 원리로 삼고 기존의 윤리체계를 비판하는 동시에 같은 원리에 의존하여 앞으로 더욱 타당한 윤리체계를 정립해야 하며" 또한 "윤리란 바로 사회생활의 필요에 따라서 필연적으로 생긴 사회규범의 일종이며 이 같은 역사적 산물로서의 윤리를 '삶의 지혜'로 이해하고자 한다. 또한 윤리를 역사의 과정에서 경험적으로 형성되는 삶의 지혜로 보는 것은 윤리의 근거를 인간성 안에서 찾으려는 입장으로 설명하신다."

다. 이와 같이 나의 가족과 사회, 나의 국가와 민족, 그리고 인류 전체로 확장해 나갈 때 점점 더 확대되는 '자아의 실현'을 그는 윤리학의 핵심 과제로 여겼다. 여기서 그는 스피노자의 '자아보존'의 개념에 깊은 영향을 받았으나 그것을 형이상학적인 신 혹은 자연에까지 확장시키는 시도에는 거부반응을 보였다.

자아실현의 방법과 그 과정에서 김태길 교수는 아리스토텔레스와 듀이를 연상시키는 윤리적 자연주의의 면모를 많이 나타낸다. 인간의 본성을 이성적인 측면에서 찾으며 심리학적 사실에서 윤리학적 기초를 찾으려는 점에서 특히 그렇다. 또한 형이상학적 전제를 거부하고 인간의 보편적인 경험의 내용에 호소하며 인식론적 선험성이나 존재론적 초월성 같은 것을 도입하지 않는다는 점에서 자연주의적일 뿐만 아니라 휴머니즘의 색채도 농후하다. 그는 아리스토텔레스처럼 실천적 이성에 호소하여 절제와 공정 같은 중용의 덕을 강조하고, 듀이처럼 구체적인 사회에서 이루어지는 지성적인 선택으로서의 도덕적 행위를 부각시킨다. 이러한 입장을 우리는 넓은 의미로 '자아실현(self-realization)의 윤리학'이라고 할 수도 있을 것이다. 자아를 인식하고 그것을 보존하며 사회적 맥락에서 공동체적 자아의 실현을 통해 삶의 목표를 추구하는 형태의 윤리학이기 때문이다. 이제 이러한 점을 좀 더 구체적으로 살펴봄으로써 김태길 교수의 윤리학적 행적을 어느 정도 가늠해 보기로 한다.

2. 자아 인식과 자아보존

윤리학은 잘 알려져 있는 바와 같이 사회적 동물로서 인간이 추구하는 가치 혹은 규범의 학문이다. 그것은 물리학처럼 지적인 차원에서 이론적 체계화를 목적으로 하고 있지만 인간을 대상으로 하고 있다는 점이 다르며, 심리학처럼 인간의 사고와 행위를 취급하고 있지만 단순히 현상 그대로 서술하는 것이 아니라 그것이 어떠해야 한다는 '당위'를 규정한다는 점에서 매우 특이한 학문이다. 이처럼 철학의 한 분과로서의 윤리학은 규범을 제시하고 당위를 규정하지만 합리적 차원에서 이해될 수 있는 보편적 체계이지 않으면 안 된다.

윤리학은 그 특성상 철학의 다른 분야보다 시대적 배경이나 역사적 상황, 그리고 철학자의 개인적 기질에 영향을 많이 받는 편이다. 이것은 결국 인간을 무엇이라고 규정하는지에 따라 달라지는 셈인데, 인간의 본성은 이러한 특성 때문에 강조하는 점이 다르게 나타나기 때문이다. 이러한 근거로 우리는 윤리학의 여러 유형을 고려할 수 있다. 첫째로 인간의 존재론적 위상에 따라 형이상학적 윤리관과 자연주의적 윤리관, 둘째로 삶의 목표와 동기의 비중에 따라 목적론적 윤리관과 법칙론적 윤리관, 셋째로 가치와 규범의 기준 설정과 관련하여 상대주의적 윤리관과 객관주의적 윤리관 등으로 나눌 수 있다. 물론 이러한 구분은 절대적인 것이 아니며 서로 배타적인 것도 아니다. 그러나 어떤 철학자의 윤리관을 이해하기 위하여 어느 정도 필요한 장치임에는 틀림없다. 이제 김태길 교수의 입장을 간단히 살펴보자.

오늘날 보편적인 추세이기는 하지만 김태길 교수의 경우에도 인간은 자연의 일부로서 생물의 일종이라는 사실을 확인하는 것이 중요하다. 인간이 생물의 일종인 까닭에 '나'를 보호하고자 하는 본능적 욕망을 가지고 있다. 따라서 자기 자신을 위해 사는 것은 오히려 당연한 일이다. 그러나 이성적 존재인 인간의 경우에 '나'라는 것이 도대체 무엇인가를 깊이 생각할 필요는 있다. 우리는 흔히 내 머리끝에서 발끝까지를 '나'라고 생각하지만 그렇지 않다는 것이 곧 드러난다. 가령 예술가들은 자기의 작품도 그 자신의 일부가 된다고 믿고 있다. 또한 떳떳하지 못한 과거를 가진 사람은 그것을 숨기는 경향이 있고,

화려한 과거를 가진 사람은 그것을 자랑하는 경향이 있는데, 이는 '과거의 이력도 그 사람의 일부임'을 의미한다. 그 밖에도 자녀의 성공을 기뻐할 때 그들은 부모의 '나' 안에 포함되며 끝내 나는 내의도 '나'의 일부이다. 그런 의미로 김태길 교수에 의하면 " '나'의 범위를 결정하는 것은 육체가 아니라 의식"이다. 그는 이렇게 설명한다.

'나'로서 의식되는 것이 '나'의 범위를 결정한다. 그런 의미에서 '나'의 범위는 의식의 흐름에 따라서 나선형 모양으로 늘었다 줄었다 한다.2)

가령 어린 형제가 과자봉지를 놓고 싸운다면 '나'는 작아지고, 한편이 되어 농구경기를 한다면 '우리'를 형성하여 '나'는 확대된다.3)

윤리적으로 중요한 것은 비록 '나'가 의식의 체계이며 심리 상태의 변화에 따라 그 범위가 달라질 수 있다고 해도, "평상시에 자아의 범위가 넓은 사람도 있고, 반대로 그것이 좁은 사람도 있기" 때문이다. 가족이나 친지 혹은 민족이나 인류 전체를 자기 자신이라고 믿는 '대아(大我)'의 인간이 있는가 하면 자기 자신의 이익만을 생각하는 '소아(小我)'의 부류도 있고 바로 이 부류의 인간들이 " '부도덕하다'는 비난의 지탄을 받는다"는 공통점을 지니고 있는 것이다. 그는 이렇게 설명한다.

---

2) 김태길, 『한국 윤리의 재정립』, 철학과현실사, 1995, pp.351-352. 이 책 1장에 김 교수의 윤리관이 개괄적으로 정리되어 있다.
3) 같은 책, p.352. 그는 또한 이렇게 말한다. "진실로 위대한 사람들은 모두 그들의 '나'가 넓은 범위를 가졌다는 공통점을 가지고 있다. 굳이 역사적 인물까지 거론하지 않더라도, 우리 주변에서 훌륭한 인물이라고 존경받는 사람들은 대개 그들이 사랑하는 자아의 범위가 보통 사람들보다 월등하게 넓다."

그들은 평소에 좁은 범위의 자아 속에 갇혀서 그 소아의 이익을 추구하기에 골몰한 사람들이다. '큰 자아'를 외면하고 '작은 나'에게만 집착할 때, 우리는 부도덕한 자아의 진영에 가담한다.[4]

김 교수의 경우 이와 같이 어떤 종류의 자아를 갖는지의 여부는 윤리의 문제와 직결된다. 소아에서 대아로 확산되는 것이 당위이며 자아의 크기에 따라 우리가 얼마나 윤리적인 존재가 될 수 있는지 결정되기 때문이다.

일반적으로 우리는 자기 자신에 관해서 생각할 때 자기가 속해 있는 다양한 공동체와의 관계를 통해서 생각하게 된다. 사실 개인적 차원의 자아의식이 인간이 갖는 자아의식의 전부는 아니다. '우리'라는 복수 일인칭 대명사가 상징하듯이 인간에게는 '집단적 자아의식'도 있다. 그러나 우리가 집단적 자아의식을 가지고 있다는 것이 의식을 가진 인간 집단이 있어서 그 집단이 전체를 '자아'로서 인식한다는 뜻은 아니다. 김 교수에 의하면 의식을 가진 것은 개인뿐이며 의식의 기관인 신경계통을 가진 유기적 집단은 존재하지 않는다. "자기를 감싸고 있는 집단은 넓은 의미의 '나' 즉 '우리'로서 의식한다는 뜻에서 인간에게는 집단적 자아의식이 있다고 말할 수 있을 따름"이라는 것이다.[5] 다시 말해서 인간 개인에게는 '자아'라는 의식이 있는데 개인은 자기 한 사람만을 자아로 의식하기도 하고 자기가 속한 집단을 자아로 의식하기도 한다는 것이다. 그런데 이러한 의식의 확인은 단순히 객관적인 사실로 그치는 것이 아니라 그 두 개의 자아가 근접할 것을, 즉 인격체적 차원의 자아가 집단적 차원의 자아로 확대될 것을 요구한다. 그렇지 않으면 그것은 윤리적 관점에서는 아무 의미가 없

---

4) 같은 책, p.353.
5) 김태길, 『변혁 시대의 사회철학』, 철학과현실사, 1995, p.90.

기 때문이다.

김태길 교수는 바람직한 자아실현을 위해 적합한 심성이 갖추어야 할 조건의 하나가 "자아의 의식이 거시적 안목과 결합하는 일"이라고 지적한다. 우리는 누구나 무엇인가를 위해서 살기 마련이고 그 '위함'의 세계는 '나'를 중심점으로 해서 나선형으로 전개되는데, "이 '위함'의 대상에 해당하는 세계의 범위가 클수록, 그는 우리의 유토피아 실현을 위해서 바람직한 인품"이라는 것이다. 그는 이어 이렇게 말한다.

> 세상을 바라보는 안목이 거시적일수록, 그 안목이 자아의식과 결합할 때, 그 사람이 갖는 '위함'의 대상의 범위가 넓어지기 마련이다. 그러므로 "자아의식이 거시적 안목과 결합된 심성의 인품"이라는 말은 외연이 같은 개념을 지칭하는 말이 된다.6)

그러나 개인적 자의의식과 집단적 자아의식의 결합을 어떻게 설명할 것인가. 이러한 맥락에서 김 교수는 스피노자(Baruch de Spinoza)의 "모든 개체는 … 각각 자기의 존재를 지속하고자 힘쓴다."(『윤리학(Ethica)』의 제3부, 명제 6)라는 명제에 주목한다. 그러나 이것이 생물학적으로 해석되어 다윈의 진화론에 선구적 역할을 했다거나 뉴턴적 물리학에서 말하는 관성의 법칙에 가까운 것으로 해석해서는 안 된다고 말한다. 그것은 오히려 개념적 심리학의 한 형태로서 형이상학적 전제에서 도출된 마음의 현상에 대한 분석의 결과라고 본다. 물질과 마찬가지로 "마음도 역시 … 영원한 자기보존을 힘쓰며 또 그 노력을 의식한다."(명제 9)라는 명제로부터 '의지'라는 것이 생기고 몸과 마음의 결합으로서의 인간에게는 '욕망'이라는 것이 있으며

---

6) 같은 책, pp.263-264.

이러한 것은 결국 '자기보존'의 기본 경향이 자의식을 동반한 것에 지나지 않는다는 것이다. 그러므로 모든 의지와 욕구는 자기 자신의 보존을 궁극의 목표로 삼는다는 결론에 도달한다. 이와 같이 인간은 누구나 자아를 위하여 살기 마련이며, 따라서 자아의 본질을 유감없이 지켜나감이 가장 보람 있는 삶이라고 스피노자는 믿었던 것이다.[7]

그러나 여기서도 내가 개인적 차원에서 자기보존을 시도한다는 사실과 집단적 차원에서 좀 더 넓은 의미의 자기보존을 해야 한다는 당위가 서로 어떻게 연결되는지는 여전히 문제로 남아 있다. 그것은 자기보존을 위한 욕구와 의지가 어떻게 '대아'의 차원으로 확장될 수 있는지의 문제인 것이다. 물론 인간은 단순한 동물과 달리 자기 자신만을 위한 자기보존에 진력하지는 않지만 그것이 저절로 가족과 사회, 혹은 국가나 민족에까지 확장되기를 기대할 수는 없는 일이다. 여기서 필요한 것이 스피노자가 말하는 '지성' 혹은 '이성'의 역할이다.

스피노자의 경우 자아의 본질을 유감없이 지켜나가는 것이 자기보존이며 이것은 나의 행동이 나 밖의 것에 의해서 결정된다는 뜻이기도 하다. 그러므로 자기보존이 제대로 이루어졌을 때 '자유인'이 된다는 것을 의미하기도 한다. 우리가 힘의 팽창을 통해 능동적으로 행위하고 이러한 행위로 삶이 엮어진다면 그러한 삶을 살아가는 사람이야말로 자신의 일을 스스로 결정짓는 자유인이기 때문이다. 그런데 능동적인 자유인이 되기 위해서는 먼저 이른바 '타당한 관념(adequate ideas)'을 가져야 한다는 것이다. 그것은 지행합일설을 제시하는 소크라테스적인 의미로 진리를 인식하는 것으로서, 그러한 관념을 지닐 때 참된 인식에 도달하고 그러한 의미의 '지자'가 되었을 때 그는 곧

---

[7] 김태길, 『윤리학』(개정증보판), 박영사, 1998, p.45; 김태길, 『한국인의 가치관 연구』, 문음사, 1982, pp.440-441 참조.

자유인이 된다는 것이다.

'타당한 관념'을 통한 진리의 인식과 자유와의 관계는 직관지(scientia intuitiva), 즉 자연 전체를 하나의 통일된 체계로서 파악하는 종합적인 지식 개념을 도입할 때 더욱 분명해진다. 그러나 이것은 자연 전체의 통일적 파악이기 때문에 자연 혹은 신만의 자기 인식일 뿐이다. 그러므로 인간적 관점에서 보면 그것은 오직 접근을 위한 목표에 불과하다. 그리고 인간이 어느 정도까지 이 목표에 접근할 수 있느냐는 그가 어느 정도까지 자기와 신을 동일시할 수 있느냐, 즉 그가 자아의 외연을 어디까지 확대시킬 수 있느냐에 달려 있다.

스피노자에 따르면 이 우주에 있는 것은 오직 하나의 광막한 대자연의 체계뿐이다. 이것이 스스로 존재하는 유일한 실체이고 동시에 신이기도 하다. 그리고 그 밖에는 아무것도 없다. 이 자연의 체계는 처음도 없고 끝도 없이 무한하다. 그리고 그것은 막대한 생산력을 숨긴 생성의 원천이기도 하다. 그의 『윤리학』(제1부, 명제 1)에 의하면 이 원천으로부터 "무한한 현상이 무한한 방식으로 생겨난다." 그리고 이 무수한 사상들은 불변하는 인과의 법칙과 기존하는 현상들의 구조 및 상호 관계의 제약을 받고 불가피하게 생긴다. 거기에는 '우연'이라는 것이 끼일 틈이 없이 앞의 것을 따라 뒤의 것이 필연적으로 일어난다. "자연 안에는 우연이라는 것이 없다. 오직 모든 것이 숭엄한 자연의 필연성을 따라 일정한 양식으로 존재하고 또 변화하기 마련이다."

이러한 형이상학적 '진리'를 직관지로 파악하는 것이 진정한 의미의 자유인이 되는 것이고 지고의 행복에 도달하는 방법이며 '신의 지적 사랑(Dei amor intellectualis)'을 경험하는 통로이기도 하다. 그러나 김태길 교수는 그러한 이상을 향해 접근했던 스피노자를 추앙하고 그의 삶을 흠모하면서도 그 형이상학적 체계를 받아들이지는 않는다. 무엇보다 그는 '자기보존'의 욕구를 너무 광범위한 뜻으로 사용했기 때문에 현실적으로 실천하기 어려운 추상적 혹은 공허한 윤리학이 되었고, 따라서 그러한 입장이 현실화되었더라도 너무 '가냘픈 행복'밖에 보장할 수 없는 것이라고 지적한다.[8]

김 교수에 의하면 '자기보존'을 욕구의 전체로 본 까닭에 스피노자는 진리의 인식이 행복을 위하여 필요하고 충분한 조건이라는 결론에 도달했다고 지적한다. 그러나 자기보존의 욕구 이외에도 사람에게는 여러 가지 욕망이 있음을 지적하고 이렇게 말한다.

> 이 여러 가지 욕망을 조화 있게 충족시킬 경우에만 사람들은 완전히 행복할 수 있는 것이며, 오직 사물의 이치를 터득하는 것만으로 참된 행복을 누릴 수는 없다. 설령 스피노자의 이상인 '자유인'의 경지에 도달했을 경우에도 우리의 행복이 아주 완전할 것같이 생각되지 않는다. 그렇게 주어진 것도 오직 '체념'의 이름으로 받아들이는 너무나도 가냘픈 행복— 이를테면 소극적 행복이 아닐까.[9]

그럼에도 불구하고 그는 비형이상학적이고 제한된 의미의 이성 혹은 지성의 역할이 윤리학에서 매우 중요하다는 것을 간과하지는 않는다.

김태길 교수에 의하면 높은 수준의 윤리의식을 갖추기 위해서는 적어도 두 가지 심성을 갖추어야 한다. 첫 번째 심성은 넓은 의미의 '사랑'의 감정 또는 인정이다. 또 하나는 이성을 따르는 보편적 사고의 습성이다.[10] 여기서 사랑 혹은 인정이라는 심성은 본질적으로 자

---

[8] 김태길, 『윤리학』, p.58.
[9] 같은 책.
[10] 김태길, 「현대 한국의 윤리적 상황」, 김태길 외, 『현대사회와 철학』, 문학과지성사, 1981, p.251.

기보존을 위한 것이라는 특징을 지닌다. 그것은 이기적인 소아에 대한 사랑에서 출발하는 생물학적 본능에 기초하기 때문이다. 그러므로 만약 우리가 개체로서의 나뿐만 아니라 나의 가족이나 나의 민족을 사랑한다면 그것은 가족이나 민족으로 확대된 나 자신의 사랑을 의미한다. 그러나 이러한 '대아'에 대한 사랑은 반드시 이성을 따르는 보편적 사고의 습성을 필요로 한다. 비록 " '자애의 정'이 가족의 울타리를 넘어서서 먼 곳으로 파급될 수 있다고 하더라도 그 파급이 작은 나를 중심으로 삼는 동심원을 그리고 확대된다는 사실은 여전히 남아 있다."고 지적하고, 결국 "멀리 갈수록 그 사랑의 강도가 약화되어, 어느 지점에 이르면 흔적조차 없어지기 때문에 결국 우리에게는 다른 능력이 필요"한데, 그것을 김 교수는 '지성'이라고 주장한다. 그는 이렇게 말한다.

세계의 끝까지 멀리 도달할 수 있는 것은 자연의 정이 아니라 생각하는 능력, 즉 지성(知性)이다. 우리가 전 인류를 '우리'로서 의식하는 대아의 경지에 도달하기 위해서는, 나와 내 가까운 곳을 사랑하는 자연의 정과 세계의 끝까지 내다볼 수 있는 지성의 힘을 합쳐야 한다.11)

이것이 아마 아리스토텔레스를 비롯한 그리스 철학자들이 절제, 용기, 정의와 함께 지혜의 중요성을 강조했고 공자를 위시한 유가의 사상가들이 인의예지(仁義禮智)라는 덕목 전반에 걸쳐서 지성을 부각시킨 이유였을 것이다.12)

---

11) 김태길, 『공자 사상과 현대사회』, 철학과현실사, 1998, p.118.
12) 같은 책, p.67. 김 교수는 『논어』에서 안연(顔淵)이 공자에게 인(仁)에 관해 물었을 때 그 핵심이 '극기복례(克己復禮)'였음을 지적하고 그것을 이렇게 해석한다. '극기'라 함은 개인적 자아로서의 나(己)를 넘어선다는 뜻이며, '복례'라 함은 집단적 자아로서의 우리로 돌아간다는 뜻을 함축한다고 한다. "여기서 '극기'의 '기(己)'를 '개인적 자아'의 뜻으로 푸는 것은 '몸 기(己)' 자의 본래

그러나 잘 알려져 있는 바와 같이 아리스토텔레스의 경우 극단을 피하고 중용의 덕을 온전히 실천하기 위해서는 실천적 지성이 필요하지만, 궁극적으로 그는 스피노자의 '직관지'에 가까운 직각론적 방법에 호소하였음을 상기해 둘 필요가 있다. 페리(R. B. Perry)도 지적해 주었듯이 아리스토텔레스에게 "지상 최고의 인간을 지배하는 것은 이성적 생활의 실현이라는 목적이며, 이 이성적 생활의 극치는 진리의 명상이라는 우주 전체의 목적이다."13)

그러나 김태길 교수는 형이상학적 윤리설을 거부하기 때문에 이러한 결론을 받아들이지는 않는다. 스피노자의 경우와 마찬가지로 그러한 지적 능력의 발휘는 지향하는 방향을 제시하는 것만으로 충분한 것이다.

김태길 교수는 스피노자나 아리스토텔레스처럼 인간의 본성에 관한 객관적인 사실로부터 바람직한 인간의 행위를 설명하려는 의도를 가지고 있다. 그러나 그 '사실'은 사변적이고 형이상학적이라기보다는 경험적이며 과학적인 경향을 띤다. 그렇기 때문에 본성에 관한 이해는 실증주의적이며 구체적인 심리학적 사실과 연관되어 있다. 그가 지성적 파악에 근거한 인류애의 중요성을 강조하지만 이에 못지않게 자애의 정에서 헤어나지 못하는 인간의 객관적 사실을 무시하지 않는 이유도 바로 여기에 있다. 윤리학은 바로 욕구와 지성이라는 두 개의 축에 근거해 있어야 하며 이상적 목표와 동시에 현실적 상황을 함께 아우르지 않으면 안 된다는 것이 그의 일관된 입장이라고 할 수 있다. 김 교수가 자아 인식과 그 보존의 이론적 체계를 정립하는 것

뜻이 육체적 자아를 가리키기 때문이며, '복례'의 '예(禮)'가 '집단적 자아'의 뜻을 함축한다 함은 '예'라는 말의 본래 뜻이 사회, 즉 집단적 자아를 상징하기 때문이다."

13) R. B. Perry, *The General Theory of Value*, N.Y., 1926, p.83.

못지않게 자아실현과 그 실천의 방도를 강구하는 데 고심하는 이유도 여기에 있다. 이러한 점을 부각시키기 위해서는 그의 듀이에 대한 관심과 공자에 관한 현대적 인식에도 주의할 필요가 있다.

3. 자아실현과 사회적 실천

김태길 교수는 듀이의 사상을 교육학자로서보다는 본격적인 철학자로서 체계적으로 이 땅에 소개한 장본인이기도 하다. 그 중에서도 그는 특히 윤리학자로서 듀이가 지닌 실천가의 측면에 주목하였다. 김 교수가 듀이를 높이 평가하는 이유는 여러 가지가 있겠지만 무엇보다 그의 목표, 즉 "바람직한 사회의 건설을 위한 근본원리 및 그 실현 방안을 탐구함"에 있었다. 그런 의미로 그는 진정한 의미의 윤리학자요 교육학자이기도 하였다. 그 중에서도 특히 그가 관심을 갖는 것은 듀이의 접근 방식, 즉 과학적인 방법으로 윤리학을 세우고자 하는 현대 경험철학자들의 목표를 위하여 몇 개의 '쓸모 있는 돌다리'를 준비하였다는 점이다. 그것을 그는 다음과 같이 요약한다.

첫째, 듀이는 도덕의 궁극적인 바탕이 생활조건의 필연적인 요구에 있음을 지적함으로써 도덕 그 자체의 본질을 밝혀주었다. 도덕의 본질에 관한 올바른 이해는 윤리학이 스스로의 문제가 무엇인가를 인식함에 절대로 필요한 것이다. 둘째, 그는 선악의 구별이 감정이나 욕구에만 유래하는 것이 아니라 지성의 작용이 평가에 있어서 중요한 인자임을 밝힘으로써, 도덕적 문제의 지성적 처리를 위한 길을 열었다. 과학적 판단과 도덕적 판단의 공통성을 강조한 그의 주장은 비록 전적으로 만족스럽지는 못할지라도 깊은 암시를 품었다. 셋째, 그는 도덕적 가치가 행동의 터전으로서 고유한 상황과 밀접히 관련되어 있음을 지적함으로써 도덕적 활동의 창조적인 측면을 밝혔다. 끝으로 듀이는 목적과

수단의 불가분의 관계를 강조함과 동시에 도덕적 사명을 '문제의 해결'이라고 본 점 등이다.14)

이러한 듀이의 입장은 넓은 의미의 '자아실현'의 윤리학을 아리스토텔레스로부터 계승했다고 말할 수 있는데, 그의 공헌은 과학적 정신의 대두를 계기로 위기에 빠진 윤리학의 재정립을 위해 활로를 개척했다는 점이고 이것이 김 교수가 그를 높이 평가하는 이유이다.

일반적으로 자아실현의 윤리학은 인간에 있어서 훌륭한 삶이란 그가 지니고 있는 모든 능력들이 잘 조화되고 제대로 발전되는 데 있다고 주장한다. 그런데 이러한 능력이 구체적 현실 속에서 실현되려면 사회적 맥락이 필요하다. 이러한 유형의 윤리학에도 사변적이고 관념론적인 철학자가 많이 있지만 김 교수가 특히 듀이에 주목하는 것은 우리가 지금 당면한 현실을 직시했고 사회적인 것으로서의 도덕성을 강조했기 때문이다.

듀이에 의하면 도덕성은 과학적이고 개인적인 문제 이상의 것이며 무엇보다 사회적인 문제이기도 하다. 사회적 조건으로 사회적 환경에서 생겨나는 가치판단과 도덕적 책임 때문에 '도덕성은 사회적'인 것이다. 또한 개인의 행위는 사회적 결과를 초래한다. 사회적인 것으로서의 가치 평가는 사회의 재구성에서 사용된 보편 가치와 공동체의 경험에 근거를 둔다.15) 김 교수는 듀이의 윤리학에 대해서 여러 가지로 비판적 고찰을 시도함에도 불구하고 윤리학의 정립에 있어서 과학적 접근을 시도한 것과 그 사회성을 부각시킨 것을 높이 평가한다. 그리고 듀이가 단순한 이론가에 머물지 않고 현대가 당면한 시대적

---

14) 김태길, 『윤리학』, pp.208-209. 김 교수는 듀이에 관한 본격적인 연구서 『존 듀이의 사회철학』(태양문화사, 1978)을 출간하여 이 분야의 연구에 획기적인 전환점을 마련하기도 하였다.

15) John Dewey, *Human Nature and Conduct*, N.Y.: Henry Holt, 1922, p.316.

상황과 미국적 현실에 깊은 관심을 쏟았듯이, 김 교수가 한국적 사회 현실에 적극적으로 관여한 이유도 여기서 찾아볼 수 있다.

김태길 교수가 자아실현에서 사회성 못지않게 중요하게 여기는 것은 전통문화에 대한 존중이다. 자아실현의 광장이 사회적 현실을 구체화하게 되면 그것은 지금 여기에 있는 우리의 사회를 의미하고 이 사회는 민족적 주체성과 문화적 전통성을 간과하고는 상상할 수 없는 것이기 때문이다. 이미 지적한 바와 같이 김 교수에게 윤리학에서 두 축을 구성하는 것은 생물학적 욕구에 근거를 둔 자애의 정과 이것을 대아의 세계로 확장하는 이성적 판단 능력이다. 이기주의적이고 개인주의적인 동기가 없으면 윤리는 공허해지고 이것이 인류애와 관련된 이타주의 혹은 집단주의로 확장되지 않으면 그것은 맹목에 그치고 말 것이다. 이러한 기본 원리는 자아실현의 현장인 문화적 현실에서도 마찬가지다.

김태길 교수는 문화를 일종의 생명체와 같은 현상으로 본다. 그러므로 그것은 "성장을 통해서만 생명을 유지할 수 있고 그 성장은 마땅히 미래로 향해야 할 것이다." 그럼에도 불구하고 그는 주체성을 유지하고 그 뿌리를 내리기 위해서는 민족문화의 전통을 존중해야 한다고 역설한다. 그 이유를 그는 이렇게 설명한다. 첫째, 민족문화의 생명은 '그 개성과 자기 동일성'에 있다. 그리고 그 근원을 우리는 전통 속에서 찾아야 하는 것이다. 둘째로 민족문화는 대지에 깊은 뿌리를 내리고 서서히 성장하는 천년 거목과도 같은 역사적 존재이다. 따라서 그 뿌리와 줄기에 해당하는 오랜 전통을 떠나서 새로운 성장 내지 창조를 생각하는 것은 무의미한 일이라는 것이다.[16]

민족문화에 있어서 전통과 개성을 강조한다고 해서 폐쇄적인 민족

---

16) 김태길, 『한국인의 가치관 연구』, p.450.

주의 또는 배타적 독선으로 비약해서는 안 될 것이다. 우리에게 민족문화가 귀중하다는 인식은 다른 민족에게도 마찬가지이고, 더구나 끊임없는 발전을 위해서는 새로운 활력의 공급이 필요하기 때문에 자주성 못지않게 개방적 자세도 중요하다. 무엇보다 우리는 "현대인인 동시에 한국인이며 한국인인 동시에 현대인이다. 그러므로 우리는 주체성에도 두 가지 측면이 있다. 민족적인 측면과 시대적인 측면이 그것이다."17) 김 교수는 "한국인으로서의 민족적 주체성과 현대인으로서의 시대적 주체성도 가져야 한다."고 주장하며 이렇게 설명한다.

> 우리는 한국인으로서 한국문화의 전통과 개성을 존중하는 동시에, 현대인으로서 현대의 시대적 상황과 그 요청에도 주목해야 한다. 한국인으로서 민족적 주체성이 외래문화에 대한 맹목적 모방을 허락하지 않듯이, 현대인으로서의 시대적 주체성은 전통문화에 대한 무분별한 복고주의를 거부한다.18)

이와 같이 그는 윤리학의 정립 과정에서와 마찬가지로 그 실천에 있어서도 집단적 자아의 주체성, 즉 민족적 주체성과 시대적 주체성의 확립을 강조한다. 그가 전통 사상의 주류인 공자의 가르침에 관심을 기울이는 이유도 여기에 있다. 이미 지적한 바와 같이 김태길 교수는 한국의 전통 사상 중에 특히 유교(儒敎)에 관심을 기울이면서도 그것을 액면 그대로 받아들이지는 않는다. 대체로 이것을 두 가지 측면에서 고찰할 수 있는데, 하나는 그 핵심 사상인 '인(仁)'의 개념을 인정이나 사랑의 정으로 이해하여 윤리의 기초로 수용하려는 입장이고, 다른 하나는 유가의 이상적 인간상인 '군자(君子)'의 면모를 어떤

---

17) 같은 책, p.451.
18) 같은 책.

형태로든 산업화된 경쟁 사회에서도 구현하지 않으면 안 된다는 입장에서이다. 이러한 맥락에서 김 교수는 조선시대에 대해서 긍정적인 시각을 보여주는 셈이다. 적어도 표면적으로는 '덕치(德治)'를 표방하였고 교육이념도 바로 이 사상에 주안점을 두었기 때문이다. 가정은 말할 것도 없고 국가도 법과 힘에 의해서가 아니라 도덕으로써 가르쳐야 한다고 공자와 맹자는 가르쳤다. 그러므로 그것이 그대로 이 땅에서 실현되었다면 더 이상 바랄 것이 없겠으나 현실은 그렇지 못하였다. 오히려 반대로 인의를 빙자하여 왕도(王道)가 아니라 패도(覇道)의 정치가 정착되었고, 군자의 이름으로 수직적인 인간관계가 고착화되었다. 그것은 오늘날까지 오히려 '힘의 지배'를 정당화하는 통치 이데올로기로 작용하여 "수직적 인간관계의 전통이 강한 뿌리를 내렸으니, 평등을 전제로 한 자율의 윤리가 발전하기에는 매우 불리한 역사를 가졌다."는 것이 김 교수의 견해이다.19) 그럼에도 불구하고 원시유교의 기본 사상을 어느 정 복원함으로써 우리의 윤리적 상황에서 활로를 찾으려는 것이 그의 입장이다.

김태길 교수는 무엇보다 '인'의 개념을 주목한다. "'인(仁)'의 바탕으로서의 사랑은 어디까지나 인간적인 사랑이라는 점에서 불교의 사랑이나 기독교의 사랑과는 다르다."고 그는 주장한다. 이러한 종교에서 말하는 사랑은 인간 이외에 절대자를 매개로 삼는 까닭에 그것은 차별이 없는 절대적 사랑이다. 그러나 '인'의 바탕으로서의 사랑은 사람과 사람의 관계에서 자연적으로 생기는 인정에 호소하는 까닭

---

19) 김태길, 「현대 한국의 윤리적 상황」, 김태길 외, 『현대사회와 철학』, p.243. 그는 조선의 근대사를 이렇게 이해한다. "이태조의 창업은 막강한 그의 무력으로써 비로소 가능했고, 힘이 약한 단종은 수양에게 자리를 내주어야 했다. 특히 정조 이래의 세도정치는 인의를 무시한 패도가 현실을 지배하는 본보기로서 부족함이 없었다. 일본 제국주의에게 유린당한 반세기는 더욱 말할 것도 없다."

"인간관계의 친소(親疎)에 따라서 차별상을 나타내는 것이 당연"하다고 그는 해석하며 이렇게 설명한다.[20]

> 부모에 대한 효(孝)와 형제간의 우애(悌)는 나에게 가장 가까운 혈연에 대한 자연이 정을 발휘하는 덕목이다. 그러므로 '효제'가 '인'의 근본이라 함은 친소인 사이에 불가분의 관계가 있다는 뜻을 내포한다. … "자기를 극복하고 예로 돌아가는 것이 '인'이다."라는 말 가운데도 인간관계의 친소를 중요시하는 뜻이 함축되어 있다. '예'라는 것이 본래 신분과 친소에 따라서 사람들이 취해야 할 태도가 다르다는 생각에 기초한 규범이기 때문이다.[21]

김 교수는 공자가 인간 심리를 꿰뚫어본 사람이라고 생각한다. 가까운 사람에서 먼 사람으로 확대해 나가는 것으로 '인'을 말하는 것을 보면 더욱 그런 생각이 든다는 것이다. 그리고 어느 정도 '인'을 행하는 것은 어려운 일이 아니라고 그는 주장한다. "낯선 사람에게 길을 가르쳐주는 것, 자리를 양보하는 것 등등, 이 모든 것이 '인'을 행하는 첫걸음이기 때문이다." 그러므로 '인'은 고루한 추상적 개념이 아니라 오늘날에도 누구에게나 실천이 가능한 바람직한 덕목이라는 것이다.[22]

그 다음 김 교수는 현대사회가 이해관계에 얽혀 있는 소인들의 세상이 되어 가고 있기 때문에 공자가 말하는 군자(君子)들이 많이 나타나기를 기대한다. 그는 특히 "군자는 화합하되 뇌동하지 않으며, 소인은 뇌동하되 화합하지 않는다."는 공자의 언급에 대해 대아의 맥

---

20) 김태길, 『공자 사상과 현대사회』, p.27.
21) 같은 책, p.27. 그는 또한 '인'은 박애, 정직, 용기 등과 같이 비교적 단순한 덕이 아니라, 여러 가지 덕의 종합과도 같은 복합적인 개념임을 지적한다.
22) 같은 책, p.22.

락에서 이렇게 설명한다.

군자들이 화합하는 까닭은 '나'보다 '우리'를 더욱 소중하게 여기기 때문이요, 이(利)보다는 의(義)가 소중함을 알기 때문이다. 소인들이 뇌동은 하되 화합하지 않는 것은 '나'의 '이'에 집착한 나머지 '우리' 모두를 위한 '의'를 망각하기 때문이다. 사람들은 마음이 열리면 '우리'를 위하여 화합하게 되고 마음이 닫히면 '나'의 '이'를 위하여 뇌동하게 된다.23)

그는 "우리가 군자들의 열린 마음을 본받는다면, 세상을 보는 눈도 크게 열릴 것"이라고 말한다. 현대인으로서도 군자의 인간형으로부터 배울 것이 많다는 것이다.

물론 이러한 견해에 관하여 우리는 의문을 제기할 수 있다. 우선 오늘날 군자에 가까운 사람이 되는 것이 바람직한 것인지, 또 그것이 가능한 일인지 확실하지 않다는 것이다. 사실 우리는 군자형의 인품을 가진 사람이 현대의 치열한 경쟁 사회에서 잘 적응할 수 있는지, 그리고 이 각박한 사회에서 군자가 나타날 수 있는지 의문을 갖게 된다. 그러나 김 교수에 의하면 군자다운 가치관을 가질 때 이러한 의문은 별로 심각한 것이 못 된다. 소인배와 달리 군자는 근시안적 향락주의에 집착하지 않으며 "원대한 안목으로 내다본다면, 이해와 득실을 계산한다 하더라도 군자 됨이 도리어 본인을 위하는 길"이기 때문이다.24)

물론 이러한 사회 풍토에서 군자형의 인물이 나타나기는 결코 쉬운 일이 아니다 그러나 불가능한 일도 아니다. 그것이 바람직한 인간형임을 믿고 굳은 결심으로 꾸준히 노력하면 그 노력이 헛되지는 않

---

23) 같은 책, p.111.
24) 같은 책, p.113.

을 것이라는 것이 그의 입장이다.25) 어렵지만 불가능하지 않은 일도 세상에 얼마든지 있기 때문이다. 오늘날 건강을 유지하기에 어려움이 많다고 해서 건강을 단념해야 할 필요가 없고 또 그렇게 해서는 안 되듯이 '군자'라는 인간형도 마찬가지다.

여하튼 한국의 현대적 상황에서 윤리적 이상인 자아실현을 현실화 한다는 것은 좀처럼 쉬운 일이 아니다. 고금과 동서의 온갖 사조가 여과되지 않은 채로 농축되어 있고 공맹 사상이나 자유민주주의가 오히려 와전된 상태로 현실화된 상황에서는 더욱 어려운 일이다. 그럼에도 불구하고 국가적 혹은 민족적 목표를 달성하고 우리의 생존을 보장받기 위해서라도 도덕력의 함양은 필수적인 것이다. 궁극적으로는 도덕력이야말로 치열한 경쟁에서 살아남는 원동력이 되어 준다는 것이 김 교수의 인식인 것이다.

4. 윤리적 상황의 진단과 처방

김태길 교수도 지적하듯이 국제사회에서의 약육강식 현상이 앞으로도 홀연히 없어지리라고 보기는 어렵다. 그러므로 우리도 강력한 국가를 건설하지 않으면 안 된다. 그런데 그 전제 중에 하나가 바로 도덕성이다. 비록 우리가 산업화와 민주화에 어느 정도 성공을 거두어서 경제적으로 부유하고 정치적으로 민주주의를 정착시키는 단계에 이르렀다고 하더라도 도덕적 정신력으로 무장하지 않으면 퇴폐와 향락, 그리고 혼란과 무질서의 도가니로 휩쓸리게 될 것이기 때문이다. 그는 이렇게 주장한다.

---

25) 같은 책, p.114.

세계화의 시대, 아시아 태평양 시대, 그리고 민족통일의 시대에 대비하여 우리는 강대한 국력을 길러야 하고, 강대한 국력을 기를 수 있기 위해서는 우리의 도덕성이 높은 수준에 도달해야 한다. 이러한 관점에서 볼 때, 현대 우리들의 정신적 상태가 도덕적으로 타락해 있다는 것은 크게 불행한 일이다. 오늘의 우리 현실은 우리 한국인의 도덕성이 높이 제고되기를 요청하고 있다.26)

그런데 도덕성이 제고되기 위해서는 오늘날의 사회 풍조를 고려할 때 "도덕적 행위가 '나'의 행복을 위하여 필수적"이라는 신념을 갖도록 하기 위해서, 다시 말해서 소아와 대아가 양립될 뿐만 아니라 보완 관계임을 보이기 위해 충족시켜야 할 몇 가지 조건이 필요하다.

첫째는 우리 현실에 맞는 '도덕률의 체계(moral code)'를 준비하는 일이다. 물론 전통적인 유교의 기본 덕목들을 고려해 볼 수 있다. 가령 인(仁), 의(義,) 예(禮), 지(智), 신(信), 성(誠) 등이 그것이다. 그러나 이러한 덕목들을 무시할 필요는 없지만 복잡한 인간관계와 다양한 가치관이 난무하는 사회에서 그것을 구체적으로 어떻게 해석하고 또 적용할 것인지의 문제가 있다. "사람들이 일상생활에서 부딪치게 되는 문제 상황은 너무나 다양하므로, 그 모든 상황에 즉각적으로 적용할 수 있는 행위의 처방을 준비하는 것은 불가능한 일"이라는 것이다.27)

둘째 조건은 "도덕률, 즉 윤리규범의 보편적 준수를 기대할 수 있고 사회적 신뢰의 풍토를 조성하는 일"이다.28) 사실 대부분의 사람들이 다 같이 윤리규범을 지켜주지 않는다면 도덕적 행위가 '나'의 행복으로 연결되기는 어려울 것이다. 물론 윤리규범 중 소수만 지켰다

---

26) 김태길, 『한국 윤리의 재정립』, p.307.
27) 같은 책, pp.309-310.
28) 같은 책, p.311.

고 해서 반드시 손해를 보는 것이 아닌 것도 있고, 더구나 '최소한의 윤리'는 법으로 규정하는 것도 있다. 그러나 일반적으로 대다수가 지킨다는 사회적 신뢰를 전제로 한다는 것은 당연한 조건이다.

셋째 조건은 인간 교육의 일환으로서 가치관 교육을 바르게 실시하는 일이다. 이 교육은 "가정과 학교, 그리고 사회를 통하여 평생 두고 이루어져야 하며, 타인에 의한 교육뿐만 아니라 자기 자신에 의한 교육, 즉 자기 성찰과 수양에 의한 교육도 함께 이루어져야 한다."29)

이미 지적한 바와 같이 김 교수의 경우 높은 수준의 윤리의식의 소유자가 되기 위해서는 적어도 두 가지 심성을 갖추어야 하는데, 하나는 넓은 의미의 사랑의 감정 혹은 인정이며, 다른 하나는 이성을 따르는 보편적 사고의 습성이다. 이러한 관점에서 볼 때 한국인은 전통적으로 인정이 풍부한 민족으로 알려져 왔으므로 인정에 관한 한 별로 손색이 없지만 보편적 사고 내지 합리적 사고에서는 매우 약한 편이어서 큰 문제점으로 남는다는 것이다. 여기서 후자의 기능을 극대화함으로써 대아의 수준에 이를 수 있도록 진력해야 한다는 것이 그의 처방이다.

우리가 소아의 견지에서 근시안적으로 계산할 경우에는 국가 또는 사회를 위하는 태도가 나 자신을 위해서는 불리한 결과를 가져온다고 생각할 수 있다. 그러나 좀 더 큰 자아의 견지를 취하고 원대한 안목으로 이해득실을 계산할 경우에는 국가와 사회를 위하는 길이 결국은 '나'를 위하는 길도 된다는 것을 깨닫는 것이다. 그런데 이러한 깨달음을 얻는다는 것은 현실적으로 좀처럼 쉬운 일이 아니다. 그러나 결코 불가능한 일도 아니다. 가장 쉬운 예로 직장에서의 경우를 살펴보자.

---

29) 같은 책, p.313.

가령 '직장인을 위해서 바람직하다' 함은 직장인이 추구하는 삶의 목적을 달성하기에 가장 적합하다는 뜻으로 풀이할 수 있을 것이다. 다시 말해서 아리스토텔레스가 주장하듯이 사람은 결국 누구나 자신의 행복을 추구하며 살기 마련이라면 여기서 말하는 '바람직한 태도'란 자신의 행복을 위해서 가장 적합한 태도를 의미할 것이다. 그런데 무엇이 과연 적합한 태도인지 어떻게 결정할 것인가. 이러한 문제에 부딪쳐서 얻을 수 있는 해답은 김 교수에 의하면 "요령껏 적당히 하기보다는 성실하고 정직하게 하는 것이 더 적합한 태도"라는 것이다. 그는 이렇게 말한다.

> 어떠한 종류의 직업에 종사하는 경우든 정직하고 성실한 태도로 일하는 사람들이 국가와 사회에 이바지하는 바가 크다. 그리고 직장 생활을 통하여 얻을 수 있는 또 하나의 소득인 '자아의 성장'으로 말하더라도 정직하고 성실한 태도가 좋은 결과를 가져올 확률이 높다.[30]

직장 생활에서 경험하는 또 하나의 심리적 갈등은 "능동적이며 적극적인 태도로 일을 많이 할 것인가, 또는 수동적이고 소극적인 태도로 일을 적게 할 것인가."의 문제다. 김 교수에 의하면 설령 보수가 늘거나 진급이 빨라진다는 보장이 없을 경우에도 "어차피 일을 할 바에는 능동적이고 적극적인 자세로 임하는 편이 근로자 자신을 위해서도 바람직하다."는 것이다. 그 이유로는 "마지못해서 일을 할 때와 자진해서 일을 할 때의 심리 상태가 크게 다른데, 일반적으로 말해서 자진해서 일을 할 때는 일하는 사람의 마음이 즐겁고, 마지못해서 억지로 할 때는 그 일이 더욱 부담스럽게 느껴지기" 때문이다.[31]

---

30) 같은 책, p.355.
31) 같은 책, p.358.

즐거운 시간을 보낸다는 것은 물론 그 자체로서 뜻있는 일이다. 그러나 그것은 그 밖에도 여러 가지 긍정적인 효과를 나타낸다. 가령 시간을 즐겁게 보낼 때 건강이 증진된다는 것, 그리고 건강이 모든 일의 근본이라는 것을 염두에 둘 필요가 있다. 또한 직장에서 수행하는 일이 궁극적으로는 국가와 사회에 이바지하고 또 나의 자아성장을 가져온다는 사실을 명심해야 한다. 이와 같이 직장이 한낱 돈벌이의 터전이 아니요, 그것이 공동체에 이바지하고 나 자신의 자아를 성장시키며 결국은 이것이 인간의 행복에 필수조건이라는 것을 의식한다면 능동적이고 적극적으로 임해야 할 충분한 이유가 있는 것이다.

직장 생활에 임하는 바람직한 태도로서 세 번째로 강조할 점은 원만한 대인관계를 도모하는 일이다. 인화는 직장 근무의 즐거운 종사를 위해서 뿐만 아니라 생산성의 향상과 다른 직장과의 경쟁력 제고를 위해서도 필요한 일이다. 특히 인화가 중요하기 때문에 김 교수는 그것을 실현하기 위한 몇 가지 원칙을 제시한다. 이것은 상식에 속하지만 매우 유효한 항목이며 자주 지나치기 때문에 늘 염두에 두어야 하는 사항이기도 하다. 그것은 다음과 같다. 무엇보다 대인관계로 감정이 상했을 때 무던히 참도록 노력해야 하며, 겸손한 태도로 사람을 대하고 자기의 잘났음을 앞세워서는 안 된다. 그 다음 유의할 점은 지나치게 욕심을 부려서는 안 된다는 것이며, 자질구레한 일을 가지고 꼬치꼬치 따지지 않는 일이다. 끝으로 강조해야 할 것은 예절을 지키는 일인데, 김 교수는 이 점에 대해 지나치게 예절을 강조하면 인간관계가 오히려 소원해질 수도 있지만 "내용물을 오래 간직하기 위해, 적당한 그릇, 즉 형식 속에 그것을 담을 필요가 있다."는 것이다.[32]

---

[32] 같은 책, pp.360-362.

이와 같이 어떤 직장에서의 생활에 대해서 깊이 음미하고 자기의 욕구와 당위를 제대로 파악한다면 소아가 대아의 방향으로 움직여야 하는 합리적 이유와 정당한 근거가 동시에 발견된다는 것이다. 다시 말해서 자애의 정을 지성 혹은 이성으로 가공하면 이타적인 도덕성으로 변모시킬 수 있다. 그리고 이것이 단순히 어떤 직장의 경우에만 국한되는 것이 아니라 가족이나 민족, 그리고 인류의 한 성원으로서의 집단적 자아 혹은 대아를 인식한다면 보편적 윤리학을 정립하는 데 있어서 그 실마리가 될 수도 있을 것이다. 그런데 대아로 접근하는 것이 이성적 판단에 근거해서 자율적으로 이루어지는지 혹은 충동이나 강요에 의해서 타율적으로 이루어지는지의 여부에 따라 그 가치는 달라진다. 김 교수에 의하면 윤리적인 행위의 기본적인 특색은 '자율'에 있다. 겉으로 보기에 같은 행위라고 할지라도 그 행위의 동기에 따라 도덕적 가치는 달라진다. 가령 강자의 힘에 눌려서 약속을 이행했을 경우와 자발적으로 그렇게 했을 경우는 그 도덕적 가치에 현격한 차이가 있다. 그는 이렇게 설명한다.

> 남의 이목을 의식하고 약속을 이행한 경우는 강압에 못 이겨 그렇게 했을 경우보다는 높이 평가되나, 자신의 신념에 따라서 그렇게 했을 경우보다는 낮게 평가되어야 할 것이다. 대체로 말해서, 남의 이목을 의식하고 방종을 억제하는 경우는 타율에서 자율로 이행하는 중간 단계의 과정이라고 보아도 무방할 것이다.[33]

그는 이어 사회적 요청에 맞추어 객관적으로 타당하게 행위한다는 것은 매우 중요하다고 지적하며 이렇게 말한다.

---

33) 김태길, 「현대 한국의 윤리적 상황」, 김태길 외, 『현대사회와 철학』, p.240.

자신의 신념을 따라서 자율적으로 행위한다는 것은 그것이 자율적이라는 점에서 바람직한 일이기는 하나, 만약 그 행위가 객관적 타당성을 잃는다면 전체로서는 옳은 행위가 될 수 없다.[34]

이러한 맥락에서 판단할 때 체면을 중시하고 강요된 복종 때문에 '눈치'가 발달된 한국 사회에서는 자율성의 강조가 무엇보다 중요하다.

김 교수에 의하면 한국의 윤리적 상황을 진단함에 있어서 두 가지 관점이 필요하다고 한다. 하나는 방종에 대한 규제가 얼마나 자율적으로 이루어지는지의 관점이고, 다른 하나는 규제하는 강자의 의지와 남의 이목, 그리고 윤리 의식의 질적 수준을 평가하는 관점이다. 이러한 관점을 통해서 볼 때 그는 다음과 같은 결론에 도달한다. 첫째, 우리는 타율적 기능으로서의 강자의 의지에 지나치게 의존하며 남의 이목에 너무 큰 비중을 두는 경향이 있다. 둘째, 강자의 의지와 남의 이목 그리고 국민 각자의 윤리도 그 질적인 수준에 있어서 그리 높은 편이 못 된다는 것이다. 그러므로 오늘날 이 땅에서 살아가고 있는 우리에게 그는 "한 나라의 윤리적 수준은 그 나라의 흥망과 깊은 상관관계를 가졌다."고 지적하며 이렇게 제언한다.

강자의 압력이나 남의 이목의 비중을 줄이고 본인의 자제력의 비중을 늘리는 동시에 국민 모두의 윤리가 의식의 수준을 끌어올리는 일은, 우리 한국이 당면한 중대한 과제의 하나다. 그리고 이 과제를 달성함에 있어서 가장 큰 관건이 되는 것은 사유와 행동에 있어서 우리가 얼마나 이성적일 수 있느냐 하는 문제다.[35]

---

34) 같은 글, pp.240-241.
35) 같은 글, p.252.

인정이 필요 이상으로 넘치고 합리적 사고가 상대적으로 결핍된 한국 사회에서 다시 한 번 강조해야 할 것은 자율적 행위이며 그 판단의 근거가 되는 지성의 역할인 것이다. 그러므로 윤리 교육에 있어서도 남의 이목이나 강자의 의지에 신경을 쓰기보다는 자율의 힘을 기르는 데 주력해야 한다는 것은 당연한 결론이다.

김 교수에 의하면 한국의 인간 교육은 자율의 힘을 길러주지 못했다는 점에서 실패했다고 한다. 복종의 미덕과 결합된 자율, 즉 약자의 입장에서 실천되는 자율은 공정한 사회의 실현을 위해서 크게 이바지하지 않는다. 그는 "공정한 사회의 실현을 위해 가장 긴요한 것은 공정을 파괴할 힘을 가진 강자의 자율"이라고 지적하며 이렇게 말한다.

> 우리나라의 윤리 교육은 복종의 미덕을 우선적으로 주입시키는 동시에, 여타의 모든 덕목은 복종의 덕과 범벅을 만들어서 가르쳤다. 본래 복종의 덕이란 약자를 위한 행동 규범인 까닭에, 모든 덕을 복종의 종속 개념으로서 가르치는 우리나라의 윤리 교육은 우리가 강자의 위치에 올라섰을 때 어떻게 해야 하는지를 모르게 만든다.[36]

그는 이어, "요컨대 그것은 공정한 사회의 실현을 위해서 가장 긴요한 것을 빼놓은 알맹이 없는 윤리 교육"이라고 지적한다.[37] 이러한 인성교육이 지양될 때 우리는 어느 정도 바람직한 윤리적 상황을 창출하기 위한 실마리를 풀 수 있다고 볼 수 있다. 이것이 한국의 윤리적 상황에서 김 교수가 제시하는 진단과 처방이다. 그렇다면 그가 몸소 실천한 '성숙한 사회를 가꾸기' 위하여 어떠한 지혜와 행위가 필

---

36) 같은 글, p.244.
37) 같은 글.

요한가. 윤리적으로 이상적인 사회는 어떠한 모습의 사회일까.

김 교수에 의하면 윤리적 견지에서 볼 때 가장 이상적인 행위는 "행위자의 신념을 따른 자율적인 행위일 뿐 아니라, 사회적 요청에 비추어 보더라도 객관적인 타당성을 갖는 행위"다. 그러므로 가장 좋지 못한 행위는 "강자의 힘에 눌린 타율적인 행위일 뿐 아니라, 사회적 요청을 배반함으로써 객관적 타당성마저 잃는 행위"가 된다. 여기서 윤리적으로 가장 성숙한 사회 또는 윤리적인 이상사회가 어떤 것인가 하는 물음에 대한 해답이 자연히 추리된다고 주장하며 이렇게 말한다.

객관적 타당성을 가진 행위를 자율적으로 행위하는 사람들이 그 사회의 주축을 이루었을 때, 다시 말해서 자율적으로 질서가 유지되고 발전이 지속되는 사회가 윤리적으로 가장 성숙한 사회다. 반대로, 타율적이면서도 객관적 타당성을 잃은 행위가 많은 사회일수록 윤리적 이상에서 먼 사회라고 하겠다.

유감스럽게도 김태길 교수의 견해에 따르면 한국의 윤리적 상황은 매우 비관적이다. 한국인은 기질적으로 온정적이고 인정이 많은 민족인데다가 현대적인 상황이 더욱 타율적인 성향을 조장하였으므로 그 상태가 상당히 악화되었기 때문이다.

5. 맺는말

지금까지 우리는 김태길 교수의 윤리관을 자아의 인식과 자율적 행위의 관점에서 간단히 살펴보았다. 물론 이것을 다른 맥락에서 다른 요소들을 강조하며 다르게 접근할 수도 있을 것이다. 그러나 소아와 대아의 윤리적 관계가 그의 윤리학에서 핵심적 부분을 구성하기 때문에 이러한 접근 방식을 전혀 도외시할 수는 없을 것이다. 이러한 점들을 수긍한다면 우리는 그의 입장을 다음과 같이 정리할 수 있다.

첫째, 김 교수의 윤리관은 형이상학적이거나 종교적 혹은 선험적이기보다는 대체로 자연주의적이며 과학적 혹은 경험적이다. 인간의 본성을 이해하는 관점에서 그러한 경향이 뚜렷하고 이것을 윤리학의 정립에 있어서 근거로 활용하는 방식이 또한 그렇다.

둘째, 김 교수의 윤리관은 자연주의적이기 때문에 자아의 개념을 정립함에 있어서 생물학적이고 심리학적인 접근을 시도한다. 그러므로 소아 혹은 개인적 자아와 대아 혹은 집단적 자아의 유기적 관계에 관해서도 지성의 역할에 대한 경험적 설명을 시도한다.

셋째, 김 교수의 윤리관은 경험적이기 때문에 현실적인 실천적 적용성에 상당한 관심을 보이는 경향이 있으며, 사념적 정관 혹은 수양의 측면보다는 구체적 삶의 지혜라는 특징을 나타낸다. 그러므로 현실의 인식이 윤리관의 정립에 직접적으로 작용한다.

우리는 아직 김태길 교수의 윤리학을 전반적으로 정리하고 체계화하며, 그것을 비판적으로 수용할 입장에 있지 않다. 그러나 이상의 분석과 이해가 어느 정도 옳다면 적어도 다음과 같은 문제를 제기할 수 있다.

첫째, 김 교수는 인간의 본성과 자아의 해명에 있어서 생물학적 및 심리학적 이해에 치우치기 때문에 윤리학적 기초를 개체적 자아 위에서 정립한다. 그렇다면 윤리학이 생물학 혹은 심리학으로 환원될 우려는 없는가? 특히 자아를 개인적 의식의 주체로 받아들일 뿐이라면 집단적 자아의식의 관계를 이해하는 데 한계가 있지 않은가?

둘째, 개인적 자아로부터 집단적 자아로, 혹은 소아에서 대아로 확장될 때 지성의 능력이나 이성적 판단에 너무 의존하면 그러한 판단이 자율적 활동으로 이어지는 데 한계가 있지 않은가? 만약 이 간격을 이어주려면 결국 스피노자적 형이상학에 의존해야 하는 것은 아닌가?

셋째, 만약 윤리학이 보편적 규범의 법칙을 발견하고 궁극적 선의 본질을 규명하는 것이 아니고 구체적인 현실에서 삶의 지혜를 터득하는 방법에 머문다면 그것은 종교나 관습, 혹은 역사학이나 인류학의 차원에서 다루어질 수 있는 학문의 일종인가? 윤리적 당위가 영원하고 불변하는 진리는 아니더라도 좀 더 보편적이고 일반화될 수 있는 명제이어야 하지 않겠는가?

넷째, 우리의 윤리적 상황이 격동기를 맞아서 매우 혼란스러운 것은 사실이나 그 상황의 분석에서 너무 비관적인 태도를 나타내고 있는 것은 아닌가? 특히 자율의 측면에서 볼 때 민주제도의 정착과 문화적 다양성에 따라 최근에는 독자적 사고와 자율적 행동이 현격하게 신장되고 있는 것은 아닌가? 따라서 인정보다는 합리적 사고에 호소하는 경향은 더욱 많이 나타나고 있다고 볼 수는 없는가?

이 밖에도 많은 질문이 더 제기될 수 있을 것이다. 그러나 우선 이러한 질문에 답변을 마련하는 것으로써 우리는 김태길 교수가 도달한 지점에서 의미 있게 출발할 수 있는 하나의 계기를 어느 정도 마련할 수 있을 것이다. 그렇게 하려면 그의 연구 성과에 관해서 좀 더 심층적이고 체계적인 연구가 먼저 수행되어야 한다는 것은 언급할 필요조차 없을 것이다.

우송의 사회철학: 한국 최초의 공동체 자유주의자[1]

이한구
성균관대 철학과 교수

1. 서론

한국 현대사에서 진정한 자유주의 사상가를 찾기란 쉽지 않다. 일제강점기라는 민족 고난의 과정을 거치는 동안 민족주의자는 많이 배출되었다. 민족주의자 중에는 우파 민족주의자도 있었고 좌파 민족주의자도 있었다. 이들은 자유주의와 공산주의라는 다른 이념을 내세웠지만 이들을 정통 자유주의자나 공산주의자로 분류하는 것은 맞지 않는 경우들이 많다. 이들은 대체로 자유주의자나 공산주의자이기 이전에 민족주의자들이었기 때문이다.

19세기 후반 김옥균, 박영효 등 개화파를 통해 서구의 자유주의 사상이 우리 사회에 처음 소개되었지만, 실제로 자유주의는 광복 이전까지만 해도 우리에겐 낯선 이념이었다. 우리에게는 근대 시민사회가 제대로 형성되지 못했기 때문이다. 민주주의는 고대 그리스의 아테네

---

[1] 이 글은 『철학과 현실』 85호(2010년 여름호)에 실린 글을 기초로 다시 쓴 것이다.

로부터 시작되었지만 자유주의는 근대 유럽에서부터 시작된 것이다. 민주주의는 평등한 시민들이 함께 국정에 참여하는 정치체제를 지향하지만, 자유주의는 유산 시민들의 정치사회적 권리에 대한 요구라고 할 수 있다. 말하자면 자유주의는 중세적 봉건체제와 절대왕정을 타파하기 위해 근대 유럽의 신흥계급이 제창한 저항적 이념이었다.

자유민주주의는 이런 뿌리가 다른 두 이념이 결합해서 성립한 수정자유주의 내지는 수정민주주의의 한 형태라고 할 수 있다. 그러므로 자유민주주의라고 할 때에도 민주주의에 강조점을 둘 수도 있고 자유주의에 강조점을 둘 수도 있다. 그뿐만 아니라 자유주의에서도 어떤 형태의 자유주의인가도 문제가 된다.

우송은 후기의 대표작『변혁 시대의 사회철학』에서 우리가 선택할 수 있는 최선의 이념으로서 자유민주주의를 논의한다. 이때 우송이 규정한 자유민주주의의 내용으로 볼 때 그는 민주주의보다는 자유주의에, 그리고 자유주의 중에서도 자유지상주의가 아닌 공동체 자유주의에 강조점을 둔 것으로 판단된다. 이 논문은 이런 우송의 사회철학을 살펴보고 아울러 우송이 한국 최초의 공동체 자유주의자임을 보여주려는 것이다.

2. 우송의 인간관

인간에 대해 원자론적 입장에서 이해를 시도할 수도 있고, 다른 한편으로 공동체적 입장에서 접근할 수도 있다. 인간을 개별적으로 살아갈 수 있는 독립적 존재로 보는 입장을 로빈슨 크루소 접근법으로, 공동체의 일원으로서만 존재할 수 있다고 보는 입장을 늑대소년 접근법으로 부를 수 있다. 이런 논의가 중요한 것은 개인의 자주성과 인간의 사회성이라는 구분이 인간 이해의 중추를 구성하기 때문이다.

우송은 인간을 이해하기 위해 생물학적 차원에서 접근한다.[2]

   (1) 인간 개인은 사회를 떠나서 단독의 힘만으로 살아갈 수 있을 정도로 완전히 독립적인 존재는 아니다. 그러나 인간 개인은 소속 집단을 떠나서는 하루도 살기 어려운 꿀벌과 같은 정도로 집단 의존적은 아니며, 특히 현대의 개인은 기왕의 소속 집단을 떠나더라도 새로운 집단의 성원이 됨으로써 생활을 계속할 수 있다는 뜻에서 상당한 정도의 독립성을 가졌다.
   (2) 인간 개인에게는 다른 동물에게서는 찾아볼 수 없는 자주의식, 즉 자기에 대한 주인의식이 강하다. 인간 개인에게 자주의식 내지 개인적 자아의식이 강하다는 사실은 개인이 자기 자신을 자주적 존재로 만드는 데 크게 기여한다. 우리는 인간의 의식을 정신적 존재로서의 인간에 있어서 본질적 속성이라고 보지 않을 수 없기 때문이다.

이런 주장들은 개인의 자주성과 인간의 사회성을 어떻게든 조화시키려는 우송의 고민을 엿보게 한다. 꿀벌은 자신이 소속되었던 집단을 떠나서 생존할 수 없다. 다른 집단의 구성원으로 될 수가 없기 때문이다. 반면에 인간은 이민을 가서 다른 공동체의 구성원으로 새롭게 태어날 수가 있다. 이런 점에서 꿀벌과 인간은 다르다고 할 수 있다. 그렇지만 어떤 공동체에도 소속되지 않은 상태에서는 살 수 없다는 점에서는, 역시 공동체적 존재라고 할 수 있다. 어쨌든 그는 로빈슨 크루소로서 살 수는 없기 때문이다. 이런 상황은 같은 공동체적 존재이면서도 구성원 간의 결속에서 차이가 나는 측면이 존재함을 보여준다. 우리는 꿀벌들의 상호관계를 닫힌 관계라고 하고 인간들의 상호관계를 열린 관계라고 부를 수 있다.
이런 차이점과 더불어 우송은 동물과 인간의 차이점을 자주의식에

---

  2) 김태길, 『변혁 시대의 사회철학』, 철학과현실사, 1990, p.91.

서 찾는다. 즉 자기에 대한 주인의식이 강하다는 것이다. 물론 우송은 인간이 처음부터 강한 자아의식을 가지고 있었다고 주장하는 것은 아니다. 그는 집단생활을 해야 살아갈 수 있었던 전통 사회에서는 개인의 자아의식은 극히 미미했을 것이며, 이런 의식은 핵가족제도 아래에서 개인이 혼자서도 살 수 있는 근대 산업사회에서 강화되었을 것으로 추측한다. 그렇지만 어쨌든 이런 강한 자아의식을 갖게 됨으로써 인간은 스스로를 주체적인 존재로 만들었다는 것이다.

우송은 인간을 기본적으로 생물학적 관점에서 접근하면서도 인간의 정신적 능력, 즉 이성에서 인간의 본질을 이해하려고 한다. "인간의 기본적 특성은, 오랜 전통에 따라서, 역시 탁월한 정신적 능력에서 찾아야 할 것이다. 이성적 사고와 풍부한 상상력, 그리고 도덕적 판단력과 예술적 창조력은 인간을 다른 동물들과 구별되게 하는 기본적 특색이다."3)

우송의 이런 입장은 현재까지의 생물학적 지식에만 기초하는 것은 아니다. 앞으로 생물학이 발달하여 인간과 다른 생물과의 공통성이 더욱 확인되고 이성의 기원이 낮은 단계에서 진화해 온 것으로 밝혀진다 할지라도, 아무런 영향을 받지 않는 입장으로 이해된다. 정신적 능력의 소유자이기 때문에 인간은 미래를 내다보며 자신의 삶의 목표를 설정하고 그 목표에 따라서 삶의 과정을 설계한다. 동시에 "스스로 옳다고 믿는 바에 따라서 자주적으로 행동하는 도덕의 주체일 뿐 아니라 유혹과 권력 앞에서도 꺾이지 않고 꿋꿋하게 일어서는 용기와 자존심을 발휘할 수 있다."4) 이러한 태도는 인간을 단지 주어진 환경에 적응하는 존재가 아니라 스스로 능동적으로 삶의 질을 개척하는 존재로 규정하는 것이다.

---

3) 김태길, 『윤리 문제의 이론과 사회 현실』, 철학과현실사, 2004, p.148.
4) 김태길, 『새 인간상의 정초』, 삼화출판사, 1973, p.137.

이런 이유에서 우송은 우리 사회의 바람직한 미래상을 논의하면서 '나의 문제'로부터 출발한다. "이론의 분야에 있어서나 실천의 분야에 있어서나 문제를 의식하는 것은 개인이다. 사회는 의식을 가진 개인들의 집단이기는 하나, 집단 그 자체에는 의식이 없다. 문제의식의 주체는 항상 개인이다."5) 문제의식의 주체가 개인이라는 것은 문제의 성격이 나에게만 국한된 문제라는 것을 의미하는 것은 아니다. 인간은 본래 사회적 존재이기 때문에 나의 삶의 문제라 해도 당사자 개인의 힘만으로는 해결할 수 없는 공동의 문제들이 많다. 그렇지만 집단은 개인과 같은 의식이 없다. 그러므로 공동의 문제라 해도 그 문제를 의식하는 개인들의 '나의 문제'로서의 성격도 강하게 띠기 마련이다. 여기서 우송은 삶에 대한 문제의식을 가질 수 있는 것은 개인들이며, 그 문제의 해결을 위한 의도적 행위를 결심하고 실천할 수 있는 것도 결국 개인뿐이라는 결론에 이른다.

이런 개인은 자신의 삶을 주체적으로 설계할 수 있다. 인간은 사회 안의 존재이므로 어느 정도 사회적 제약을 받지 않고 살 수는 없지만, 사회적 제약의 범위 안에서 개인의 자유재량으로 행위할 수 있는 여지는 남아 있기 때문이다. 우송은 롤즈의 주장에 동의하면서 합리성에 따라 삶을 자유롭게 주체적으로 설계할 필요가 있다고 본다.

그렇다면 어떤 삶을 설계할 것인가? 우송이 제시하는 소망스러운 삶은 적어도 다음 세 가지를 포함해야 한다. "(1) 생물로서의 건강한 생존, (2) 타고난 소질을 개발하여 높은 수준의 사람됨을 실현함, (3) 사회에 참여해서 사회에 이바지함"6)이 그것이다.

우송은 근대 자연권론자들같이 명시적으로 자연 상태와 자연권을 주장하지는 않았지만, 소망스러운 삶에서 제시한 조건들을 보면 자연

---

5) 김태길, 『변혁 시대의 사회철학』, p.11.
6) 같은 책, p.259.

권 사상의 옹호자처럼 보인다. 생물로서의 건강한 생존과 자유로운 삶의 설계를 주장하기 때문이다. 자유주의 사상의 원로인 존 로크는 사회가 형성되기 이전의 상태를 자연 상태라 하고, 이 자연 상태에서 누구나 갖는 권리를 자연권이라 했다. 이 자연권은 누구나 자신의 생명을 존속시킬 수 있는 생명권, 마음대로 활동할 수 있는 자유권, 자신이 취득한 소유물을 마음대로 처분할 수 있는 소유권으로 구성된다.

그렇지만 우송의 자연권은 로크의 자연권과 동일하지는 않다. 전체적으로 보면 우송의 자연권은 로크의 자연권보다 적용 범위에서는 넓어 보이며, 내용적으로는 좁은 것으로 판단된다.[7]

로크와 노직이 출발점으로 삼은 자연권 개념의 타당성이 자명(自明)하다고 보기는 어렵다. 다시 말하면, 우리는 그들의 자연권 개념에 대해서 몇 가지 의미 있는 의문을 제기할 수가 있다. 첫째로 우리는 다른 동물에게는 인정되지 않는 자연권이 인간에게만 있다고 보는 이유를 물을 수가 있고, 둘째로 그 자연권의 내용이 왜 반드시 그들이 주장하는 그런 것이라고 보아야 하는가도 물을 수가 있다. 단순한 논쟁을 위해서 그러한 의문을 제기할 수 있는 것이 아니라, 정말 의심스러워서 그렇게 묻지 않을 수 없는 것이다.

첫 번째 문제의 요지는 이것이다. 노직은 전통적으로 인간의 특성으로서 거론되어 온 (1) 감정과 자의식을 가졌음, (2) 합리성, (3) 자유의지를 가졌음, (4) 도덕성, (5) 영혼을 가졌음 등이 함께 결합된 종합적 능력이 인간의 존엄성을 만든다고 본다. 이런 종합적 능력 때문에 인간은 장기적인 인생 계획을 세울 수 있고 삶의 청사진에 따라서 행위할 수 있다. 이에 대한 우송의 질문은 이것이다. 인간이 이런 종

---

[7] 같은 책, p.118.

합적 능력을 갖고 있다 하더라도, 이것이 다른 동물에게는 인정하지 않는 자연권의 근거가 될 수 있느냐는 것이다.

두 번째 질문은 우리가 자연권을 인정한다 할지라도 로크의 자연권과는 다른 내용의 자연권을 주장할 수 있지 않느냐는 것이다. 여기서 우송은 로크의 자연권 개념과는 다른, 셰플러(Samuel Scheffler)의 자연권 개념과 불교철학자들이나 슈바이쳐가 주장하는 자연권을 검토한다. 셰플러의 자연권은 적어도 분배가 가능한 것들에 대해서는 모든 사람들이 충분한 몫을 분배받을 천부의 권리를 가지고 있다는 것이며, 불교철학의 자연권은 모든 생명체는 생존의 권리를 갖는다고 하는 것이다. 물론 우송은 로크와 전혀 다른 자연권을 주장하려는 것은 아니지만, "로크의 인권 개념은 타인의 권리를 침해해서는 안 된다는 점만을 강조하고 개인이 사회에 참여하여 자기의 임무를 다해야 하는 적극적 의무에 대해서는 언급이 없기 때문에"[8] 개인이 공공생활에 대해서 갖는 의무와 책임을 만족스럽게 설명하기 어렵다고 보는 것이다.

3. 우송의 사회관

우송은 인간의 사회성을 인정하지만 사회유기체론을 지지하는 것은 아니다. 그는 사회를 개인들의 집합으로서 간주하기 때문이다. 그러므로 우송은 소망스러운 개인의 모습과 소망스러운 사회의 모습 간에 어떤 연관성이 있어야 함을 제시한다.

우송이 제시하는 소망스러운 사회의 조건들은 다음과 같은 것들이다.[9]

---

8) 같은 책, p.124.
9) 같은 책, p.268 이하.

(1) 모든 사람들에게 건강한 삶을 누리기에 필요한 경제적 여건을 마련해 준다.
(2) 모든 사람들에게 가능한 최대한의 자유를 허용한다.
(3) 모든 사람들이 평등한 관계를 유지하게 한다.
(4) 모든 사람들에게 배울 수 있는 기회와 일할 수 있는 기회를 충분히 마련해 준다.

이러한 사회적 조건을 만들 수 있는 조직은 국가뿐이므로, 우송의 국가는 로크나 노직이 주장한 최소국가가 아니라 복지국가라고 할 수 있다. 최소국가는 억압으로부터의 해방이라는 소극적 자유에 기반해 있지만, 복지국가는 욕구의 충족이라는 적극적 자유에 기반해 있기 때문이다. 복지국가는 경제체제에 주로 관련된 문제이며, 경제체제에서는 소유권에 대한 해석이 관건을 이룬다.

우송이 로크나 노직의 자연권에 동의하지 않는 주된 이유도 소유권의 문제였다. 『변혁 시대의 사회철학』에서 전개된 전체적 맥락에서 볼 때 자신의 생명을 보존할 권리와 자신의 일신을 마음대로 할 수 있는 자유권은 인정되지만, 자신의 노동을 가해 획득한 소유물을 마음대로 처분할 수 있는 소유권은 자연권으로 인정되지 않는다. 포괄적으로 말한다면, 이런 태도는 정치적으로는 자유주의이지만 경제적으로는 간섭주의를 의미한다고 할 수 있다.

자유주의자들에게는 소유권도 자연권의 하나이다. "지구와 모든 하등 동물은 모든 사람의 공동소유이지만, 각자는 자기 자신이 일신에 대한 소유권을 갖는다. 어떤 사람도 그 자신 이외에 이에 대한 권리를 갖지 못한다. 그의 육체의 노동과 그의 손의 작업은 정당하게 그의 것이라고 할 수 있다. 그러므로 그가 자연이 제공하여 준 상태로부터 무엇을 변화시키든지 그가 그의 노동을 투여하여 그 자신의 것인 어떤 것을 그것에 첨가시킨다면, 그것은 그의 소유가 된다."10) 소유권의 발생을 설명하는 이 27항이 기초하고 있는 것은 누구든 자신의 일신은 그 자신의 소유라는 것이다. 자신의 노동을 투여한 자연을 자신의 소유로 만들 수 있다는 주장의 근거도 여기에 기초하고 있다. 일단 자연의 일부가 어떤 사람의 소유로 되면 처음에는 아무리 공유재산이었다고 할지라도 이에 대한 다른 사람의 권리는 배제된다. 로크의 이런 고전적 자유주의를 계승한 사람이 바로 로버트 노직이다. 노직은 다음과 같이 주장한다.

(1) 어떤 보유물을 획득의 과정에서 정의의 원칙에 맞게 획득한 사람은 그 보유물의 소유권을 갖는다.
(2) 어떤 보유물을 이전의 과정에서 정의의 원칙에 맞게 획득한 사람은 그 보유물의 소유권을 갖는다.
(3) 어떤 사람도 (1)항과 (2)항의 (반복적인) 적용 없이는 어떤 보유물의 소유권을 갖지 못한다.

이때 정의의 원칙에 맞는다는 것은 일차적으로는 실정법을 어기지 않는다는 것을 의미하며, 더욱 근본적으로는 로크가 말한 자연법을 어기지 않는다는 것을 의미한다. 그러므로 결국 다른 사람에게 해를 끼치지 않고 나의 노동의 대가로서 어떤 것을 획득했거나 혹은 그것을 임의로 처분할 수 있는 권리를 가진 다른 사람으로부터 합법적으로 물려받았다면, 그것에 대한 소유권은 정당화될 수 있다는 결론이 도출된다. 우송은 이런 소유권을 인정하지 않는다.

우송은 토지를 위시한 자연 자원의 공개념을 주장한다. "인간의 노

---

10) 존 로크, 『정부론』, 27항.

동이 가해지기 이전의 토지와 그 밖의 자연 자원이 만인을 위한 공유물이라는 것은 사실상 아무도 부인할 수 없는 원칙으로 받아들여진다."[11]) 그렇지만 로크나 노직도 자연 자원의 공개념에서 출발했지만 소유권을 자연권으로 인정하는 결론에 도달하지 않았는가? 우송의 논리는 '로크의 단서 조항'이 지금은 더 이상 타당하지 않다는 것이다. 로크는 공유물인 자연에 자신의 노동을 가해 획득한 결과물은 그 자신의 소유물로서 소유권을 행사할 수 있다고 보았다. 예컨대 자연 상태에서는 10kg의 곡물을 올리는 100평의 땅에 내가 노동을 가해 경작하여 100kg을 수확했다면, 자연 상태의 수확과 비교해서 90kg의 곡물을 더 수확한 것이고 이것은 전적으로 노동을 투여한 자의 몫이라는 것이 로크의 소유권 논리이다. 그러면서도 로크는 자연의 토지가 공유물이라는 점 때문에, 누구든지 땅을 개간하여 자연의 사유물로 만들 때는 그 옆에 그와 같은 양질의 토지가 남겨져 있어야 한다는 단서를 달았다. 이것이 로크의 유명한 『정부론』 27항의 단서 조항이다. 우송은 인구가 불어나 대다수의 땅이 경작되어 경작이 가능한 여분의 토지가 남겨져 있지 않은 지금, 로크의 이 단서 조항을 지키기가 어렵게 되었으며, 그러므로 이런 단서 조항 아래서 정당화된 로크의 소유권은 정당화될 수 없다는 것이다.

물론 우송이 자연 자원의 공개념을 인정한다고 해서 생산수단에 대한 사유재산제도를 원천적으로 부정하는 것은 아니다. 그는 사유재산제도의 활용이 생산성을 높이는 방안이라면 그것은 얼마든지 허용될 수 있다고 본다.

반면에 노직은 로크의 27항 단서 조항까지도 소유권을 확대하는 관점에서 해석하고자 한다. 즉 자연의 상태에 내가 어떤 노동을 가해

---

11) 김태길, 『변혁 시대의 사회철학』, p.83.

그것을 나의 소유물로 만들 때, 반드시 이와 같은 동질의 양이 충분히 없다 해도, 그것을 이용할 수 있는 이용권을 나머지 사람들에게 허용하는 한, 나의 소유권은 정당화될 수 있다는 것이다.

이런 자유지상주의자들이 주장하는 자유의 의미가 소극적 자유라는 것은 분명하다. 소극적 자유의 관점에서 보면 우리 모두는 다른 사람에게 직접적인 해악을 끼치지 않는 한 누구든 자기 마음대로 행위할 수 있고, 그가 투여한 노동의 대상에 대해 소유권을 주장할 수 있다. 그리고 정의는 누구나 똑같은 대우를 받아야 한다는 법률적 평등과 자연권을 침해하지 않음을 의미할 뿐이다. 그러므로 어떤 정형에 맞추어 노동의 결과를 재분배한다는 것은 자유에 대한 심대한 침해가 된다.

그렇지만 우송은 공정한 분배의 문제에서는 고전적 자유주의와는 노선을 달리한다. 로크나 노직에게 국가에 의한 부의 재분배란 결국 권리의 침해에 불과한 것이었다. 이에 반해 우송은 재분배를 정당화하는 근거로서 다음 두 가지를 제시한다.12) 하나는 혜택을 많이 받음으로써 많은 것을 갖게 된 사람은 혜택을 덜 받음으로써 가난하게 된 사람에게 그가 가진 것의 일부를 할애하는 것이 사리에 맞으며, 둘째로 사회라는 큰 공동체는 가족 공동체의 확대라고 유추할 수도 있으므로, 가족 구성원의 약자를 다른 가족 구성원이 보호하듯, 사회의 강자는 약자를 돌보아야 마땅하다는 것이다.

우송은 특히 분배 정의의 문제에 깊은 관심을 기울여 논문도 여러 편 발표했다. 우송은 블라스토스(Gregory Vlastos)의 분류에 따라 다음과 같은 정당한 차등의 원칙을 제시하고 검토한다.13)

---

12) 같은 책, p.406.
13) 김태길, 『윤리 문제의 이론과 사회 현실』, p.277.

(1) 각자의 필요(need)에 따라 분배한다.
(2) 각자의 가치에 따라 분배한다.
(3) 각자의 능력과 업적에 따라 분배한다.
(4) 각자의 일(work)에 따라 분배한다.
(5) 각자가 체결한 계약(agreement)에 따라서 분배한다.

이 다섯 가지 기준 중에서 (2)와 (4)는 우선 제외된다. (2)는 인간을 차별해서 대우하는 기준으로 이해되므로 제외될 수밖에 없다. 모든 인간은 인간으로서의 가치는 동등하다고 볼 수밖에 없기 때문이다. (4) 역시 독립적인 기준이라고 하기는 어렵다. 일은 결국 일의 결과로 생기는 업적 때문일 것이기 때문이다. 그러면 결국 (1)과 (3)과 (5)가 차별적 분배의 기준으로 검토의 대상이 된다.[14]

여기서 우송은 필요의 기준과 업적의 기준이 안고 있는 문제점을 다음과 같이 논의한다. 먼저 필요의 기준이 현실적으로 야기하는 문제점을 보자. 그것은 첫째, 모든 사람의 모든 필요를 충족하려면 많은 재화와 봉사 인력이 있어야 한다. 둘째, 각자의 필요를 객관적으로 규정하기가 매우 어렵다. 셋째, 과학기술이 발달하고 생산성이 높아갈수록 필요의 욕구는 커질 것이며, 이런 추세는 자연 자원의 고갈과 환경오염을 가속화시킬 것이다.

그렇지만 우송은 필요의 기준이 갖는 난점에도 불구하고 "필요에 따라 분배한다."는 원칙은 반드시 살려야 할 귀중한 생각을 간직하고 있다고 본다. 그것은 바로 기본적 생존을 위해 필요한 것은 모든 사람에게 우선적으로 분배해야 한다는 생각이다.

"각자의 능력과 업적에 따라 분배한다."는 기준도 문제점이 있음을

---

14) 같은 책, p.278.

우송은 지적한다. 첫째로, 분배하고자 하는 일정한 분량의 재화 또는 기회와 정당하게 관련시킬 수 있는 능력이 어떤 종류의 것인지를 이론의 여지가 없도록 결정하기가 쉽지 않다. 둘째, 업적에 따라서 분배한다고 할 때, 그 업적들을 비교하고 평가하는 기준을 어떻게 세우느냐 하는 문제가 있다. 셋째, 설령 업적의 비교와 평가를 위한 기준을 정할 수 있다 하더라도 업적에 따라서 분배의 양을 정한다는 것 자체가 문제될 수 있다. 즉, 업적은 크지만 필요는 적은 사람도 있으며 업적은 작으면서 필요만은 많은 사람도 있다. 그럼에도 불구하고 우송은 능력과 업적에 따라 분배한다는 원칙은 현재의 인간성에 비추어 볼 때 사회 전체의 번영을 가져오기에 적합하며 또 실천의 어려움도 비교적 적다는 장점을 갖는다고 본다.

이보다 한 걸음 더 전진한 것이 "각자가 체결한 계약에 따라 분배한다."는 기준이다. 이때의 계약은 문서나 구두로 명백하게 체결한 계약뿐만 아니라 은연중에 성립한 묵계까지도 포함된다. 그러나 자유롭게 체결된 계약이 아닌 경우나, 불공정한 계약은 제외되어야 한다. 우송은 이런 계약론의 대표로 롤즈의 사회정의론을 든다. 이것은 전통적인 사회계약론의 기본 사상을 수용하면서도 종전의 계약론이 가진 약점을 보완하는 학설로 볼 수 있다는 것이다. "롤즈가 제시한 정의의 두 원칙은, 만약 그 두 원칙에 모든 당사자들이 동의하리라는 것을 믿을 수 있다면, 매우 합리적인 계약 즉 정당한 계약의 산물이라고 볼 수 있을 것이다. 그리고 롤즈의 두 원칙은 '필요에 따라 분배한다'는 원칙 가운데서 살려야 할 장점과 '능력과 업적에 따라 분배한다'는 원칙 가운데 살려야 할 장점을 아울러 포섭하고 있는 것으로 볼 수 있다는 의미에서 우리들의 주목을 끈다."[15]

---

15) 같은 책, p.286.

여기서 "필요에 따라 분배한다."는 원칙에서 살려야 할 부분이란 의식주의 기본적인 생물학적 욕구는 누구의 욕구든 충족될 필요가 있다는 것이다. 우송은 더 나아가 생물학적 욕구의 충족에 이어서 기본적 의료의 혜택과 중등 수준의 교육과 같은 기본 생활의 안정을 모든 사람에게 보장하는 일은 국가가 수행해야 할 일차적 과제라고 본다. "능력과 업적에 따라 분배한다."는 원칙에서 살려야 할 장점이란 구성원 모두의 기본 생활의 안정을 보장하고 난 이후의 초과 소득에 대해서는 그것을 산출한 자에게 귀속시킨다는 것이다.

우송은 기본 골격에 있어서는 롤즈의 사회정의론에 동의하면서도 여기서 한 걸음 더 전진하고자 한다. 우리들의 욕구 체계의 조정이 바로 그것이다. 왜 이런 조정이 필요한가? 사회의 최소 수혜자들이 기본 생활의 안정이 보장되도록 분배를 받는다 하더라도 그것만으로는 만족하지 않고, 목표가 달성되면 다시 더 높은 수준의 생활을 기대하게 될 것이기 때문이다. 반면에 최대 수혜자는 이를 용인하지 않을 뿐만 아니라 재화를 무한정 생산할 수도 없을 것이다. 이런 상황에서 우송은 말한다. "소유의 극대화 또는 향락의 극대화가 우리를 행복으로 안내하리라는 이 인생관을 버리지 않는다면 공정한 분배를 실천함으로써 모두가 만족하는 삶을 갖고자 하는 우리들의 소망은 달성의 실마리를 찾기 어려울 것이다."[16]

4. 자유민주주의와 차선의 길

우송은 이데올로기의 갈등에서 자유민주주의를 선택한다. 그렇지만 이것은 최선의 선택이 아닌 차선의 선택이다. 최선의 이데올로기

---

16) 같은 책, p.290.

란 무엇인가? 왜 최선을 선택하지 않고 차선을 선택하는가?

우송은 이데올로기를 평가하는 두 개의 기준을 제시한다. 첫째, 문제된 이데올로기가 실현하고자 하는 목표, 즉 그 이데올로기가 이상으로 삼는 사회의 그림이 얼마나 매력적인가? 둘째, 문제된 이데올로기가 내세우는 목표의 실현이 현재의 여건에 비추어 볼 때 가능한가?

첫 번째 기준에서만 보면 공산주의 이데올로기가 자유민주주의의 그것을 앞지른다고 우송은 본다. 말하자면 모든 사람이 자신의 능력에 따라 일하고, 필요에 따라 공정하게 분배받으며, 착취나 계급이 없는 사회가 존재할 수 있다면, 그것이 최선일 수 있다는 것이다. 그런데도 왜 공산주의는 실패했는가? 왜 이런 최선을 추구하는 사회가 실현되지 못했는가? 우송의 대답은 간단하다. 이런 사회를 실현하려고 하는 사람들의 수준이 매우 낮았다는 것이다.[17]

> 사회주의 내지 공산주의 사회의 건설이 청사진과 같이 진행되지 못한 가장 큰 사유는 공산주의의 청사진을 실현하기에 요구되는 인간상의 수준이 대단히 높은 데 비하여 현실적으로 그 청사진을 실천하는 일에 참여한 사람들의 도덕적 수준이 저 요구되는 인간상의 수준에 크게 못 미쳤다는 사실에 있다고 필자는 생각한다.

자유민주주의는 궁극적으로 도달하고자 하는 분명한 청사진을 제시하려 하기보다는 방향성과 절차의 설정에 만족한다. 세밀한 부분들은 개인의 선택에 달려 있다고 보기 때문이다. 여기서는 개인이 삶의 주체적 단위라는 것이 가장 중요한 원리이다. 자유민주주의는 개인의 자유를 전제로 하고 출발한다. 그러므로 자유경쟁과 욕구의 충돌을 해소하는 공정한 법의 제정과 지배가 자유민주주의의 청사진이라고

---

17) 김태길, 『변혁 시대의 사회철학』, p.371.

할 수 있다.

사회주의나 공산주의와 비교할 때 자유민주주의는 그 실현을 위해서 그렇게 높은 수준의 인간상을 요구할 필요가 없다. 우송이 자유민주주의를 차선이지만 우선적으로 선택한 이유가 여기에 있다.[18]

    자유민주주의의 그림은 사회주의 내지 공산주의가 앞세우는 그림의 매력을 따라가기 어렵다. 자유민주주의의 그림에는 소아(小我)의 껍질을 깨는 뜨거운 사랑의 감격도 없고, 이성적 자아의 실현을 위해서 감각적 욕망을 초월하고자 하는 이상주의도 없다. 속물로서의 인간의 현주소에 안주하면서, 서로 남에게 방해가 됨이 없이 다 같이 즐겁게 살기만 하면, 그것으로써 자유민주주의의 목표는 일단 달성했다고 볼 수 있을 것이다. 그러나 청사진에 가까운 사회를 실현할 수 있는 가능성을 비교할 때는 자유민주주의 편이 더 현실적이라고 보아야 할 것이다.

우송은 우리 국민의 의식 수준이 사회주의의 이상주의를 실현하기에는 많이 미흡하다는 진단을 내린다. 그 이유로서 그는 (1) 이성보다도 감정의 우세함, (2) 내면적 가치보다는 외면적 가치의 선호, (3) 지나친 개인주의의 성향 등을 제시한다.

이러한 지적은 이데올로기의 갈등을 뼈저리게 몸소 체험한 우송의 통찰을 잘 보여준다. 실제로 마르크스는 인간을 너무 과대평가했다고 할 수 있다. 우리가 천사 같은 심성의 소유자들이라면 공산주의 사회가 아무런 부작용 없이 실현될 수 있었을 것이다. 그러나 우리는 그런 존재가 아니다. 플라톤이 이상적인 정치체제를 구상하면서 가장 고민했던 것도 이런 체제를 실현할 수 있는 인재를 어떻게 양성할 것인가 하는 문제였던 것이다.

그렇다면 현재 한국인의 의식 수준으로서 자유민주주의 이념을 실

---
18) 같은 책, p.376.

현하는 것은 가능할 것인가? 사회주의 내지 공산주의를 실현하는 일보다는 자유민주주의를 실현하는 일이 덜 어렵겠지만, 자유민주주의 사회의 실현을 위해서도 상당히 높은 수준의 윤리 의식이 요구되며, 현재 한국인의 윤리 의식은 아직 그 수준에 이르지 못하고 있다는 것이 우송의 진단이다.[19)]

첫째로, 자유민주주의는 강한 준법정신을 요구하며 일상생활에서도 규칙을 존중하는 마음가짐을 요청하나, 한국인에게는 법 내지 규칙을 자진해서 지키는 마음가짐이 부족하다. 둘째로, 자유민주주의는 남의 권익에 대한 존중과 대인관계에서의 합리적 태도를 요구하지만, 한국인 가운데는 남의 권익을 안중에 두지 않거나 혹은 만사를 감정적으로 처리하는 사람들이 많다. 셋째로 자유민주주의 사회가 성공적으로 건설되기 위해서는 공정(公正), 약속 이행, 공과 사의 구별 등의 덕성을 요구하나, 한국인에게는 이러한 시민윤리의 덕성이 부족하다.

『변혁 시대의 사회철학』이 출간된 것이 1990년이니까 이런 진단은 20년 전의 일이다. 그동안 우리 사회의 민주화가 엄청나게 진행된 것은 사실이지만, 아직 선진사회의 진입이라는 과제를 안고 있는 현실에서 보면 우송의 진단은 여전히 중요한 메시지를 던진다.

결론적으로 우송은 우리 사회의 당면 과제로서 여러 갈래의 길을 검토한다. (1) 자유민주주의 체제를 유지하면서 현실의 문제를 개선하는 길, (2) 공산주의의 청사진을 실현하는 길, (3) 자유민주주의도 아니고 사회주의도 아닌 제3의 체제를 선택하는 길이다. 우송은 특히 한국인의 심성과 연관시켜 (1)의 길밖에 없다는 결론을 내린다.

---

19) 같은 책, p.380.

5. 공동체 자유주의자의 길

왜 우리는 이런 낮은 의식 수준에 머물게 되었는가? 현실과 의식은 어떤 관계가 있는가? 이 문제는 제도와 의식의 문제이기도 하다. 이 문제에 대한 두 가지 대립적인 견해가 있다. 하나는 의식 수준을 높이기 위해서는 제도를 먼저 바꾸어야 한다는 것이고, 다른 하나는 의식을 먼저 높여야 제도가 바뀐다는 것이다.

제도를 바꾸면 사람들의 의식이 그것에 맞추어 변한다는 사실은 작은 규모에서는 가끔 확인할 수 있다. 그러나 공산주의라는 체제로 큰 틀을 바꾸어도 사람들의 의식 수준은 크게 높아지지 않았다. 공산주의가 실패한 중요 원인이 바로 그것이다. 그러므로 무조건 제도를 먼저 바꾸어야 한다는 주장은 정당화되지 않는다. 그뿐만 아니라 누가 제도를 바꿀 것인가 하는 문제는 고양이 목에 방울을 다는 문제로 여전히 남아 있다.

그렇다면 의식 수준을 먼저 상승시켜 제도를 높은 수준으로 바꾸는 길밖에 없다. 그러나 여기에도 난제가 있다. 국민 전체의 의식 수준이 한꺼번에 높아지지는 않는다. 누군가의 선구적 역할이 필요하다. 우송은 지성적 엘리트에게 이 역할을 맡긴다. "우리들의 사태를 순환론의 늪에서 탈출할 수 있게 하는 희망의 고리는, 사회 성원 가운데는 일반보다 높은 의식 수준을 가진 지성적 엘리트가 있으며, 그들의 높은 의식 수준이 개혁 또는 향상을 위한 기폭제의 구실을 할 수 있다는 사실에 있다."[20] 우송은 일생을 우리 사회의 지성적 엘리트로서 살았다. 자신의 이론을 그대로 실천한 것이다.

동시에 우송은 우리 모두가 함께 지향해 가야 할 우리 사회의 청사

---

20) 같은 책, p.382.

진을 다음과 같이 제시한다. 이 청사진은 추상적 유토피아가 아니라 현실에 기초한 실현 가능한 청사진이다.21)

개인이 각각 자신의 삶을 설계하고 그것을 실천에 옮길 수 있기 위해서는, (1) 개인에게 자유가 주어져야 한다. 물론 이때의 자유는 제한된 자유이다. 말하자면 다른 사람의 자유와 양립할 수 있는 자유이다. 만약 모든 사람에게 무제한의 자유가 주어진다면 결국은 서로가 서로의 자유를 방해하게 될 것이고 대부분의 사람들이 심한 부자유를 겪게 되는 자유의 역리에 빠질 수밖에 없을 것이기 때문이다.

(2) 개인의 기본 생활이 안정되어야 한다. 이것은 생활비의 직접적 지원이 아니라 각자에게 기본 생활에 필요한 소득의 기회가 부여되는 방식을 통해 실현되어야 한다.

(3) 개인의 소질에 적합한 교육의 기회가 주어져야 한다. 교육의 기회를 균등하게 제공하기 위해 고학력 소비자를 지나치게 우대하는 지금의 보수 체계는 고쳐져야 하며, 복지정책의 차원에서 대학의 장학제도를 마련해야 한다.

(4) 민주주의적 문화가 펼쳐져야 한다. 장차 한국의 문화는 소비 위주의 문화에서 인간 개발의 문화로 방향을 바꾸어야 한다. 소질이 탁월한 소수가 아니라 모든 사람들이 각자의 소질을 개발하는 문화 풍토를 조성해야 한다.

(5) 사회의 법질서가 확립되어야 한다. 이 과제의 첫째 단계는 공정하고 합리적인 법을 제정하는 일이며, 둘째 단계는 그 법을 준수하는 일이다.

우리는 이런 청사진에서 적극적 자유의 개념 위에 전개된 진보적 자유주의, 공동체 자유주의의 이념을 확인한다. 이론과 실천의 양면

---

21) 같은 책, p.384 이하.

에서 우송은 명실상부한 한국 최초의 공동체 자유주의자였다고 할 수 있다.

[참고문헌]

김태길, 『새로운 가치관의 지향』, 민중서관, 1969.
_____, 『인간회복 서장』, 삼성문화재단, 1973.
_____, 『새 인간상의 정초』, 삼화출판사, 1973.
_____, 『한국인의 가치관 연구』, 문음사, 1983.
_____, 『변혁 시대의 사회철학』, 철학과현실사, 1990.
_____, 『직업윤리와 한국인의 가치관』, 철학과현실사, 1998.
_____, 『윤리 문제의 이론과 사회 현실』, 철학과현실사, 2004.
_____, 『윤리학』, 박영사, 2005.
윤평중, 『급진자유주의 정치철학』, 아카넷, 2009.
이근식·황경식, 『자유주의란 무엇인가』, 삼성경제연구소, 2001.
이근식·서병훈 편저, 『자유주의와 한국 사회』, 철학과현실사, 2007.
철학연구회 편, 『자유주의와 그 적들』, 철학과현실사, 2006.
황경식, 『자유주의는 진화하는가』, 철학과현실사, 2006.

해석적 담론으로서의 수필철학

정대현
이화여대 명예교수

1. 문제 제기: 수필철학은 불가능한가?

김태길, 김형석, 안병욱은 철학자인가, 수필가인가? 이러한 물음은 흔히 선택을 요구하는 물음이다. 그러나 "둘 다 참이다."라는 답도 가능하다. 이들을 수필철학자라고 생각하는 것이다. 물론 이 물음이나 답변의 방식은 각기 수필이나 철학에 대한 특정한 이해를 전제한다. 이 답변을 위한 이해의 방식은 위의 물음이 요구하는 이해의 방식과 구별하여 제시될 수 있어야 할 것이다.

1) 김태길

김태길은 문학적 수필가[1]로 알려졌지만 인간 조건을 성찰하기도 한다. 예를 들어, 그의 수필 중 「굼벵이의 구르는 재주」[2]에 주목하자.

---

[1] 문학적 수필과 해석적 수필의 구분은 엄밀하지 않다. 문학적 수필은 궁극적으로 해석적 수필로 환원되기 때문이다. 이 구분은 '해석'을 간접적으로 하는가, 직접적으로 하는가의 차이일 뿐이다.

그는 "굼벵이에게도 구르는 재주 하나는 있다."라는 속담에서 출발한다. 이 속담에는 교만함이 들어 있다는 것이다. 평범한 사람이 의외로 쓸 만한 짓을 했을 때 하는 칭찬이지만 벌레에 비유했기 때문이다. 속담의 문맥을 분석해 낸 것이다. 또한 '구르는 재주'를 언어 분석해 보면 '그저 없는 것보다는 낫다'라는 그 재주를 업신여기는 태도가 일관되게 드러난다는 것이다.

김태길은 이 속담이 위계적 사회의 발현이라는 문맥에서 비롯된 것임에도 불구하고 이 속담의 현대적 의미를 살려내고자 한다. 이러한 속담의 생명이 '가치 다원화' 시대에 새롭게 부각될 수 있다고 생각한다. 과거제도와 관련이 있는 학문 숭상의 시대에 구성된 이러한 속담이 현대사회의 가치 측정 제도의 전환에 의하여 달리 해석될 수 있다고 본다. 옛날의 '구르는 재주'로 우습게 생각했던 재능이 학문의 능력을 대치하고 있다는 것이다. 노래 솜씨, 춤 솜씨, 만화 그리는 재주, 운동경기 등에서 뛰어나기만 하면 된다. 과거의 '구르는 재주'가 이제는 '하늘을 나는 재주'가 되었다. 모든 사람이 자신의 장기를 살려 귀천 없이 잘살 수 있는 시대를 보여준 것이다.

2) 김형석

김형석이 집필한 수필 중 관심을 끄는 것은 '영원'을 주제로 한 수필집3)이다. 이것은 필자가 대학 1학년 때 몰두한 저자의 연속 강연 주제이기도 하다. 그러나 이 책은 영원 개념을 설명하지도 않고 체계적으로 접근하지도 않는다. 단순히 영원 주제의 수필집일 뿐이다. 그러나 바로 이 지점에서 영원이라는 철학의 지속적 화두가 일상 언어의 공간에서 어떻게 문맥적으로 조명되는가에 주목할 수 있을 것이

---

2) 김태길, 『일상 속의 철학』, 철학과현실사, 2000, pp.146-148.
3) 김형석, 『영원과 사랑의 대화』, 청아출판사, 1990.

다. 먼저 김형석은 영원을 가리키는 문맥들을 드러낸다. 많은 사람들의 사랑, 봉사, 인간미 등의 문맥이 그러하다. 구체적으로, 큰이모의 사랑이 그러한 경우이다. 멀리 사는 아지미는 동네에서도 가장 초라한 집에 살고 있었다. 일주일 그 집에 가 있는 동안에 극진한 대우를 받았다. 맛있는 깨소금을 계속 먹었다. 아지미는 다른 집에 가서 일을 해주고 먹을 것을 가져다주었다. 몇 년 후에 들은 것이지만, 아지미는 남의 밭을 지어 깨 농사를 지었는데, 그해에 나온 깨를 일주일 동안에 다 준 것이었다. 조카에 대한 사랑은 영원을 일주일에 담을 수 있다는 의미였다.

김형석은 인간의 문맥에서 영원의 그림자를 보았고, 이 그림자 뒤에 실재해 있는 영원을 향한 그리움으로 삶을 구성한다. 신문 배달을 하면서 칸트를 읽고 식당일을 하면서 헤겔을 읽었던 것이다. 고학을 만회해 줄 전공은 경영학이었을 텐데, 영원의 그리움은 그러한 어려움 속에서도 영원한 학문으로 안내한 것이다. 여인과의 사랑도 아름답고 피하기 고통스럽지만 영원의 실재는 도피할 수 없는 더 큰 무게로 다가온 것이었다.

3) 안병욱

안병욱도 수필을 통하여 독자들에게 다가갔다. 예를 들어, 그의 대표적인 수필로 소개되는 행복에 관한 수필[4] 하나는 세 개의 단위로 되어 있다. 세 단위의 구분에 대한 저자의 의도가 제시되지 않았지만 하나의 가설적 해석을 해볼 수 있을 것이다. 첫째는 '앉은뱅이 꽃의 노래'이다. 보람이 없으면 허무하고 보람은 행복의 내용이라는 것이다. 보람, 허무, 행복의 관계는 개념적으로가 아니라 공감에 의존하는

---

4) 안병욱, 「행복의 메타포」, 『길 道』, 자유문학사, 2005, pp.53-59.

문법을 갖는다.

그러나 둘째 단위 '세 사람의 석공'에서 그 관계는 선명하게 제시된다. 무엇 때문에 교회 건축 일을 하느냐는 물음에 대해 세 사람의 석공은 다른 답을 한다: "죽지 못해서 이놈의 일을 하오." "돈 벌려고 이 일을 하오." "신의 영광을 드러내기 위해서 이 대리석을 조각하오." 안병욱은 사람들이 "저마다 저다운 마음의 안경을 쓰고 인생을 바라본다."고 적었다. 진리의 다원적 체계를 저자는 "저마다 저다운 마음의 안경"으로 번역하고 있는 것이다. 그렇다면 보람, 허무, 행복의 관계는 이 안경으로 연결될 수 있는 개념적 구조를 갖는다. 행복하다는 것과 행복의 조건이 구분되어야 하는 것처럼, 행복의 조건을 못 갖추어도 행복할 수 있다는 것이다. 셋째의 '밀레의 만종'은 "나의 안경"에 객관성을 부여하는 단위로 보인다. 농부의 그림은 사랑과 노동과 신앙을 통해 나의 분(分)을 아는 것이 행복에 이르는 지름길이라는 것을 보인다는 것이다. "행복은 감사의 문으로 들어오고 불평의 문으로 나간다."는 통찰을 제시한다.

세 철학자의 수필 중에서 인간 성찰이 깊은 글을 선택하여 주목하였지만 삶의 어떤 국면의 글도 인간에 대한 성찰이라고 생각한다. 이 글은 "수필은 철학이다."라는 가설을 지지하기 위해, 먼저 수필의 개념적 성격을 분석한다. 그리고 성찰이라는 것은 얼핏 좁은 문맥의 사유로 생각되지만 넓은 문맥에 의존한다는 것을 논의하여 수필철학이 불가능하지 않다는 것을 보이고자 한다.

2. 해석적 담론의 논리: 말 될 수 있다

왜 수필철학을 말하여야 하는가? 수필철학을 어떻게 말할 수 있는가? 지금을 '담론의 시대'라고 한다. 이론보다 담론이 주목되고 있는 것이다. 사람들은 보편적, 추상적 진리보다 자서전이나 구체적 삶의 이야기를 읽는다. 무슨 까닭인가? 이러한 변화에 대한 철학적 정당화는 어떻게 주어질 수 있는가?

1) 이론철학과 담론철학

담론이란 무엇인가? 담론이란 화자와 청자가 구체적 상호 관심의 주제에 대해 역할을 자유롭게 바꾸어가면서 하는 이야기이다. 담론에 대한 이러한 제안은 여러 가지 요소를 함축하고 있다. 담론이란 선언, 독백이 아니라 적어도 두 사람을 필요로 한다. 담론은 그 주제가 구체적으로 상호 관심이 있어야 하는 까닭에 두 사람과 독립되거나 관계없는 일반적인 것일 수 없다. 그것이 보편적 진리이건 필연적 당위이건 상관이 없다. 그리고 담론은 두 사람이 자유롭게 진행하는 이야기이어야 한다. 두 사람의 신분, 계급, 성별, 종교, 위계 등의 요소로 이야기의 자유가 제한되어서는 안 된다. 이러한 것은 존대어와 하대어의 구조가 상정된 대화에서는 유지하기 어려운 구조이다. 담론은 비판을 구하고 비판의 자유를 요구하는 것이기 때문이다. 비판을 사전에 차단한 대화는 담론이 될 수 없다.

담론에 대조되는 이론(theory, theoria)이란 그 어원에서 경험이나 감정이 아니라 영혼의 눈이나 이성을 통한 실재(신, 실체)의 명료성에 도달하는 명상이나 심성 상태이다. 고전적으로, 실재가 하나라면 실재가 의존하여 있는 논리도 하나이고 인간의 논리 능력으로서의 이성의 체계도 하나일 수밖에 없다고 믿었다. 그러므로 실재에 도달하는 방법으로서의 이성은 철학사적으로 중요할 수밖에 없었다. 이러한 상황은 20세기 전후의 분석철학 태동기에도 예외가 아니었다. "누구의 이성인가?"라는 물음으로 인간 언어가 혼란스러울 때, 문장들이 이성에 내리는 닻이 진리치(truth value)라고 보았고, 이런 진리론적 의미론은 그동안 철학사를 지배해 왔다.5) 진리론적 의미론으로 이루어지는 철학은 이론철학이라 할 수 있을 것이다. 필연성, 명제 태도, 심성 내용, 물리주의 같은 형이상학 주제들은 논리적 언어의 엄밀성에 따라 논의가 진행되어야 하고 그리고 그렇게 이루어지고 있다. 이론철학은 인간의 형이상학적 열망이 지속되는 한 계속될 것이고 그리고 추구되어야 한다. 논리언어가 진리론적 의미론의 취약성에도 불구하고 사용되어야 하는 까닭은 이러한 형이상학이 엄밀한 언어 이외의 언어로 접근되기 어렵기 때문이다. 인간의 형이상학적 그리움은 인간임의 또 하나의 중요한 징표이기도 하다.

그러나 담론이 중요한 까닭은 이론이 특정 주제에 따라 필요하고 도움을 주지만 인간 지성의 일반적 조건으로서는 제한적이기 때문이다. 한 문장의 진리조건을 그 문장과 독립하여 제시하는 것이 불가능하다는 데서부터 시작하여 진리조건적 의미이론은 여러 가지 벽에 봉착한 것이다. 이에 반해 담론은 진리조건이 아니라 맞음이라는 기준을 통해 언어 공동체의 생활양식에서 문장의 의미를 부여받는다. 담론이 우선적이고 이론은 그에 기생하여 특정 목적의 수행에 기여하는 것이다. 진리론적 의미론에 대한 비트겐슈타인과 크립키의 비판은 생활세계 의미론의 활성화에 기여하였다. 그리하여 담론은 일상언어의 비엄밀성에도 불구하고 오히려 언어의 살아 있음의 징표에 의하여 담론철학이라 부를 수 있는 공간을 확보한다. 철학이 세계에 대한 개념적 그림 그리기라면 어떠한 언어 사용자도 그러한 그림 그리기를 하고 있는 것이다. 언어 공동체의 생활양식이 언어 의미구성의 유일한 방식이기 때문에, 철학적 문제 제기도 공동체 문맥 안에서

---

5) 진리론적 의미이론에 대한 논의를 위해 정대현, 『맞음의 철학: 진리와 의미를 위하여』, 철학과현실사, 1997 참조.

이루어질 것이고 따라서 실질적이고 구체적인 내용을 담게 되는 것이다. 마음, 결, 같음, 여가, 평화, 환경, 여성, 우리말, 일상 같은 주제들이다.

2) 사건담론과 문자담론

담론이란 인간 사회에서 매일 이루어지는 이야기이다. 일상 공간에서 화자와 청자가 맞다고 생각하는 말을 주고받는 행위나 내용인 것이다. 이러한 담론은 전통적으로 존중되어 왔던 이론과 어떤 관계에 있는가? "담론이 이론보다 우선적이다."라는 가설이나 "담론이란 생활양식에 근거한다."라는 명제는 이미 논의한 바 있다. 두 주장을 잠정적으로 수용한다면, 그 다음의 물음은 담론의 언어적 성격이 무엇인가라는 주제일 것이다. 모든 담론들은 동일한 언어적 차원에서 나타나는가? 이들은 문맥에 따라 다른 차원을 가질 것인가? 담론은 발생하는 상황에 따라 법정의 증언일 수 있고 소설이나 수필로 나타나기도 한다. 그러나 이러한 다양한 담론의 경우들은 무엇으로 일관되게 연결되며 통합될 수 있을 것인가? 다음의 개념적 그림은 그러한 목표를 향한 하나의 시론이다.

'일상담론'이라 부를 수 있는 기초적 담론에 주목해 보자. 일상담론은 특정 공간과 시간을 단위로 한 개별적인 성질을 유지한다. 화자와 청자가 다른 요소들과 더불어 구성하는 총체적 문맥에서 화자의 담론 발화 행위가 발생한다. 화자와 청자가 놓여 있는 '일상 공간'이라는 것은 언어 공동체의 총체적 연대의 부분으로 존재한다. 화자와 청자는 이 언어 공동체의 언어를 사용하여 자신들의 생각을 소통하는 것이다.

예를 들어, 딸이 아버지에게 "아빠는 엄마를 잘 돕고 있어요?"라고 물을 때 아버지는 딸에게,

(1) 나는 설거지를 한다(화자1, 청자2, 시간3, 공간4).[6]

라고 대답하는 경우가 있다고 하자. 이러한 경우가 일상담론의 전형적 경우가 될 것이다. 일상담론은 이러한 구조에서 현실적 삶의 공간에서 발생하는 사건적 담론이라 해야 한다. 그러한 의미에서 일상담론의 문맥은 (1)에 나타나는 네 개의 색인사가 단편적으로 지시하는 대상들의 합이 아니라 이들이 그려내는 총체적 문맥인 것이다. 언어공동체의 통시적 연대의 종점이면서 공시적 연대의 부분인 것이다.

'상위담론'이라 지칭할 수 있는 담론이 있다. 앞의 아버지가 퇴직하여 집에서 하루 세끼를 먹는 삼식씨가 되는 경험을 수필로 적을 수 있다. 오피스텔로 쫓겨나지 않기 위해 그는 여러 가지 실험을 수행하면서 그 중의 하나를 소개하여,

(2) 나는 설거지를 한다.

라고 쓰는 것이다. 이러한 수필은 피상적으로 생활 사실의 기록이므로 '일상담론'으로 말하여진다. 그러나 이러한 인상은 오도적이다. 왜 그러한가?

　일상생활의 경험을 적는 수필은 현실성에 기초한 것이기 때문에 감동적일 수 있다. 그러나 (2)는 (1)과 판이하게 다르다. (1)은 현실의 삶의 공간에서 발생하지만 (2)는 현실적 삶의 공간 이외의 공간에서 나타난다. 수필이라는 작품의 문자 공간이다. 청자나 시간이나 공간

---

[6] 사건 (1)은 나의 설거지 행위로서의 사건과 나의 발화 행위로서의 사건으로 세분될 수 있다. 일차적으로 발화 사건이지만 이것은 행위 사건에 기초하여 있을 뿐 아니라 발화 사건은 행위 사건의 언어적 구조를 나타내고 있는 점에서 연결되어 있다.

이 정해져 있지 않은 공간인 것이다. 수필 작품의 다른 문장들과 관계하여 구성되는 공간이다. 수필은 그래서 문자적 담론이다. (1)은 '엄마를 돕는 행위'뿐 아니라 현실의 총체적 문맥에서 헤아릴 수 없는 경우의 해석에 열려 있지만, (2)는 그 수필이 적시한 '쫓겨나지 않기 위한 이유' 이외의 다른 해석을 일차적 이유로 허용하지 않는다. 다른 해석을 하는 경우 그것은 그 수필 작품의 문자 공간의 자율성을 해치는 것이 된다. (2)도 현실에 기반한 문맥을 갖지만 구체적 사건 공간과는 독립된 문맥을 갖는다.

수필이 현실성에 기초했으면서도 사건 공간과 독립되어 있다는 사실은 중요하다. 수필은 일상 경험을 적고 있으면서도 일상담론이 아니라 상위담론인 것이다. 사건적 담론이 아니라 독립된 담론이라는 의미에서 가능성의 이야기가 된다. 나의 일상 경험을 기록하는 동안 많은 문맥들이 추상되면서 사건적 담론의 외양에서 가능성 담론으로 전환되는 것이다. 내게 가능한 이러한 이야기는 누구에게나 가능하다는 메시지가 들어 있다. 이 점을 더 논의하도록 하자.

사건적 담론으로서의 일상담론과 문자담론으로서의 상위담론의 차이는 비트겐슈타인의 한 관찰을 예로 명료화될 수 있을 것이다. 이집트의 피라미드나 이와 비슷하게 생긴 삼각형 물체에 대해 사람들은 여러 가지로 말할 수 있다: "삼각구멍 물체, 기하학적 소묘, 그 밑변 위에 서 있는 것, 그 꼭짓점에 매달려 있는 것, 산(山), 쐐기, 화살, 또는 지시 표지, 직각을 끼고 있는 변 중 (예컨대) 짧은 변 위에 서야 될 어떤 넘어진 물체, 반쪽의 평행사변형."[7] 이 외에도 무수하게 많은 기술이 가능할 것이다. 이집트의 특정 피라미드가 사건이나 사태로서의 이야기를 담고 있다면 이에 대한 사람들의 여러 가지 언급은

---

7) 비트겐슈타인, 이영철 옮김, 『철학적 탐구』, 서광사, 1994, p.298.

각자의 관점으로부터 구성된 문자적 이야기인 것이다.

위의 차이 기준은 아직 충분하지 않다. 고려함직한 기준은 "사건담론들은 의미논리뿐만 아니라 인과논리로도 연결되지만 문자담론들은 의미논리로만 연결된다."는 것이다. 두 담론이 의미논리로 구성된다는 것은 자명하다.[8] 둘 다 특정 언어체계의 문장에 의존하여 구성되기 때문이다. 그러나 사건담론은 인과적으로 연결되지만 문자담론은 그렇지 않다. 사건담론은 문장 발화의 사건으로서 발화와 관련된 화자의 억양, 표정, 몸짓 등의 성질들을 구현하여 갖는다. 예를 들어, '미안합니다'라는 표현은 문자담론이나 사건담론에서 같이 사용될 수 있다. 그러나 문자담론의 경우에는 진정성, 애조, 눈물, 또는 하대, 비웃음, 경멸 등의 성질이 담길 수 없지만, 발화 시에는 추가적으로 구현될 수 있다. 즉 발화 사건은 문자 담론에서는 가능하지 않은 인과적인 이유로 청자 반응을 일으킬 수 있는 것이다. 사건담론으로서의 일상담론은 그러한 인과적 관계의 성격에 근거하여 대상적 담론이라 한다면, 문자담론은 특정 문장을 대상으로 취급한다는 의미에서 상위 담론이라 할 수 있는 것이다.

3) 해석담론으로서의 수필

위와 같은 담론 개념에 기초한다면, 어떤 종류의 문자적 이야기도 '담론철학'이라 할 수 있다. 일종의 '문자의 철학 편재성' 가설이다. 그러나 이러한 담론철학은 크게 두 가지로 구분하여 고려할 수 있을

---

[8] 사건담론과 문자담론이 의미논리로 연결된다는 것은 자명하다. 둘 다 언어의 의미상과 국면적 봄에 예속되어 있기 때문이다. 게슈탈트 스위치 같은 경험의 의미상과 국면적 봄은 문자담론뿐 아니라 사건담론에서도 나타나기 때문이다. 문자담론은 담론을 심화시키지만 사건담론은 담론을 총체적 문맥에 정치시킨다. 깊게 생각하기 위하여 문자담론을 하고 총체적으로 보기 위하여 '만나 이야기'해야 하는 것이다.

것이다. 담론 진행의 논리에 따라 구분이 가능할 것이다. 하나는 '말이 된다/말이 안 된다'의 기준에 따라 특정 표현이 생활 언어에서 사용되는 바의 기존의 문법에 따른 종류의 담론이다. 이를 '분석적 담론철학'이라 부를 수 있을 것이다. 분석적 담론은 개념의 명료화를 목적으로 하는 담론이다.[9] 다른 하나는 '말이 될 수 있다/말이 될 수 없다'라는 기준에 의하여 어떤 표현의 문법을 새롭게 구성하는 것이다. '해석적 담론철학'이라 할 수 있는 이 방식은 인간의 현재의 삶을 자유롭게 하고 풍요롭게 하기 위한 가능 언어의 모색이라 할 수 있을 것이다. 수필은 이러한 종류의 해석담론이라고 생각한다. 이를 지지하기 위해 두 가지 논의를 하고자 한다.

첫째, 수필은 사건으로서의 일상담론이 아니라 문자로서의 상위담론이다. 수필이 상위담론이라는 것은 무엇인가? 상위담론과 상위언어의 구분이나 차이는 무엇인가? 상위언어는 대상언어와 대조되는 구별에 기인한다. 대상언어란 "4·19 혁명은 1961년에 발생하였다." "일산은 서울보다 개성에 더 가깝다."에서와 같이 구체적 시공의 사건이나 대상에 대해 서술적 술어를 일차적으로 적용한 경우의 문장을 나타낸다. 이에 대해 상위언어란 "'4·19 혁명은 1961년에 발생하였다'는 거짓이다." "'일산은 서울보다 개성에 더 가깝다'는 참이다."에서와 같이 구체적 시공의 사물이 아니라 문장이나 어구 같은 언어 단위에 대해 의미론적 술어를 일차적으로 사용한 문장으로 구성된다.

상위언어가 대상언어에 대조된다면, 상위담론은 일상담론에 대조하여 얻어지는 구분이다. 일상담론은 구체적 시공에서 둘 이상의 사람이 화자와 청자가 되면서 나누는 이야기이고, 이에 대한 상위담론

---

9) 정대현, 「한국어 담론철학: 분석담론의 경우」, 『철학연구』 제87집(2009년 겨울), 철학연구회, pp.115-134.

은 일상담론의 총체적 문맥으로부터 특정 문맥이 배제되는 문자 공간에서의 담론이다. 문자 공간의 담론은 어떤 것도 일상담론에서의 총체적 문맥성을 가질 수 없다. 문자적 공간에 일상담론의 총체적 문맥을 재현하는 것이 논리적으로 불가능하기 때문이다. 일상담론을 구성하는 구조와 문자담론을 지배하는 논리가 다르기 때문이다.10)

둘째, 더 나아가 수필은 분석담론이 아니라 해석담론이다. 문자담론으로서의 수필은 사건담론이 아니므로 수필 안의 소위 에피소드들은 인과논리로 연결되지 않고, 의미논리로만 연결된다. 이것은 수필이 현실의 부분의 사물적 반영이 아니라, 현실의 부분에 대한 언어적 해석이라는 것을 뜻한다. 의미논리에 의해서만 규제되는 가능성의 언어이다. 말이 될 수 있는가의 여부만이 수필을 지배하는 논리이다. 현실의 부분에 대한 가능적 해석의 이야기로 본다는 것이다.

분석담론의 필요가 문제 개념의 애매모호성에서 나타난다면, 해석담론의 필요는 대상 체계의 권태, 소외, 부자유함, 비인간성, 성취 미흡 같은 인간의 부정적 조건에서 나타나는 것으로 보인다. 분석적 담론은 특정한 어구에서 시작하지만, 해석적 담론은 주어진 체계에서 시작된다. 따라서 해석적 담론은 그 체계의 부자유함을 극복하기 위해 관심 있는 또는 중심적이라 할 수 있는 특정 어구를 선택하여 재해석함으로써 그 체계에 자유를 부여하는 것이다. 예를 들어 김태길의 「고목」을 보자.

---

10) 문자담론의 언어와 이론형식의 언어의 경계가 애매모호할 수 있다. 그러나 그것은 기우이다. 문자담론은 특정 문맥이 배제되는 것일 뿐 아직 문맥적임에 반하여 이론형식은 무문맥적이다. 문자담론의 시제는 현재, 과거, 미래의 구분을 허용하지만, 이론형식은 무시간적이다. 문자담론의 청자나 독자는 특정되어 있지 않을 뿐 무기명적으로 상정되어 있음에 반하여 이론형식은 영원의 언어로서 그러한 대중을 필요로 하지 않는다.

고목의 고독은 해소될 수 없는 고독이다. 고목은 작은 나무들의 세계를 잘 알고 있다. 그러나 작은 나무들은 고목을 알지 못한다.11)

'고목의 고독'은 '말이 된다'라고 할 수 없다. 고목은 인간 같은 생각이나 인간 같은 연대성을 갖고 있지 않다. 따라서 고목은 고독의 주체가 될 수 없는 것이다. 그러기 때문에 이 표현이 들어간 이 글은 분석담론이 될 수 없다. 그러나 '고목의 고독'은 말이 될 수 있다. 고목을 인격화하여 '고목'에 새로운 의미를 부여하면 그럴 수 있는 것이다. 그러기 때문에 이 표현이 들어간 글은 해석담론이 된다. '고목'의 해석담론을 통하여 김태길은 노인의 세계에 선명한 질서를 부여하였고 그만큼 노인의 세계는 절제된 자유를 갖게 되었다. 이 구조를 좀 더 잘 보기 위해서, '고목'과 '작은 나무' 대신에 '노인'과 '젊은이'를 대치해 보자.

노인의 고독은 해소될 수 없는 고독이다. 노인은 젊은이의 세계를 잘 알고 있다. 그러나 젊은이들은 노인을 알지 못한다.

그러면 얻어진 대치문 두 문장의 설득력은 원문의 설득력만 못하다는 것을 알 수 있다. '고목'과 '작은 나무'에 부여한 새로운 의미를 통하여 얻어진 두 문장은 그 글의 자율성에 의한 설득력을 갖게 되고, 노인의 세계를 새롭게 조명하는 빛을 선사한다. 이것이 해방적 수필의 묘미인 것이다. 이러한 빛으로부터 인간은 그만큼 자유로워지는 것이다.

이러한 해석담론의 논리는 다음과 같이 일반화될 수 있을 것이다. 어떤 체계이론 T1이 자유롭지 못하다고 생각할 때 해석자는 그 체계

---

11) 김태길, 「고목」, 『초대』, 샘터, 2000, pp.116-119.

에 들어 있는 특정한 어구 x를 재해석하여 그 체계를 자유로운 체계로 확장하고자 하는 것이다. 그는 어구 x가 들어 있는 문장 S1이 기존의 x의 의미 X1으로는 체계 T1을 자유롭게 하지 못하지만, 어구 x를 재해석한 의미 X2로 얻어진 문장 S2가 이론 T2 안에서 '말이 될 수 있다'는 것을 보임으로써, 그 이론 T2가 자유롭다는 것을 보이는 것이다.

해석담론가는 그 어구 x에 대한 이러한 해석을 통하여 그 이론을 확장하는 것이다. 그러한 해석의 정당화는 "어구 x에 대한 재해석을 통하여 얻어진 문장이 그 이론 안에서 말이 될 수 있다."라는 논리에 의하여 얻어지는 것이다. 그렇다면 그 이론의 억압성을 수반하는 어구 x의 기존의 의미보다는 해방적 자유를 허용하는 그 어구 x의 재해석을 선택할 수 있는 것이다. 어구에 대한 재해석도 말이 될 수 있기 때문이다.

이러한 논리로 수필가는 꿈을 꾸는 것이다. 인간의 부정적 조건으로부터 벗어날 수 있는 꿈인 것이다. 넓은 의미의 자유의 확장이 이루어지는 공간의 논리인 것이다. 훌륭한 수필은 예외 없이 이러한 자유의 공간을 선사한다고 믿는다.[12]

3. 피천득의 반철학적 수필론

"수필은 해석적 담론으로서의 철학이다."라는 논제를 지지하기 위해서 넘어야 하는 산맥은 거대하다. 한국어의 경우 그 산맥의 중심에

---

12) 2절의 내용은 필자의 다음 문헌에 의존하여 있다. 『맞음의 철학: 진리와 의미를 위하여』, 철학과현실사, 1997; 「담론: 차이 요구와 연대 확장의 양면적 문법: 공동선으로서의 성기성물(成己成物) 방법론」, 『범한철학』 제50호(2008년 가을), 범한철학회, pp.195-219; 「이론적 다원주의, 담론적 다원주의」, 『다원주의 시대와 대안적 가치』, 이화여자대학교 출판부, 2006, pp.45-83.

피천득의 수필론이 있다. 피천득 수필은 불어의 몽테뉴처럼, 영어의 베이컨처럼, 한국어의 발전과 구성에 획기적 기여를 했기 때문에 더욱 주목할 수밖에 없다. 피천득이 "수필은 철학이 아니다."라고 생각하기 때문이다. 피천득 수필의 밝은 빛과 어두운 면을 동시에 주목하면서 그의 반철학적 수필론의 설득력이 어떠한가를 보이고자 한다.

1) 피천득 수필의 기여

피천득의 수필은 감미롭다. 학창 시절, 어린 마음에 다가오던 피천득 수필의 영상은 교과서의 딱딱한 그것과는 아주 다른 것이었다. 글이 이렇게 아름다울 수 있다는 다른 차원을 보여주었다. 그리고 글을 통해 경험했던 날개를 단 듯한 자유로움은 각인되어 두고두고 글의 전형으로 남아 있는 것이다.

피천득 수필의 이러한 힘은 다른 많은 한국인에게도 영향을 미쳐, 피천득의 수필이 수필의 전형이 되고 있다고 생각한다. 대학의 문학만이 아니라 중고교의 교과서, 그리고 각종 문화센터에서 가르치는 수필의 모형이 된 것이다. 필자의 가까운 친구들도 형제자매들도 피천득처럼 수필을 쓰고 있다. 많은 한국인들이 피천득 수필의 경지에 이르는 꿈을 가지고 있다. 이것은 피천득 수필의 기여라 해야 할 것이다. 피천득의 기여는 조금 더 부연될 수 있다.

많은 한국인으로 하여금 글을 쓰게 하도록 글의 매력을 보였다는 것은 매우 감사한 일이다. 글을 쓴다는 것은 그 글이 어떠한 글이라 할지라도 글의 속성을 가지기 때문이다. 글은 무엇보다도 먼저 반성하게 한다. 글은 나의 생각에 질서를 주는 것이기 때문이다. 나의 파편적 느낌이나 편린적 의견들이 특정 수필의 공간에 들어가고자 할 때 질서 안에 들어가는 것이다. 연필이 '가고 싶은 대로 가는 행로'의 수필이지만 '가는 행로'는 방향을 갖기 때문이다.

많은 한국인이 피천득 식 수필을 쓰면서 자기 생각을 또한 객관화한다. 삶의 상황에서 '새로운 발견'을 하고 '쓰는 이의 독특한 개성'이 들어 있는 글이 나타나는 것이다. 자신의 사적 마음을 감추어 두고 있는 것이 아니라 누구에게나 열린, 자기로부터 독립해 나간 자신의 인격체를 구성해 내는 것이다. 쓰는 이는 유약하거나 소심하고, 나이 들거나 병들어 사라져 갈지라도, 쓰는 이가 구성한 자신의 인격체는 작품으로 영원히 사는 것이다. 수필을 통해 영생의 체험에 다가간다는 것은 소중한 경험이 아닐 수 없다.

그리고 수필을 통해 도달한 자기 인격의 객관화에서 자신의 철학의 집을 볼 수 있게 된다. 철학이 세계에 대한 개념적 그림 그리기라고 한다면, 나의 철학이란 내가 구성한 개념적 둥지 이외의 다른 것이 아니다. 모든 새가 각자 둥지를 갖는 것처럼 모든 사람도 세계에 대한 어떤 형식의 개념을 스스로 그린다고 생각한다.[13] 철학자만이 아니라, 철학 전문 술어를 써서만이 아니라, 어떤 사람도 세계에 대한 특정한 이해 방식을 가지고 있는 한에서 개념적 그림 그리기를 한다.

2) 피천득 수필: 파격의 의미

피천득 수필의 기여에도 불구하고 그의 수필론은 아쉽다. 피천득은 그의 수필론을 「수필」이라는 수필을 통해 제시하고 있다.[14] 피천득의 이 글은 처음 읽어 유쾌하다. 수필을 감각적 은유로 묘사하고 있기 때문일 것이다. 수필이 난이고 산책이며, 온아하고 한가하며 파격의 연잎이라는 것이다. 다섯 문단으로 된 이 작품은 문단마다 이와 같은 은유들로 차 있다. 은유는 정의나 설명의 책임을 피해 가기 때

---

13) 박이문, 『둥지의 철학』, 생각의나무, 2010.
14) 피천득, 「수필」, 『금아문선(琴兒文選): 피천득 수필집』, 일조각, 1985, pp.3-5.

문에 은유는 '화자'나 '청자'가 모두 상상력의 관용성으로 들을 수 있어야 한다.

피천득의 이 작품이 수필에 대한 그의 수필 이론을 나타낸다는 것을 부인할 수도 있을 것이다. 이론이 아니라 수필로 개진되었기 때문이다. 그러나 이 작품은 그의 수필 문학에 대한 상위적 관조의 글이라는 점에서 수필론이다. 피천득 수필의 한국어에서의 중요성을 인정할수록 그렇고 이 수필의 힘이 느껴지는 만큼 그러하다. 글쓴이가 어떤 주제에 대해서건 간에 이론적으로 개진하지 않았다 할지라도, 은유를 통해서 자신의 관점을 선명하게 나타냈다면, 그의 그 주제에 대한 이론은 구성될 수 있는 것이다. 이론이나 개념이란 언어체계에서 단어가 나타내는 그물망의 구조 이외의 다른 것이 아니기 때문이다.

피천득의 「수필」을 처음 읽었을 때 그의 수필론은 그가 그리는 청초한 여인처럼 다가온다. 그러나 조금 더 거리를 두고 읽을 때 긴장하게 되고, 갈등을 느끼게 되고, 모순을 피할 수 없게 된다. 수필은 "검거나 희지 않아야 한다."는 생각에 의아하게 된다. 수필은 회색이라야 하는가? 왜 그럴까? 수필은 포스트모던해서 그럴까? 어떤 해석에도 관점이 있기 마련인데 관점이라는 것 자체를 거부해야 한단 말인가? 이러한 생각의 표현은 무엇을 나타내는 은유일까? 무엇을 주장하는 것일까? 긴장하지 않을 수 없다.

그리고 수필은 "심오한 지성이 아니다."라고 한다. 이것도 당황하게 하는 은유이다. 그러나 무엇인가를 나타내고자 하는 은유이다. 수필은 철학 논문처럼 난해한 개념 나열이 아니고 기호논리의 형식으로 이루어지는 증명이 아니라는 말로 들린다. 그렇다면 수긍해야 하는 조언이다. 그러나 심오한 지성은 그러한 수단으로만 표현되는 것이 아니다. 평이한 언어나 매체로도 심오한 지성은 나타낼 수 있는 것이다. 그렇다면 왜 이렇게 강한 요구를 하는 것일까? 지성이라는 것을 어떻게 이해해야 이 조언에 동의할 수 있을 것인가? "심오한 지성의 글은 수필일 수 없다."는 것은 '심오한 지성의 결핍'이 수필의 필요조건이라는 것이다. 어떤 지성인도 갈등할 수밖에 없는 요구로 들린다.15)

피천득「수필」에서 가장 마음을 설레게 했던 표현은 수필이 '파격'이라야 한다는 제안이었다. '파격'은 새로움에 이르는 통로의 이름일 것이기 때문이다. 그러나 금방 실망하게 되었다. 그 앞에 붙인 수식어 때문이다. '거슬리지 않는'이라는 조건이다. 피천득은 '거슬리지 않는 파격'을 요구한다. 수필은 좌우 양쪽의 한 방향으로 치우치지 않아야 한다는 조건이다. 이해할 만한 충언이다. 검지도 희지도 않아야 하는 수필이라면, 그러해야 할지도 모른다. 그러나 이것은 따져볼 만한 합성어이다. 안중근의 행위는 강점국 일본 질서에 거슬리는 것이지만 피강점지 조선 질서에는 거슬리는 것이 아니었다. '거슬리다'라는 것은 특정 질서 상대적인 것이다. 그렇다면 '거슬리지 않는 파격'이란 자기모순적인 조건이다. 누구에게도 거슬리지 않는 파격이란 있을 수 없기 때문이다. 이것을 조건으로 제안하기 위해선 모순을 피할 수 있는 좀 더 세미한 구조화가 전제되어야 한다.

3) 솔직성: 좁은 문맥과 넓은 문맥

피천득 수필론의 첫째 조건을 파격이라 한다면 솔직성은 그 둘째

---

15) 김현은 다음과 같이 적고 있다: "수필은 붓 가는 대로 쓴 글이 아니다. 그것은 쓰는 사람의 입장에서, 서술의 측면에서는 나의 입장에서, 내가 읽은 것, 보고 들은 것을 삽화적으로 나열하고, 거기에서 삶에 대한 어떤 태도를 찾아내 표명한다. 어떤 태도를 표명한다는 점에서 그것은 철학에 가까워지지만, 내가 읽고, 보고, 들은 것을 삽화적으로 나열한다는 점에서, 그것은 문학에, 아니 소설에 가까워진다. 그것은 철학의 세계관과 소설의 구체성 사이에 존재하는 장르이다."(김현,『소설은 왜 읽는가』, 문학과지성사, 1988, p.230)

조건쯤으로 간주할 수 있을 것이다. 글 쓰는 이의 솔직성은 친밀감을 줄 뿐 아니라 그의 독특한 개성이 살아나면서 지루한 획일성의 삶의 관습에 대한 신선한 파격에 이르게 하여 새로운 발견을 가능하게 할 것이기 때문이다. 그러나 솔직성이 무엇보다 중요한 것은 글쓰기가 요구하는 반성의 조건을 만족하기 위해 필수적이라는 점일 것이다. 글쓰기에서 솔직성을 기준으로 제시한 것은 아무리 강조하여도 지나침이 없을 것이다.

그러나 문제는 피천득의 솔직성이 자의적이라는 점이다. 그의 솔직성은 평면적이다. "옷을 벗어 나의 몸을 드러낸다."는 일의적 솔직성이다. 그리하여 피천득의 솔직성은 개인주의적이다. 글쓰기에서 최초로 만족해야 하는 반성의 조건이다. 그러나 이것은 반성의 첫 몸짓이지만 반성의 모든 것은 아니다. 사람은 혼자 살지 않기 때문이다. 언어는 혼자 만드는 것이 아니기 때문이다. 제도나 가치는 개인적 반성만으로 그 내용이 제안되고 그 값이 평가되고 갈등이 해소되는 것이 아니기 때문이다.

개인적 반성을 솔직성의 좁은 문맥이라고 한다면, 솔직성의 넓은 문맥이라 할 수 있는 통전적(統全的) 반성도 있는 것이다. 솔직성의 개인적 반성은 주어진 환경이 요구하는 자신의 역할에 대해 자기 체면이나 가면을 벗고 있는 그대로의 자기를 드러내는 것인 데 반해, 솔직성의 통전적 반성은 자신을 포함한 주어진 환경이나 역사나 사회가 요구하는 역할에 대해 그 심층적 구조를 밝혀 거짓이나 허위의식을 드러내는 것이다. 반성의 통전성은 개인 자신과 사회가 분리되어 있지 않고 연결되어 있다는 책임의식으로부터의 일체감이다.[16) 데

---

16) 김대행은 "일제강점기에 쓰인 많은 수필의 주제가 국토 예찬"이었던 점 등을 들어 논의하면서 삶의 역사성과 문학의 역사성의 관계에 주목한다. 그리하여 수필이 '인간의 형상화와 이해'라는 보편성을 추구하는 것으로 이해한다(김대

카르트 이원론의 모더니즘의 구조에서는 개인적 반성만으로 충분하지만, 유기적 세계관의 어떤 유형에서도 개인적 반성은 통전적 반성과 연결되어야 하는 것이다.17)

다행스럽게도 피천득은 통전적 반성의 여지를 남겨두고 있다고 생각한다. 피천득은 수필을 파격으로 규정하고 파격은 마음의 여유를 필요로 한다고 말한다. 그러나 이 파격은 "눈에 거슬리지 않아야 한다."고 생각하면서 피천득의 고뇌에 찬 솔직함이 토로되고 있다: "때로는 억지로 마음의 여유를 가지려 하다가 그런 여유를 갖는 것이 죄스러운 것 같기도 하여 나의 마지막 십분지일까지도 숫제 초조와 번잡에 다 주어버리는 것이다."「수필」의 마지막 문장을 그렇게 끝내고 있는 것이다. 피천득은 죄스러움, 초조, 번잡의 까닭을 추구하지 않는다. 지성의 치열함에 들어가지 않는다. '심오한 지성'에 도달할까 두려워서일까? 그러나 피천득은 솔직함의 조건을 만족하고자 한다.

그래도 아쉬움은 남는다. '인간은 원자적'이라는 이원론을 수용하지 않는다면 그렇다. 사람이 다른 사람, 사회, 역사, 그리고 자연까지 연결되어 있다는 유기적 세계관을 수용한다면 이 아쉬움은 더욱 아프다. 글을 쓰면서 개인적 반성을 해야 할 때도 있을 것이다. 심미적 취향도 존중되어야 하기 때문이다. 그렇기 때문에 피천득은 수필을 '독백'이라 불렀을 것이다. 그러나 글쓰기 행위가 타인에 열린 질서, 공개적 초대의 차원에 속한다면 통전적 반성이 일차적 행위가 된다고 생각한다. 독자와 연결된 공간에서 공유할 수 있는 것이 무엇인가

행, 「수필과 문학교육론」, 『한양어문』, 한국언어문화학회, 1995).

17) 이태동은 다음과 같이 적고 있다: "피천득은 … 긴 호흡을 갖고 숨겨진 생의 진실과 지혜를 발견해 그것을 도덕성과 함께 감동적으로 구현하지 못한 것은 아쉬운 부분이다."(『서울신문』, 2007년 7월 5일자) "진부한 일상적인 경험을 나열하고 있지만, 수준 높은 작품은 치열한 사색과 지적인 축적 없이 결코 쓸 수 없다."(『계간수필』 통권 55호(2009년 봄), p.10)

를 찾는 것이 일차적이라는 의미에서이다.

어떠한 글도 문맥적이다. 서양 언어는 문맥 독립적 이해의 구조를 요구한다는 의미에서 동양 언어보다 덜 문맥적이다. 동양 언어는 문장이 사용되는 발화 문맥(화자, 청자, 시간, 공간 등)이 그 문장의 이해의 구조 안에 들어 있다는 의미에서 "문장의 문맥은 그 문장 이해의 문법의 부분이다."라고 할 수 있다. 일반적으로 두 전통의 그러한 차이를 볼 수 있지만, "나는 당신을 사랑한다."라는 문장으로 표현되는 생각은 서양어나 동양어로 발화할 때 그 문맥성은 자명하다. 화자, 청자, 시간, 공간, 그리고 발화 이전의 인간관계와 이후의 인간관계의 문맥은 그 문장의 진위치 선정에 결정적이기 때문이다.[18]

피천득 수필이 개인적 반성으로서의 '솔직'을 요구한다는 의미에서 피천득 수필은 좁은 문맥적이다. 피천득 수필은 심오한 지성을 피하고, 파격도 '거슬리지 않아야 한다'는 차원에서 넓은 문맥이 아니다. 통전적 반성을 거부하기 때문이다. 그러나 '솔직'이 나타내는 개념 공간에는 통전적 반성이 차지하는 개념적 연결망이 있다. 피천득 수필이 보이는 좁은 문맥과 넓은 문맥의 차이나 긴장은 피천득 수필론을 평가하는 데 있어서 중요하다. 큰 효도를 할 수 있으면서 작은 효도만을 고집하는 것은 효도가 아니다. 큰 진리를 알면서 작은 진리만을 말하는 것은 정직하지 않다. 모든 진리를 알면서 한두 진리만을 말하는 것은 위선적이다. 비슷하게, 넓은 문맥의 글을 써야 할 때가 있는데도 항상 좁은 문맥의 글쓰기만을 고집하는 것은 반문맥적이다.

---

18) 정대현, 「표현선택의 문맥론」, 한국분석철학회 동계학술대회록(2006년 2월 16-17일), pp.173-179; 「모호성과 맞음」, 『철학』 제74집(2003년 봄), 한국철학회, pp.129-146.

4. 전망적 결론

앞에서 해석적 담론의 논리 전개와 반철학적 수필론의 반박을 시도하였다. 이러한 시도를 수용할 수 있다면, 수필철학은 불가능하지 않다는 결론을 내릴 수 있을 것이다. 이러한 결론은 몇 가지 함축을 안고 있다고 생각한다. 첫째 함축은 김태길, 김형석, 안병욱은 수필철학자라는 것이다. 이들은 수필철학의 공간을 개설하여 철학이 생소한 한국 사회에서 많은 독자들로 하여금 철학적 지성의 자유를 보였다고 생각한다. 이들이 추구하는 철학적 지성이나 자유가 무엇인지는 독립적 논의가 있어야 하지만, 그 시대에 그들에게서 기대되는 역할을 수행할 수 있었다고 믿는다.

또 하나의 함축은 넓은 문맥에 대한 규정이 논의되어야 한다는 것이다. 한국 철학계에서 넓은 문맥의 수필로 상정되는 글을 읽을 수 있다. 엄정식의 자아, 김진석의 포월, 이주향의 몸, 김영민의 일리, 김상봉의 슬픔 해석학, 윤평중의 질료적 자유 등 여러 경우들이다. 이들의 수필을 자료로 하여 '넓은 문맥'을 구성할 수도 있고, 넓은 문맥의 '선행적 개념'으로부터 이 수필들에 지형도를 줄 수도 있을 것이다. 역사의 방향, 현실의 아픔, 윤리의 거대구조 등에 대한 '치열한' 사유가 있는가? '목숨을 건' 소크라테스적 진지성이 있는가? 이와 같은 물음들이 논의에 개입될 것이다.

철학의 외연적 확장이 이 결론의 다른 함축일 것이다. 철학을 세계에 대한 개념적 그림 그리기라 한다면, 문학은 세계 구성적 이야기라 할 수 있을 것이다.[19] 이 한마디는 소설, 희곡, 시, 수필 등 문학의 모든 분야를 규정하기에 미흡하지만, '개념'에 대한 대조어로서의 '이야

---

[19] 김상환·장경렬 외, 『문학과 철학의 만남』, 민음사, 2000 참조.

기'를 넓게 이해한다면 수긍할 만하다고 생각한다. 철학이 현실이나 경쟁적인 세계관의 개념을 분석하여 제시하는 대안적 개념 작업이라면, 문학은 현실의 문맥에 천착하여 음미하고 분석하여 새롭게 해석하는 활동이라고 생각한다. 철학과 문학은 이러한 점에서 현실의 부정적 조건으로부터 더 나은 세계를 향한 인문적 꿈꾸기가 된다. 두 분야는 현실의 부정성의 질서를 비판하면서 더 자유로운 대안적 세계나 그 신선한 부분을 드러내는 것이다.

개념과 이야기의 밀접성을 이렇게 파악한다면, 많은 문학작품이 철학적이고 많은 철학 작품이 문학적인 까닭이 이해된다. 그래서 문학평론가는 바로 철학자가 되는 것이다. 다른 영역의 평론가도 철학자이긴 매한가지이다. 예술이건 사회과학이건 간에, 문화이건 자연과학이건 간에, 구체적 이야기의 대상언어를 언어 추상성의 상위언어 차원에서 논의해야 하기 때문이다. '수필'이라는 단어를 규정 없이 넓은 의미로 사용하는 까닭은 '철학'에 대한 넓은 의미화의 시도와 관련되어 있다. 철학이 모든 언어활동을 포함할 수 있으므로, 수필도 해석담론으로서 또 하나의 철학일 수 있는 것이다.

김태길 선생님의 생애와 사상

황경식
서울대 철학과 교수

1. 우송 김태길 선생님의 약력

우송(友松) 김태길(金泰吉) 선생님은 1920년 11월 15일, 충북 중원에서 태어나 살아계셨다면 올해 구순이 되신다. 청주고등보통학교를 졸업하시고 일본 제3고등학교를 거쳐 동경제국대학 법학부에 입학, 해방 이후에는 서울대학교 철학과 및 동 대학원을 졸업하셨다. 이화여대, 건국대 등에서 가르치시다 도미하여 미국 존스홉킨스 대학에서 윤리학 관련 논문으로 철학박사학위를 취득하신 후 서울대 교수로 부임하여 1985년경 퇴임하셨다.

철학연구회를 창립, 초대 회장을 지내시고 한국철학회 회장도 역임하셨으며, 대한민국학술원 회장과 심경문화재단(철학문화연구소) 이사장을 역임하셨다. 『윤리학』, 『한국 윤리의 재정립』, 『변혁 시대의 사회철학』 등 다수의 학술서와 번역서들이 있고 『웃는 갈대』, 『빛이 그리운 생각들』, 『흐르지 않는 세월』 등 10여 편 이상의 수필집, 그리고 자전적 에세이인 『체험과 사색』 등의 저서가 있다. 이 밖에도 『소설에 나타난 한국인의 가치관』,『유교적 전통과 현대 한국』등의 역작이 있다.

2. 은퇴를 거부한 구순의 청년, 우송

이 땅에 서양철학의 씨앗이 뿌려지기 시작한 것은 1920년대였다. 이때부터 파종된 철학의 씨앗이 자라나 우리 철학계에서 활동하신 분들을 한국 현대철학의 제1세대라 할 수 있다. 이런 1세대에게서 가르침을 받고 활동한 분들이 한국 현대철학의 2세대를 이룬다. 우송 김태길 선생님은 한국 현대철학의 2세대에 속한다. 우송 선생님은 구순을 앞둔 나이에도 학술원 회장이라는 중책을 맡으시고 활동하셨던 한국 철학계의 큰 기둥이시다.

이 글을 쓰는 필자는 1960년대 중반에 서울대 철학과에 입학하여 줄곧 선생님으로부터 학문적, 인간적 배움을 누리며 40여 년간 선생님을 가까이서 모셔온 한국 현대철학의 3세대에 속하는 사람들 중 하나다. 선생님의 뒤를 이어 서울대에서 가르치기 시작한 것이 엊그제 같은데 나 역시 정년을 얼마 남기고 있지 않으니 세월이 유수임을 실감한다. 이미 우리에게서 배운 철학계의 4세대들이 각 방면에 진출, 힘차게 활동을 시작하고 있으니 감회가 새롭다.

선생님의 인간적, 학문적 성과를 논하는 일은 쉽지 않을 뿐 아니라 조심스럽기도 하다. 그래서 결국 이 일이 필자에게 넘어온 것으로 보인다. 우송 선생님이 직접 그런 말씀을 한 적은 없지만 40여 년간 모셔오면서 은근히 나도 선생님의 애제자 중의 하나라는 확신이 생겼다. 선생님은 언제나 다정다감하셨고 내 말을 대체로 신뢰하셨다. 선생님이 굳이 달리 생각하셨을지라도 나의 확신이 흔들릴 것 같지 않으니 이런 마음을 용서하시리라!

우송의 애제자로 자처하니 우송 선생님을 제대로 편견 없이 대변하기에는 너무도 가까운 거리에 있는 듯하다. 선생님을 좀 더 객관적으로 보기 위해 거리를 두기가 쉽지 않을 만큼 오랜 세월과 인연의 깊이를 체감한다. 그래서 동학들로부터 질투를 받기도 했고 구설에 오르기도 했으리라. 여하튼 아래에 나오는 이야기들은 그저 필자만이 느끼고 생각하는 우송 선생님의 한 단면일 수도 있을 것이다. 하지만 글을 쓰는 이로서는 이런 점들이 선생님에게 큰 흠이 되지 않기만을 바랄 뿐이다.

우송 선생님을 가형(家兄)처럼 모셨지만 먼저 고인이 되신 윤명로 교수님은 우송 선생님의 회갑기념 논문집 서두 「철학자로서의 우송」이라는 글 속에서 우송의 인품을 예찬하기 위해 '한퇴지의 인품에 대한 소동파의 평'을 인용하면서, 옛날이었다면 과거에 급제, 출사를 해서 지조 높은 당상으로서 만인의 귀감이 되고 환향해서는 학덕이 높은 스승으로서 후학의 사표가 됨으로써 명성이 일세에 진동하였음에 틀림없는 고결한 선비의 풍모를 지니고 계신다고 극찬하였다. 이어서 윤 교수님은 "우송 선생은 과연 한편으로는 명문사족의 후손다운 강직한 기질과 또 한편으로는 충청도 출신 특유의 온유한 성품을 겸유하고 있는데다 금상첨화로 남달리 출중한 재질을 갖추고 있다."고 요약하셨다.

필자 역시 오랜 세월 선생님과 함께하면서 윤 교수님의 생각에 동감하는바 적지 않다. 선생님은 강직한 기질과 온유한 성품 그리고 명석한 지성과 냉철한 판단력을 지니신 분이다. 구순을 앞둔 직전까지도 선생님께서는 젊은이 못지않은 명석한 사고를 잃지 않으셨다. 그리고 강직하고 근엄한 기질 속에 온유하고 따뜻한 인간미를 갖추고 사셨다. 하지만 선생님과 친숙한 사람이면 숨겨진 따뜻한 온기를 알지만, 그저 스쳐 지나친 제자들은 선생님의 근엄하고 냉정한 면만을 알아 선생님에 대한 오해로 인해 대체로 어려워하는 듯하여 안타까울 때도 있었다.

무릇 사람들은 일반적으로 양면을 가지고 있다. 그러나 특히 선생님은 근엄하고 냉정해 보이는 외모 뒤에 온유하고 따뜻한 면을 가리고 있어 오해를 불러일으키기 십상인 분이 아닌가 한다. 외모에서 오는 첫인상에도 불구하고 선생님에게 더 가까이 다가가면 선생님의 인간적 온기를 쉽게 느낄 수 있었다. 외유내강 혹은 외강내유 또는 외냉내온 등 선생님의 양면을 이해하려 노력하다 보면 한국 한의학의 사상체질론에서 태양인 체질들이 흔히 그런 양면성을 보인다는 어떤 한의사(실은 필자의 처)의 말이 문득 생각난다.

선생님께서 직접 쓰신 자전적 글 『체험과 사색』을 곰곰이 살펴보노라면 선생님의 이 같은 양면성을 여실히 느끼게 된다. 일생을 통해 선생님은 때로는 소심하고 소극적이며 내성적인 일면을 보이는가 하면, 때로는 과단성 있는 기개와 적극적이고 대범한 면모를 보이기도 했다. 특히 선생님께서 소싯적 일본 유학 시절의 무용담이나 종로 등지에서 결혼 상대자를 구하기 위해 마음에 드는 낯선 규수를 미행해서 추적하는 이야기는 교수로서의 우송 선생만 아는 이들에게는 쉽사리 이해하기가 어려운 대목이 아닌가 한다.

선생님 자신도 당신의 이 같은 양면성을 잘 알고 계시는 듯 다음과 같이 기술하였다. "요즈음 나는 감격을 하거나 흥분을 하는 일이 별로 많지 않다. 남들도 나를 차가운 성격의 사람이라고 보는 경향이 있고 스스로 생각해 보아도 나는 정열적인 사람이기보다는 냉정한 사람임에 가깝다. 그러나 나에게도 덤벙대며 객기(客氣)를 부리던 시절이 있었다는 사실을 왠지 여기에 기록해 두고 싶다."면서 "제산고등학교 시절의 나만을 아는 사람들은 나를 매우 활동적이고 외향적인 성격의 소유자로 알고 있으며," "정치가 또는 기업가 따위의 활동적 직업에나 어울릴 사람이 어떻게 조용한 사색을 요구하는 대학교수 노릇을 하게 되었느냐며 의아하게 여긴다."고 한다.

우송 선생님을 뵙고 있노라면 동양의 십장생 그림의 축도인 송학도(松鶴圖)에 나오는 학처럼 보였다. 훌쩍 크신데다 여윈 체구가 학상으로 보인 것이다. 어디서 연유한 이름인지는 몰라도 선생님의 호 우송(友松)은 절묘한 명명이라 생각된다. 송학도에서 소나무의 벗은 바로 학이기 때문이다. 때로는 선생님이 키 큰 소나무를 방불하게 했다. 여하튼 학과 소나무는 친구인 만큼 닮은 모습이기도 하다. 모두가 대표적인 장생의 상징이니 선생님은 틀림없이 장수하실 것으로 믿었다.

주지하다시피 선생님께서 정신문화연구원 산파역을 성공적으로 끝낸 후 실무 직책은 사양하고 이임하던 날 그 당시 연구원 한 부서를 맡고 있던 서예가 김태정 씨가 석별의 정표로 써준 한 폭의 붓글씨 자작시는 선생님의 호 우송에 얽힌 사연을 더없이 절묘하게 표현하는 듯하다. "운중동에 자리한 청계산 기슭, 맑은 학 있어 노송 위에 일어섰네. 봉우리는 하나인데 구름은 여러 갈래, 비로소 알았네. 솔과 학이 만났음을(雲中淸溪山 淸鶴起老松 一峰多岐雲 如知松鶴逢)."

가녀린 체구인데도 선생님은 젊은 시절부터 운동을 좋아하셨다. 제3고 시절 응원단장을 지내신 것은 놀랍기도 하고 탁구 경력도 있으시지만, 50여 년의 오랜 구력을 자랑하는 테니스 선수이셨다. 테니스가 한국에 들어온 시절부터 시작된, 학계에서는 선구적인 존재이시며 더욱이 구순을 앞둔 재작년까지도 주 1회 정도의 테니스를 즐기셨다. 그때까지 민관식 씨가 최고령을 자랑했으나 그 다음으로는 선생님이 최고 원로인 것으로 안다. 가끔 자신을 이어 철학교수가 된 외아드님 김도식 교수와 맞수를 하셨다니 얼마나 흐뭇하셨을 것인가? 그야말로 구구 팔팔 올드보이를 실감하게 한다.

3. 개혁을 꿈꾼 도덕철학자, 우송

우송 선생님께서는 조선이 독립하는 날 큰일을 하자면 정치를 해야 할 것이고 그러자면 동경제대 법학부로 가야 한다는 논리에 설득되어 동경대학 법학부에 들어갔으나 해방 이후 서울대 철학과에서 다시 윤리학 공부를 시작하게 되었다. 현실을 바꾸자면 그 시시비비를 가려줄 개혁의 확고한 청사진이 있어야 하기에 현실 개혁 이전에 이론적 탐색이 선결요건이라 생각되었기 때문이다. 서울대에서 김두헌 교수님으로부터 윤리학을 배웠고 특히 박종홍 교수님으로부터 철학의 출발점으로서 현실의 중요성을 깨우친 것으로 보인다.

선생님께서 미국 유학을 가시기 전 젊은 시절의 순수한 사명과 열정이 표현된 최초의 학술서 『윤리학 개설』(민중서관, 1955) 서문에는 다음과 같은 글이 나온다. "오늘날 실천의 학인 윤리학과 실천의 세계인 현실사회가 유리된 듯한 모순을 통감하는 바 있어 윤리학은 본시 남의 일이 아닌 우리 자신의 문제를 문제 삼는 학문이라는 것, 따라서 우리 시대와 우리 사회의 특수성을 무시하거나 현실적인 인간성을 고려하지 않는 윤리학은 현재 우리의 윤리학이 될 수 없다는 것을 말하고 싶었다."

또한 선생님은 "윤리학은 실천문제에 관한 가장 근본적인 원리의 해명을 목표로 삼는 것으로서 실천의 학으로서 윤리학은 현실 속에서 그 문제를 발견해야 할 것이며 현실 속에서 그 해결의 단서를 탐구해야 할 것"이라고 말한다. 이어서 선생님은 "우리는 우리 자신의 생, 즉 우리 시대와 우리 국가에 무관심할 수 없으며 우리의 생이 확고한 신념 위에서 전개되고 우리 시대와 국가에 합리적인 지도 원리가 지배하기를 염원한다. 따라서 윤리학은 확고한 신념과 지도 원리를 현실 속에서 찾고자 하는 노력"임을 천명하고 있다. 이렇게 해서 현실 개혁을 꿈꾸는 도덕철학자의 학문적 편력은 시작된 것이다.

그런데 이같이 현실 개혁의 실천적 의도에서 시발되어 개혁의 지도 원리를 찾고자 했던 선생님의 초심은 학부 시절부터 선생님을 괴롭혀온 시비선악의 보편적 기준에 대한 윤리학적 회의라는 장벽에 부딪치게 된다. 이미 선생님은 학사 논문으로서「윤리학 방법의 예비적 성찰」에 대해서 썼고 이에는 '도덕적 평가의 타당근거를 중심으로'라는 부제가 붙어 있는 만큼 윤리적 회의에 바탕한 메타윤리학적 관심과 방황이 시작되고 있음을 보여준다. 이 같은 관심은 미국 유학 시절 그곳에서 매우 활발하게 연구되고 있던 메타윤리학에 깊은 인상을 받았고 이로 인해 윤리학적 회의론에 대한 천착이 본격적으로 수행되기에 이른다.

미국에서 공부하는 동안 선생님은 윤리학적 회의론의 문제가 그토록 치명적인 장애가 될 수는 없다는 생각을 하게 되었다. 스티븐슨(C. L. Stevenson)과 헤어(R. M. Hare) 등의 학설을 통하여 윤리학이 자연과학과 똑같은 논리적 구조를 가진 엄정한 학문이 될 수는 없더라도 다소 느슨한 논리의 학문이 될 수는 있을 것이라는 생각을 하였다. 그뿐만 아니라 "윤리학은 엄밀한 학문이 될 수 없다."는 주장도 이를 치밀하게 전개하여 체계화하면 그 자체가 학문(메타윤리학)이 될 수 있다는 역설도 알게 되었다고 한다.

박사학위 논문의 주제는 '도덕판단의 논리'에 관한 문제, 즉 '도덕판단은 경험적 근거에 의해 진위를 밝힐 수 있는가, 또 어느 정도까지 밝힐 수 있는가'라는 문제를 다루었다. 당시 존스홉킨스 대학 지도교수였던 만델바움 교수와 의논해 논문 구성의 주요 학자를 페리, 듀이, 그리고 스티븐슨으로 정했으며, 이 중 페리는 가치판단을 사실판단으로 옮겨놓을 수 있다고 주장한 자연주의 윤리학자이고, 스티븐슨은 윤리학적 인식에 대해 부정적 견지에 선 정의주의(emotivism)

윤리학자이며, 듀이는 가치판단을 사실판단으로 옮겨놓을 수 없다고 주장하면서도 윤리학이 과학으로 성립할 수 있음을 긍정하는 독특한 논리를 구사한 학자라고 한다.

여하튼 이렇게 해서 선생님은 비교적 만학의 나이임에도 성공적으로 학위를 끝내고 귀국하여 서울대로 자리를 옮기셨다. 그 후 선생님은 학위 논문을 바탕으로 날카로운 메타윤리학적 시각과 분석철학적 필법으로 고대로부터 현대에 이르는 윤리학자들의 사상을 해명하여 『윤리학』이라는 저서를 박영사에서 출간하였다. 이 저서는 출간된 이후 오늘에 이르기까지 많은 윤리학도와 철학인에게 필독서로 애호 받고 있으며 대학생들에게 스테디셀러로 애독되고 있다.

이 책은 크게 두 부분으로 나누어지는데 제1부 '고전윤리학의 유형'에서는 고대로부터 19세기에 이르는 동안 서양의 역사 위에 나타난 윤리학설 가운데서 가장 중요하고 현대에도 가장 영향력이 크다고 생각되는 학설들을 크게 형이상학적, 자연론적, 직각론적 유형 등 세 부류로 나누어 고찰하고 있다. 제2부 '현대윤리학의 유형'은 윤리학적 회의론의 고찰로부터 시작하여 윤리학의 학문적 성립 여부에 대해 긍정론, 부정론, 광의의 학문적 관점에서의 긍정론 등을 소개하고 그 각각에 대한 저자의 비판적 고찰과 더불어 마지막 장에서 저자 나름의 결론을 부기하고 있다.

선생님은 오랫동안 이 저서로 서울대 윤리학 시간에 학생들을 가르치고 함께 토론하였으며, 이 책은 많은 학생들의 사고를 명료하게 일깨우는 촉매제 역할을 해왔다. 그래서 이 저서는 윤리학자로서 선생님의 이미지와 학문적 성향을 짐작하게 하는 심벌이 되었다. 많은 학도들이 선생님을 손쉽게 메타윤리학자로 이해하고 그런 점에서 선생님을 칭송하기도 하고 비난하기도 한다. 그래서 분석적인 메타윤리서로서 이 책은 양가적인 평가에 열려 있었던 셈이다. 특히 규범윤리나 사회윤리적 요구가 절박했던 시대였던 만큼 선생님의 메타윤리적 저서와 윤리학자로서의 이미지는 갖가지 아쉬움도 불러일으켰을 것으로 생각된다.

선생님의 윤리관은 대체로 다음과 같이 요약될 수 있다. "이성을 기본 원리로 삼고 기존의 윤리체계를 비판하는 동시에 같은 원리에 의존하여 앞으로 더 타당한 윤리체계를 정립해야 하며" 또한 윤리란 바로 사회생활의 필요에 따라서 필연적으로 생긴 사회규범의 일종이며 이 같은 역사적 산물로서의 윤리를 '삶의 지혜'로 이해하고자 한다. 또한 윤리를 역사의 과정에서 경험적으로 형성되는 삶의 지혜로 보는 것은 윤리의 근거를 인간성 안에서 찾으려 하는 입장이라고 설명하였다.

이어서 선생님은 인간의 본성에 대한 심리학적 근거에 입각해서 나름의 윤리관에 있어서 두 가지 근본원리를 도출한다. 그 근본원리의 첫째는 "가능한 범위 안에서 최대의 가치가 실현되도록 꾀해야 한다."이고, 그 근본원리의 둘째는 "욕구의 충족이 극대화되도록 최선을 다하되 모든 사람들의 욕구가 공정하게 충족되도록 꾀해야 한다."는 것이다. 제1원리를 공리의 원리 혹은 선행의 원리라 한다면 제2원리는 공정의 원리 혹은 정의의 원리라 할 것이며, 이 두 원리로 이루어진 선생님의 입장은 절충적 의무론(mixed deontology)이라 할 수 있을 것이다.

그러나 선생님께서는 이러한 추상적 원칙은 우리가 구체적으로 어떻게 행동해야 하는가를 명백히 밝혀주지는 못한다고 말한다. 일상생활에서 부딪치는 문제 앞에서 어떻게 행위해야 하는가를 구체적으로 밝혀줄 수 있는 윤리의 체계는 그 나라의 전통 윤리와도 밀접한 관계를 가지며 그 시대의 문제 상황의 실상과도 불가분의 관계를 지닌다. 그러므로 삶의 현장에서 부딪치는 윤리적 문제들에 대한 구체적 처방을 얻기 위해서는 그 나라의 전통문화와 그 시대의 문제 상황에 대한 정확한 파악이 요구된다고 결론짓는다.

선생님께서는 서울대학교 정년퇴임을 수개월 앞둔 1985년 겨울부터 새로운 저술에 손을 대기 시작하셨다. 한때 도덕적 언어분석이나 윤리적 추리논증을 중심으로 한 메타윤리학 내지 분석윤리학에 몰두하여 학위 논문도 쓰고 이를 좀 더 확대 보완하여 나온 『윤리학』이 우송 선생님의 전반기 사상을 대변한다면, 정년을 전후한 저술 『변혁시대의 사회철학』은 선생님의 후반기를 대표하면서도 더욱 본격적으로 선생님의 사회윤리 내지 실천윤리적 입장을 전개하는 대표 저서라 할 만하다.

사실상 윤리학을 시작한 선생님의 본래 동기가 격동기에도 흔들림 없이 살아갈 수 있는 신념의 체계를 얻고자 함에 있었고 이는 단지 개인적인 삶의 설계뿐만 아니고 우리 사회의 바람직한 미래상을 제시하는 좀 더 실천적인 과제를 겨냥하고 있는 것이라면, 사회철학서야말로 선생님이 종국적으로 의도하는 목표가 담긴 사상서라 할 만하다. 그리고 초기에 몰두한 메타윤리학 내지 분석윤리학의 이론적 작업은 이 같은 실천적이고 사회적인 사상 전개가 더욱 견고한 바탕 위에 이루어지게 하는 기초공사라 해도 과언이 아닌 것이다.

이 저술은 현대인이면 누구나 의식하기 마련인 나의 삶의 문제에서 출발한다. 그런데 선생님은, 나는 어떤 삶을 가질 것인가, 나는 삶을 어떻게 설계할 것인가라는 질문을 제기한 후 우리가 이러한 물음과 진지하게 마주하자마자 우리는 '나'라는 것이 사회적 존재라는 사실과 만나게 된다고 한다. '나'가 그 안에 살고 있는 사회의 현실적 조건들을 무시하고 '나'가 원하는 삶을 설계하거나 추구할 수 없음을 알게 되는 것이라 한다.

나아가서 선생님은 개인으로서 '나'가 바람직한 삶을 가질 수 있기 위해서는 '나'가 속해 있는 사회가 어느 정도 바람직한 모습을 갖추어야 한다는 깨달음은 곧장 우리를 바람직한 사회의 문제로 안내한다고 전제한 후, 도대체 바람직한 사회란 어떠한 원칙들 위에 세워져야 하는가라는 본격적인 사회철학적 문제로 나아가게 된다. 선생님은 바람직한 사회에 관한 네 가지 전형을 비판적으로 살핀다. 우선 극단으로 대립하는 자본주의와 공산주의의 원형을 거론하고, 다음에 이들의 절충 내지 조화를 겨냥하는 중도노선 두 가지를 고찰함으로써 우리 사회가 지향해야 할 사회 모형을 구상할 때 참고할 타산지석을 마련하고자 한다.

선생님은 생각할 수 있는 여러 체제 가운데서 좌우의 이데올로기가 심각한 대립의 양상을 보이고 있는 우리나라의 상황에서 자유민주주의에 입각한 복지국가의 길을 선택하는 것이 옳다고 판단하나, 자유민주주의나 복지국가에도 여러 유형이 있는 만큼 우리에게 적합한 구체적 버전에 대해서는 논의를 열어두고 있다. 그러나 선생님은 자신의 논의가 미진함을 거듭 강조하고 있으며 시론적 성격의 책이 자신 혹은 후학들에 의해 좀 더 발전적으로 전개되길 기대한다는 말로 마무리를 하신다.

4. 철학의 현실화 향한 에세이스트, 우송

우송 선생님은 철학자로서 그리고 윤리학자로서의 학술 활동에 못지않게 많은 수필을 쓰셨고 10여 권 이상의 수상집을 내셨다. 그리고 이 글들이 문학적 가치로도 높은 평가를 받았기에 한국수필문학전집에도 당당히 한국을 대표하는 수필가의 반열에 그 이름이 오르셨다. 그런데 선생님은 자신의 일생을 기술한 자전적 저서 『체험과 사색』의 「수필과 나」라는 글에서 자신의 수필 편력에 대해 언급하시며 '외도의 시작'이라고 이름을 붙이셨다. 아마도 선생님은 철학과 윤리학을 연구하고 가르치는 교수직이 본업이라 생각했기에 수필 쓰는 일을 외도라 생각하신 것 같다.

물론 선생님은 젊은 시절부터 철학자들이 쓴 수필을 즐겨 읽으셨고 또한 자신도 수필 쓰는 일에 몰두하셨으며 게다가 문재 또한 뛰어나 가까운 문인들로부터 찬사를 받으셨다. 그러나 또한 선생님께서는 철학자로서 수필 쓰는 일을 게을리 하지 않은 남다른 이유가 있었다. 선생님은 "철학적 사색을 수필 형식으로 발표하는 것은 난삽한 언어에 가로막혀서 철학에 접근하지 못하는 사람을 위해서 뜻있는 선물이 될 수도 있다."는 생각을 가지셨다. 이 같은 의도에서라면 필자가 보기에 수필 쓰는 선생님의 외도는 단지 외도가 아니라 어리석은 중생을 염려하는 보살도라 할 만하다고 생각한다. 위로는 진리를 추구하고 아래로는 중생을 구제하고자 하는 보살의 뜻과 무엇이 다르겠는가?

선생님께서는 장기근, 차주환 선생님 등과 수필을 써서 읽고 서로 평가해 주는 합평회를 자주 가지셨다고 한다. 그러나 각자가 선호하는 수필관이 서로 달라 수필의 문학성, 사회성, 사상성 등을 두고 의견의 차이를 보이면서 자주 논쟁도 하신 듯하다. 선생님은 일찍이 수필 쓰기를 시작하셨으나 현재 남아 있는 것으로서 가장 오래된 것은 청주고 교지에 실린 「단상: 여성에 관하여」(1953)라 한다. 그 후 습작 삼아 쓴 것들은 주로 『사상계』와 『대학신문』에 실렸다. 1955년에 「유머에 관하여」라는 글을 쓰면서 삶에 있어 해학이 갖는 의의가 매우 크다고 생각했고 근엄한 자신의 마음속에도 해학의 기질이 있음을 발견, 이런 기질이 밖으로 표현될 때 가장 행복한 순간이라는 사실도 알게 되었다고 하셨다.

미국 유학 중에도 틈틈이 수필을 썼고 귀국 다음 해인 1961년 첫 수필집 『웃는 갈대』가 출간되었다. 1964년에는 두 번째 수필집 『빛이 그리운 생각들』이 나와 수필 쓰기의 전성기를 보이신다. 1968년에 『검은 마음 흰 마음』이라는 세 번째 수필집이 나왔으나 그 후에는 한동안 수필 쓰기를 거의 중단하셨다. 수필에 대한 열기가 식은 점도 있지만 초심과는 달리 철학의 현실화와 별로 관계가 없는 글만 쓰고 있는 자신에 대한 반성 때문이라 한다. 요약하면 "외도가 좀 지나쳤다는 것을 뉘우치게 되었고 따라서 수필 쓰기에 대한 흥미도 잃게 된 것"이다.

그 후 선생님은 수필 쓰기 자체보다도 수필가들이 수필을 쓸 수 있는 환경 만들기에 주력하신 것으로 보인다. 『수필문학』이라는 잡지를 가까이해 여러 저명 수필가들과 교유를 가졌고 운영이 어려워진 『수필문학』을 살리기 위한 '한국수필문학진흥회'를 만들어 우여곡절 끝에 본의 아니게 회장직을 맡기도 했다. 선생님의 술회에 따르면 "이로써 나는 단순히 개인으로서 수필을 쓰는 선에서 멈추지 않고 수필 단체에 깊숙이 관여하게 되었다. 외도의 정도가 지나친 꼴이 되고 만 것이다. 그러나 나는 내 생활 속에서 수필이 철학보다도 더 큰 비중을 차지하는 주객의 전도가 있어서는 안 된다고 스스로 다짐하였다."고 하신다.

여하튼 선생님께서는 한국수필문학진흥회를 통해 '한국수필문학상'을 제정하셨고 피천득, 이희승, 김소운 등에게 시상하셨으며 그 후에는 한국수필문학신인상도 만들어 젊은 수필가들을 격려하기도 했다. 또한 각자 자작 수필을 낭독하고 품평하는 수필합평회를 확장, 발전시켜 '수필문우회'를 창립, 운영하시기도 했다. 그리고 수필문우회는 창립 10주년이 되는 해 한중일을 중심으로 국제수필 심포지엄을 갖기도 했다.

선생님이 쓰신 수필 중 철학인들의 관심과 흥미를 끌게 된 대표적인 책은『흐르지 않는 세월』(1974)이다. 선생님께서는 철학이 마땅히 만인의 것이 되어야 하고 일부 전문가들만의 독점물이 되어서는 안 된다고 생각했으며, 현실적으로 강단철학이 전문화, 세분화되는 과정에서 철학에서 사용하는 말이 너무 어렵고 철학이 다루는 문제도 일상생활과 너무 거리가 멀게 되어 일반인들이 접근하기도 어렵고 흥미도 잃게 되었다고 하셨다. 이런 상황을 염두에 두고 철학 책 같기도 하고 문학 책 같기도 한 저술을 의도하여 쓰신 책이 바로『흐르지 않는 세월』이다.

이 수필은 대부분 대화체로 쓰였으며 무심 선생이라 불리는 철학교수와 그를 따르는 제자들이 대화를 전개해 간다. 주요 화제는 선과 악의 문제, 사랑과 우정의 문제, 개인과 사회의 문제, 사회정의의 문제, 대학인의 문제 등이다. 구성은 대화지만 지루함을 피하고 흥미롭게 읽을 수 있도록 이야기 줄거리를 꾸몄다. 이 책은『수필문학』에서 장편수필상이 시상된 작품이기도 하고 서평 등으로 선생님의 수필 중 가장 많이 언론의 주목을 받았으며 현재 철학과현실사에서 계속 간행되고 있다.

이 수필집의 주인공인 무심 선생의 정체에 대해 제자들이 설왕설래하던 기억이 난다. 혹자는 선생님의 은사 되시는 분이라 하고 혹자는 선생님 자신이라 우기기도 했으나, 가까운 문우인 차주환 선생님의 추정이 가장 그럴듯해 보인다. 차 선생님은 우송 선생의 회갑기념 논문집인『현대사회와 철학』서두에 실린「우송의 수필세계」라는 글 속에서 '나'는 우송의 전반생을, '무심 선생'은 후반생을 표출시킨 자서전적 성격을 띠고 있다고 하였다. 소년 시절부터 중년까지의 자기 회고와 중년부터 노년기에 접어드는 동안의 자기 정리를 흔적 없이 융합시켜 낸 기발한 시도라 평가한 것이다.

이어서 차 선생님은 이에 대해 최고의 찬사를 아끼지 않는다. 그에 따르면 "이 장편 에세이는 우송의 무르익은 실천철학이 그의 구상력과 문장력을 통해 문학의 향훈을 짙게 풍기기에 이르러 우리에게 문학을 감상하는 즐거움과 세련된 이지로 인간을 통찰하는 감각을 함께 안겨준다. 우송은 문학과 철학을 융화시킨 작품을 써낸 것이다." 여기에서 우송 선생은 철학의 현실화라는 수필 쓰기의 초심을 성취할 뿐만 아니라 철학과 문학의 융합에 성공하고 있다 할 것이다.

『체험과 사색』 중 「내가 좋아하는 수필」이라는 글에서 우송 선생님은 자신의 수필관을 피력한다. 우선 좋은 수필은 일종의 예술인 문학의 한 분야로서 아름다움을 그 필수요건으로 가지며, 이는 내용에 담길 수도 표현에 담길 수도 있다는 것이다. 자화상으로서의 수필의 경우에는 직접 간접으로 자신의 모습을 그리게 되는데 따라서 글 속에 그려진 대상의 아름다움이란 글을 쓴 사람의 인품의 아름다움을 가리키게 된다고 하며, 여기에서 얻어지는 결론이 훌륭한 수필을 쓰기 위해서는 훌륭한 인간이 되어야 한다는 일반론에 이르게 된다는 것이다.

그러나 여기에서 수필 쓰는 사람이 빠지기 쉬운 자기 미화의 함정을 조심해야 한다고 경고한다. 결국 자기 모습을 있는 그대로 그리는 진솔함이 수필의 생명이며 자신의 부족한 모습을 적나라하게 그리는 가운데 해학이 돋보이는 수필이 생기기도 한다는 것이다. 일반적으로 '생각나는 대로 붓 가는 대로' 자연스럽게 쓰는 것이 수필이다. 하지만 시와 마찬가지로 밀도와 함축에서 오는 긴장감 또한 매우 중요한 것이라 결론짓는다.

5. 성숙한 사회 가꾸고자 한 정원사, 우송

선생님께서는 젊은 시절부터 현실사회의 개선과 개혁에 뜻을 두셨고 이를 지향하는 도덕이나 윤리의 실천운동이 절실히 요구된다는 생각을 하셨다. 그러나 이를 위해서는 몇 가지 선결과제가 해결되어야 함을 절감하시고 철학, 특히 윤리학에 투신함으로써 사회를 개선하고 개혁할 설득력 있는 청사진을 마련할 기초 작업에 착수하셨다. 따라서 개선과 개혁을 위한 도덕이나 윤리 운동은 뒤로 미루어지게 되었고 개혁과 개선의 전략은 간접적이고 우회적인 것일 수밖에 없었다.

이같이 개선과 개혁의 청사진을 구상하기 위한 기초 작업은 쉽사리 완결될 수 있는 과제가 아니었고 그것이 더 합리적이고 견고한 기초공사가 되기 위해서는 규범체계나 가치관을 연구하는 일을 넘어 도덕이나 가치언어의 의미를 분석하고 도덕추론이나 논증의 타당성을 검토하는 메타윤리학 내지 분석윤리학에까지 이르지 않을 수 없게 된 것이다. 이같이 견고한 기초 위에 세워진 규범의 청사진만이 모든 이에게 설득력이 있고 복잡한 현대사회의 지도 원리가 될 수 있을 것이기 때문이다.

그러나 선생님께서는 이 같은 우회로를 거치는 동안에도 반듯한 사회를 지향하는 초심을 잃지 않았으며 그때그때 자신에게 주어진 여건 속에서 지성의 사회참여 내지 도덕 실천적인 활동을 게을리 하지 않으셨다. 이미 앞에서도 지적했지만 선생님은 글쓰기에 있어서도 논문이나 전문서에만 몰입하지 않았으며 일상에서 체험하고 생활한 내용을 읽기 쉬운 수상에 담아 일반인의 사고와 행동을 바로잡고자 '철학의 현실화 내지 현실의 철학화'로부터 한눈을 떼지 않으셨다.

그리고 선생님은 사회를 개선하고 개혁하기 위한 청사진의 구상이 어떤 한 개인의 힘에 의존해서 이루어지기 어렵고 우리의 전통과 현실에 대한 분석을 통해 좀 더 체계적인 연구가 요구됨을 실감하시고 일찍이 은사이신 박종홍 선생님이 대통령 특보로 계실 때 그 같은 연구원 설립을 함께 의논하고 그 설립이 현실화되었을 때 준비위원장 직을 맡으셨다. 당시 유신체제 아래에서 그 연구원이 반듯한 틀을 갖출 수 있도록 고군분투하시고, 유신 이데올로그들과 맞서 결국 '유신 연수원'이 아니라 '문화 연구원'이 되도록 신명을 다한 무용담을 우리는 자전적인 글 『체험과 사색』에서 생생히 읽을 수 있다.

선생님께서는 모처럼 주어진 천재일우의 기회를 선용해 미래 한국의 나아갈 청사진을 연구할 제도의 확립을 위해 혼신의 힘을 다하셨다. 선생님께서는 그 당시 유신이념을 옹호하는 갖가지 세력들에 맞서서 자신이 옳다고 생각한 뜻을 끝까지 굽히지 않으신, 그야말로 대쪽같은 선비의 지조를 지켜내신 것이다. 실리나 실용 앞에 명분이나 원칙이 힘없이 무너지는 세태를 목격하면서 선생님이 보여주신 투혼은 우리 모두가 길이 본받을 귀감이 될 만하다 할 것이다. 이는 그 어느 도덕적 운동이나 사회적 실천 이상으로 학자들이 할 수 있는 도덕적이고 사회적인 최선의 실천이 아닌가 생각된다.

그러나 모처럼 쟁취한 연구원은 예상한 대로 그 후 선생님의 뜻에 맞게 진행되지 않았으며 이후 선생님은 '정신문화연구원'과는 거리를 두게 되었다. 이 과정에서도 선생님은 갖은 고초를 감내하면서 직책을 맡기려는 저들의 강권을 뿌리치고 자신의 지조를 지키고자 분투하셨다. 그러나 수년 후 선생님은 자기 스스로 여건이 주어지면 자신이 본래 뜻한바 그대로의 연구소를 세우기로 하고 그 후 백방으로 노력하여 결국 스스로 마련한 종자돈으로 '철학문화연구소'를 설립하게 된다.

선생님이 뜻하신바 '한국인의 바람직한 의식구조와 한국인의 바람직한 사회구조를 연관시켜 탐구하는' 연구소를 열고자 하는 숙원사업은 1972년 어느 날, 신문광고에 난 '도의문화에 관한 저술'의 현상모집 광고에서 시작되었다. 이에 응모, 입상하여 받은 상금 백만 원이 씨앗돈이 된 것이다. 그 후 선생님은 근검절약하여 모은 전 재산을 노후생활을 위한 최소한의 것을 제하고 모두 연구소를 위해 쾌척하신, 그야말로 우리 학계에서 전무후무한 용단을 내린 것이다.

연구소 일은 이명현 교수 등 애제자들과 의논하셨고 이름을 철학문화연구소(필자의 제안이 수용되었음)로 하기로 했다. 출판사 철학과현실사 사장의 협조로『철학과 현실』이라는 계간지를 창간하여 지금까지 20년 동안 '철학의 현실화, 현실의 철학화'를 도모한 일이 연구소의 가장 큰 성과라 할 수 있으며, 그 밖에도 일반인을 위한 '사랑방 철학강좌' 또한 지속적으로 인기를 모은 사업 중 하나다.

그리고 지난 2001년 2월 선생님은 드디어 뜻을 같이하는 지인들을 규합, 오랜 세월 꿈꾸어 오던 도덕 실천운동을 위한 '성숙한 사회 가꾸기 모임'을 결성하셨고 그 창립 취지문에 다음과 같이 밝히셨다. "우리나라는 1960년대 이래 '근대화'의 구호를 앞세우고 경제발전에 주력했고 그 결과로서 '한강의 기적'이라는 말이 생길 정도의 성과를 거두었다. 그러나 물질생활의 향상과 보조를 맞추어야 할 정신생활의 측면은 소홀히 하였고 가정과 학교에서의 인성교육도 등한시하였다."

그 결과로서 새로운 사회발전에 걸맞은 새로운 윤리를 정립하는 일에 실패했을 뿐 아니라 도덕성 그 자체가 붕괴하는 사태를 불렀다. 법과 윤리를 안중에 두지 않는 사람들이 판을 치는 반칙사회가 된 것이다. 자기가 한 말에 대해서 책임을 지지 않는 것을 예사로 생각하는 풍토가 만연하여 서로가 서로를 믿지 않는 불신사회를 초래한 것이다.

선생님께서는 "나라를 걱정하는 사람들은 오늘의 현실을 '총체적 위기'라는 말로 표현한다."고 말한 뒤 "준법과 신뢰의 토대를 잃은 우리나라는 이제 경제건설조차도 벽에 부딪히고 있음을 개탄하는 소리가 높아 도덕성을 바로 세움이 없이 이대로 간다면 우리나라는 내

일을 기약할 수 없는 수렁에 빠지지 않을까 염려스러운 지경이다."라고 하셨다.

그러나 선생님께서는 한국의 상황을 파국이 불가피한 소돔과 고모라와 동일시하는 비관적 견지에 서지 않고 "탁류에 휩쓸리지 않고 바른길을 걸으며 그늘진 곳에서 자기 임무를 묵묵히 수행하는 의인들이 도처에 있으며 이 같은 선량한 시민들의 힘을 하나로 묶으면 우리가 당면한 어려운 국면도 능히 타계할 수 있을 것으로 생각, 이들의 힘을 하나로 묶는 운동을 전개한다면 우리의 상황은 점차 밝은 방향으로 움직일 것을 확신하며 이 같은 운동을 '성숙한 사회 가꾸기 운동'으로 명명한다."고 하셨다.

이어서 '성숙한 사회 가꾸기 모임'의 창립 취지문에는 이상과 같은 취지에 뜻을 같이하는 시민들은 우선 다음과 같은 행동수칙을 지킴으로써 스스로가 성숙한 사회의 시민이 되도록 노력하고자 한다고 하고 여섯 가지 수칙을 제안한다. (1) 자신이 한 말에 책임을 진다. (2) 환경보호와 검소한 생활로써 공동의 자산을 아낀다. (3) 교통규칙을 비롯한 기초질서를 지킨다. (4) 정당한 세금을 납부한다. (5) 뇌물을 주거나 받지 않는다. (6) 어려운 사람을 돕는다.

끝으로 취지문에는 이 모임의 회원들만이 바르게 사는 것으로 사회 전체가 바로 서리라고 생각하지 않는다고 하고서, 사회의 구조적 비리가 해결되지 않는 한 문제는 계속 남을 것인 까닭에 모임의 궁극 목적이 구조적 비리까지도 제거함에 있음을 천명한다. 성숙한 사회 가꾸기 모임에 대한 일반적인 신뢰가 형성되는 날 구조개혁을 위한 좀 더 적극적인 활동도 전개할 것임을 밝힌다. 결국 이 모임의 근본 의도는 먼저 각자가 처신을 바르게 함으로써 성숙한 시민이 되고 그 바탕 위에서 성숙한 사회를 가꾸고자 한다는 것이다.

그간 성숙한 사회 가꾸기 모임은 다양한 활동을 통해서 성숙한 사회를 가꾸는 정원사 내지 파수꾼의 역할을 해왔다. 우선 성숙한 사회를 가꾸자는 메시지를 일반 시민들에게 홍보하기 위해 수행했던 프로그램 중에 특기할 만한 것으로는 수차례에 걸친 연극 활동이다. 회원 중 한 사람인 김광수 교수가 대본을 쓰고 필자를 위시한 이명현 교수, 이한구 교수, 강지원 변호사 등이 배역에 적극 가담했고 80대 중반의 우송 선생님 또한 한 가지 역할을 맡아 적극적이고 성공적으로 연기를 과시했다는 점은 놀랄 만한 일이다.

내 기억으로 첫 번째 무대는 세실극장이었고 『사람을 찾습니다』라는 제목이었다. 4백여 명의 관객이 환호하였고 대부분의 방송과 신문이 대서특필하였으며 KBS에서 녹화, 방영하기까지 했다. 또 한 번은 『신판 춘향전』으로서 경기문화원 야외극장에서 역시 성공적으로 연출하였고 큰 반향을 불러일으켰다. 첫 번째 무대에서 우송의 배역은 새 시대를 여는 도인의 역할이었고, 두 번째 무대에서는 변학도 생일잔치에 초대된 대감들 중 한 분으로 기억되는데, 선생님은 자신의 역할을 잘 소화해 내어 보는 이의 갈채를 받았다.

이 밖에도 성숙한 사회 가꾸기 모임은 '볼런티어 21'과 공동으로 사회봉사의 중요성을 일깨우는 이색 패션쇼를 세종문화회관에서 주최해 이 역시 언론의 관심을 끌었다. 출연진은 선생님을 위시한 사회 각계각층의 저명인사들이 망라된 회원 중심이었다. 또한 '시민윤리 열린 토론마당'을 퍼포먼스와 더불어 개최하여 성숙 사회로 가기 위해 요구되는 갖가지 아젠다를 사회 이슈화하는 데 성공했다. 정치윤리, 법조윤리, 교육윤리, 언론윤리 등이 대표적인 주제들이다.

하지만 이 같은 도덕 실천운동이 성공적인 것만은 아니었으며 소기의 목적을 성취하기 위해서는 갖가지 개선해야 할 과제를 지니고 있어 이 점을 우송 선생님도 고심하셨다. 우선 회원들이 대체로 60대 이상 현직에서 물러난 원로들이고 청소년을 위시한 젊은 세대들의 충원이 여의치 않은 점, 따라서 회원의 확대가 지극히 어렵다는 점, 그럼으로써 적극적인 실천운동의 주축 세력 형성의 과제를 남기고 있다는 점, 이대로라면 선생님이 꿈꾸어 오던 사회 실천운동이 선생님 자신의 운명과 함께하리라는 점 등은 안타깝고 아쉬운 일이 아닐 수 없다.

우송을 기리다

'작은 나' 벗어난 '큰 나'의 가르침 한줄기 빛으로
— 김태길 선생님 영전에 —

　선생님, 너무 갑자기, 그러나 매우 조용히 이 세상을 떠나셨습니다. 선생님께서는 마지막 시간이 가까웠을 때 그 누구의 방문도 사양하셨습니다. 평소 폐 끼치는 것을 원하지 않으셨던 선생님답게 삶의 마지막 순간을 조용히 맞이하셨습니다. 2년 전 저희 후학들이 미수(米壽)를 맞이하여 '우송 김태길 선생님의 삶과 철학'이라는 책을 만들어 증정하겠다고 했을 때 90세 생일 즈음이면 좋겠다고 하셨는데, 이제 돌연히 우리 곁을 떠나시니 안타깝기 그지없습니다.
　선생님은 항일운동에 헌신하셨던 부친의 뜻에 따라 윤리학과 실천철학에 투신하셨고, 행동하는 지성인의 전범을 보여주셨습니다. 선생님은 남의 학설을 소개하는 데 그치는 이른바 '가로되' 철학에 만족하지 않고 자생적인 사상의 창출에 진력하셨으며 대학 강단에만 머물러 있지 않으셨습니다. '철학을 현실화하고, 현실을 철학화하는' 철학문화운동을 전개하여 『철학과 현실』이라는 계간지를 발간하시고 철학의 대중화에 앞장서기도 하셨습니다. 또한 선생님은 성숙한 인격의 모범으로 감성의 중요성을 간과하지 않으시고 수필문학의 창달에도 적극적으로 기여하시어 '수필문우회'를 이끌기도 하셨습니다.
　무엇보다 선생님께서 평소 작은 나의 울타리를 넘어 어떻게 큰 나를 이룩할 수 있을지 고심하신 것을 저희들은 잘 알고 있습니다. 세상의 많은 갈등과 투쟁의 원천은 '작은 나(小我)'라는 좁은 울타리를 벗어나지 못하고 있기 때문임을 깊이 간파하고 모든 것을 감싸는 '큰 나(大我)'의 경지에 이르는 삶을 살기 위해 무척이나 번뇌하신 것을 알고 있습니다. 그래서 선생님은 '큰 나'와 '작은 나'가 일치할 때 진정한 자유인이 될 수 있다고 가르친 스피노자를 흠모하셨습니다. 오늘날 우리가 당면한 현실을 직시할 때 선생님의 삶과 철학은 유난히 큰 한줄기의 빛으로 다가옵니다.

선생님은 우리나라가 성숙한 사회와 세계의 중심에 서는 나라가 되기 위해서는 사람들의 사고와 행동이 성숙해야 된다고 믿고 '성숙한 사회 가꾸기 모임'이라는 시민운동을 주도하여 지금까지 꾸준히 전개해 오셨습니다. 최근에는 대한민국학술원의 회장으로서 한국 학술계의 뚜렷한 이정표가 되시고 그 발전에 커다란 전환점을 마련하기도 하셨습니다. 선생님께서 남기신 업적들이 너무도 방대하고 심오하여 저희 후학들이 어떻게 감당할 수 있을지 당혹스러울 뿐입니다.

그토록 많은 발자국을 남기시고 그렇게 큰 가르침을 주신 선생님께서는 이제 한 마리 학(鶴)처럼 훌쩍 떠나셨습니다. 그러나 우리는 바로 선생님이 도달한 그 지점에서 그 업적과 가르침을 보배로운 유산으로 삼아 새로운 출발을 시도해 보겠습니다. 우리들의 '작은 나'가 '큰 나'로 승화될 수 있도록 또 하나의 계기를 마련하기 위하여 슬픈 먹구름을 거두고 망연한 안개를 헤쳐 나갈 것입니다. 저희들은 때로는 쓸쓸할 때도 있겠지만 선생님께서 우리를 인도하시기 때문에 결코 외롭지 않을 것입니다. 선생님의 근엄하고도 온화하셨던 모습을 영원히 간직하고 그 절제된 열정을 결코 잊지 않을 것입니다. 아무쪼록 편히 쉬십시오.

이명현

[조시(弔詩): 우송 김태길 선생님 가시는 길에]

길

김광수

세상 어지럽다
그러니
한 마리 학으로 길을 내자
흔들리지 말고
두리번거리지 말고
한 길 죽 가자
그러면 언젠가
길
난다

네가
세상을 지키려느냐
그렇게 말하지 마라
그리운 것을 그리워할 뿐
갓 태어난 거북이 새끼들도 바다로 긴다
너로
세상 뭐가 좋아지겠느냐

그렇게는 더욱 말하지 마라
너도 혹 살아보았으면
그래, 만일 살아보았으면
알 일이다
그렇지 않으냐
오늘 닦은 거울
내일도 맑으랴
아프지 않은 삶이 어찌 삶일 수 있더냐
돌부리 박히지 않은 길이 어찌 길일 수 있더냐
그렇지 않으냐
그래서 우리 몸 사를 일 있지 않으냐

보아라
동향을 향해 가슴 뛰는
도심 속 황야의 이리들
무심 세월
건너 건너
함께 가다 보면
길 난다
진짜 길 난다

그러니 우리 헐렁한 품으로
무던히
가던 길 가자

2009년 5월 30일

그리운 우송 선생님

1.

 장장 19년 동안 '사랑방 강좌(철학문화아카데미)'를 개강하고 종강할 때는 어김없이 선생님께서 등장하셨습니다. 그리고 늘 유머가 넘치는 덕담으로 강사를 소개하시고 저희들을 격려하셨습니다. 그런데 지난 2009년 봄 학기 39회 강좌의 종강에서는 선생님을 뵐 수 없었습니다. 5월 27일, 야속하게도 선생님께서 저희들 곁을 떠나셨기 때문입니다.
 그때는 너무 경황없고 당황하여, 제대로 선생님을 보내드리지 못하였습니다. 그래서 이번 40회 강좌 종강의 날, 잠시 선생님을 그리워하고 기리는 시간을 갖게 되었습니다.

2.

 근엄해 보이시는 표정 뒤에 숨겨진 따뜻하고 다정다감한, 그리고 남다르게 예리한 지성을 느끼게 하는 선생님의 면모는 참 많지만, 선생님의 어느 글에서 이런 이야기를 읽은 것이 지금 떠오릅니다.

소학교 6학년 때인 정월 초하룻날, 강당에 전교생이 모였을 때 단상의 일본인 교장이, "여러분! 이제 나이를 한 살 더 먹었으니 오늘부터는 착한 학생이 되어야 해요. 약속하는 사람은 손들어 보세요."라고 말했습니다. 어린이들 모두가 높이 손을 들었는데, 선생님께선 '하룻밤 지나 한 살 더 먹었다고 어떻게 갑자기 다른 사람이 될 수 있어?!'라는 생각이 들어 손을 못 들었습니다. 그때 뒤에 서 있던 친일 조선인 교사가, "교장 선생님! 여기 손 안 든 어린이가 있습니다!"라고 고자질을 해, 강당 가득 찬 학생들 앞에서 선생님은 크게 야단을 맞았고요. 어린 마음에 도저히 설명할 수 없어 "여학생도 보는 앞에서 엉엉 울었다."고 하셨습니다.

소학교 통지표에는 담임선생님이 '다정다감함'이라고 써 주었다지요. 시골 동네에서 쇠불알(?)을 깔 때 소가 아파 우는 소리를 안 들으려고 두 귀를 막고 도망치는 어린이였고요.

나이 든 후, 베토벤보다는 모차르트나 슈베르트를 더 좋아하신다고 하셨습니다. 또 수필 「다시 인간으로 태어난다면」에서, "만약 학술과 예술 두 길이 모두 적성에 맞는다면 예술의 길을 택하고 싶다. … 예술가에 대한 부러움은 항시 마음 바닥에 깔려 있었다."라고 말씀하십니다. 논리를 다루는 철학을 하면서 차츰 감성적인 면의 성품이 좁혀진 것 같다고도 하셨습니다.

선생님,

선생님께서는 동양과 서양, 또 감성과 이성을 한 인격 안에 절묘하게 융합시키고 계십니다. 선생님의 언로(言路)가 중용(中庸) 또는 중도(中道)의 귀결로 매듭지어질 때마다 선생님이 참 존경스럽습니다. 그리고 한국 현실에서 유독 돋보이십니다.

또 선생님께서는 필명에 연연하여 적당히 절필하거나 노쇠한 모습을 사회에 감추지 않으시는 대범함과 허세 없음, 사심 없음, 무아(無我)를 보이시기에 참 큰 어른이십니다. 맞춘 관이 맞지 않아 탈관으로 묻히셔야 했을 때 선생님 몸이 너무나 가벼우시더라는 말과 또 어느 누구에게도 유언을 남기지 않으셨다는 후일담을 김광수 교수님으로부터 들었을 때, 전 생애를 완전 연소하고 떠나신 선생님의 여운이 자못 저희들을 숙연케 하셨습니다.

저희들과의 약속을 지키시려 3월 강의에 나와 주셨을 때, 지난겨울 동안 갑작스레 꺾인 건강, 너무나 휘어버린 등의 모습을 보고, 너무나 가슴 아팠습니다.

3.

선생님,

2008년 12월 종강 후 대표진이 선생님께 강의 요청을 드렸을 때, "열두 번은 너무 많고 두 번만 마지막으로 해보지요." 하실 때만 해도 건강하셨는데, 2009년 3월 10일(화) '사랑방 강좌'에 나오셨을 땐 참 많이 몸이 달라지신 걸 뵈었습니다.

깨끗이 이발을 하고 나오신 선생님께선, "나는 시간을 잘 지키는 사람인데 … 늙으니 어쩔 수가 없구려." 미안해하시곤, '사회 궁극목적과 한국인의 가치의식'이란 강의 제목을 칠판에 쓰셨습니다.

그렇게 선생님을 마지막으로 뵌 지가 6개월 남짓.

그 시간이 고별 강의가 될 줄 알았더라면, 강의보다는 인간 선생님을 더 알고자 하는 질문이라도 드렸을 것을…, 그날 사랑방 분위기가 박 대표의 책 소개로, 또 김양모 님의 김수환 추기경 조시 낭독으로 퍽 어수선했던 게 못내 선생님께 죄송합니다.

왜 무심(無心) 선생이며, 생애를 통한 화두였던 나 자신을 초월하는 일에 대해서는 어떻게 생각하시는지, 장편 수필 제목을 『흐르지 않는 세월』로 하신 것은 어떤 뜻이며, 죽음 저편을 어떻게 보시는지, 우리나라를 어떻게 사랑해야 하는지 등을 여쭈었어야 했는데…. 참 많이 아쉽고 선생님의 맑고 높으신 인품이 그립습니다.

대학원 강의 때나 여느 특강 때 선생님께서 가장 자주 강조하시던 주제는, 제임스(William James)의 '자아의 신축성'(*The Principles of Psychology* 중에서), 즉 '나'는 고정불변의 존재가 아니며 수시로 축소 혹은 확장될 수 있다는 것이었습니다. 나의 의식 안에 들어오는 '너'는 또 하나의 '나'일 수 있다는, 소아(小我, 나)를 벗어나 대아(大我, 우리)의 삶을 살자는 것이었습니다. '본질적 가치'와 '수단적 가치'가 전도된 우리나라 현실이어서 더욱 이 점을 부각시키신 듯합니다.

선생님께서는 이런 말씀도 하셨습니다. "나는 한국 사람으로선 드물게 개인주의적인 생리를 타고났지만, 나이가 들어가면서 과연 개인주의가 그렇게 좋은 것인가 — 특히 가족과 같은 작은 집단에 있어서 — 하는 회의가 온다."고 말씀하시곤, 서양의 '나'와 동양의 '우리'를 견주셨습니다.

4.

선생님께서 세상을 뜨신 후 우리 사회가 우송 김태길 선생님을 여러모로 형상화하고 있습니다만, 저는 선생님을 수도자(修道者), 구도자(求道者), 가장 종교적인 분으로 더하여 이해하고 싶습니다. (엄정식 교수님 부인 되시는 우애령 선생께서는 10여 년 전 '사랑방 강좌' 특강에 초빙되었을 때 우송 선생님을 숙고(熟考)하시는 분이라 표현하였습니다만.)

스피노자를 존경하고 좋아한 점에서도 그렇지만, 선생님의 철학과 수필 곳곳에서, 죽어야 할 운명을 같이하는 유한자인 우리이기 때문에 서로를 더 많이 용서하고 따뜻이 아끼자는 말씀을 자주 하시지요. 유난히 사람들에게 ― 심지어 밥상에 오른 먹잇감에게까지 ― 미안해하시고 고마워하시는 모습에서도 생명 공경과 깊은 연민의 가슴을 읽습니다.

우주의 이법(理法, 다르마), 광활한 우주 앞에 무릎을 꿇고 싶은 순간이 있다 하신 선생님. 선생님의 수필에, 미국 생활 때 어느 외국인이 "당신 종교가 무엇이오?" 하고 물어서 "종교가 없다."고 대답하니, "아니오, 당신은 제도적 종교를 가진 어느 누구보다도 종교적인 사람이오."라고 했다는 내용이 있습니다.

사재(私財)를 자녀가 아닌 사회에 헌납하시고, 승용차도 없이 검소히 지내신 선생님.

"네가 가장 사랑한 것은 누구이냐?"
"저 자신입니다."
"네가 가장 미워한 것은 누구이냐?"
"그것도 저 자신입니다."
"앞으로 절실히 바라는 것은?"
"저 자신을 넘어서는 일입니다."
(『흐르지 않는 세월』 중에서)

선생님,
'나'를 초월하는 일이, 나누고자 하는 삶이, 생명에 대한 연민이, 샘물처럼 고이는 고마움의 심정이, 그 행함이 종교성의 바탕이 아니겠습니까?

저희들 모두 선생님이 그립고 그립습니다.

선생님 덕에 우리가 눈을 뜨게 되었음을 기뻐하고 감사드립니다.

선생님, 존경합니다.

선생님, '사랑방 강좌'가 계속 성장하는 모습 지켜봐 주시옵소서.

2009년 12월 1일
사랑방 강좌 40회 2학기 종강 날에
심경동우회를 대표해서 이정화 올림

김태길 선생님 영전에

선생님, 이 무슨 슬프고 충격적인 소식입니까? 아직 하실 일이 태산같이 많으신데, 선생님께서 벌써 떠나시다니요. 믿기지가 않습니다.

두 달 전부터 선생님의 기력이 조금씩 떨어져 힘들어하시는 줄은 알았지만 저희들은 곧 회복하시리라 믿었습니다. 또 믿고 싶었습니다. 20여 년 넘게 거의 매일 출근하시던 철학문화연구소에 몸이 불편하시어 나오지 못하신 몇 주 동안에도, 저희들은 곧 일어나시리라 믿고 문병이 오히려 회복에 방해가 될까 하여 문병도 미루고 있었습니다. 그런데 그렇게 홀연히 가시다니요.

얼마 전까지만 해도 여러 가지 사회문제를 두고 열띤 토론을 하시던 모습이 눈에 선한데, 이제 어디를 둘러보아도 그 인자하시던 모습을 뵈올 수 없다는 생각을 하니, 가슴 가득 슬픔이 차오릅니다.

선생님은 거의 1세기에 가까운 격동의 시대를 사시면서 좀 더 인간다운 세상을 만들기 위해 신명을 다 바치셨습니다. 그리고 마지막까지 우리 사회의 빛으로, 우리 사회를 성숙한 사회로 가꾸려는 사람들의 중심에 계셨습니다.

선생님께서는 광복 후 우리 사회의 어지러운 현실을 체험하시고, 현실을 바로잡고 개혁하기 위한 청사진을 윤리학에서 찾고자 하지 않으셨습니까. 선생님께서는 우리나라의 현대 윤리학을 학문적으로 정초하셨으며, 규범윤리학에서 분석윤리학까지, 그리고 이론적 탐구에서 현실적 실천까지 광범위한 영역에 걸쳐, 타의 추종을 불허하는 엄청난 업적을 이루었습니다. 대학 시절 저희들이 배운 선생님의 저서 『윤리학』은 지금도 저희들이 대학에서 '윤리학' 강좌의 교재로 사용하고 있습니다. 아마 앞으로도 수십 년간은 그것을 능가할 저서가 나오기 어렵지 않을까 생각됩니다. 선생님께서 서울대학교에서 퇴직하신 후에 학문적 열정을 계속 불태우며 집필하신 『변혁 시대의 사회철학』 또한 『윤리학』과 쌍벽을 이루는 명저로 기억될 것입니다.

선생님께서 저희들에게 끼친 영향은 비단 학문적 배움에 국한되지 않았습니다. 선생님께서는 명민한 지성뿐만 아니라 따뜻한 인정을 겸비한 북극성과 같은 스승이었습니다. 선생님께서는 항상 저희들에게 작은 나의 몸뚱어리에 국한된 협소한 자아에 사로잡히지 말고, 민족과 인류까지도 나 자신으로 여길 수 있는 대자아를 형성해야만 큰 인물이 될 수 있다는 말씀을 하셨습니다. 우리 사회의 문제, 인류의 보편적 문제까지도 나의 문제로 승격시키고 해결을 추구할 수 있어야 진정한 지성인이 될 수 있다고 강조하셨습니다. 그리고 몸소 모범을 보이셨습니다. 그러면서도 저희 제자들 하나하나의 작은 삶의 문제들에까지도 도움을 주기 위해 손수 발 벗고 애쓰시던 그 자상하시던 모습을 저희들이 어찌 잊을 수 있겠습니까.

저는 특히 선생님의 은혜를 너무 많이 입었습니다. 대학 시절 선생님의 강의를 통해 윤리학과 사회철학에 눈을 뜨게 되었으며, 선생님의 가르침에 힘입어 우리 현실의 문제를 저 자신의 철학적 문제로서 다룰 수 있는 능력을 다소나마 갖게 되었습니다. 대학 졸업 후에도 유네스코 한국위원회의 일부터 시작하여 춘천교육대학, 한국학중앙연구원, 철학문화연구소, 성숙한 사회 가꾸기 모임 등 선생님이 관여하시는 곳곳에 저를 추천하고 함께 일하게 하여 저의 성장의 기틀을 마련해 주셨습니다. 지금도 기억에 생생합니다. 한때 한국학중앙연구원 설립 시절 "나는 다른 것은 몰라도 사람 보는 눈 하나는 남에게 뒤떨어지지 않는다."는 말씀을 하시면서 저를 함께 일하던 장군들과 여러 사람들에게 자신에 차서 소개하시던 그 일. 그 후 한국학중앙연구원의 진로 설정을 놓고 권력자들과 힘겨루기를 하면서 국가와 민족의 장래와 학자로서의 본분을 생각하며 함께 몇 달을 고뇌하던 그 시절. 지금은 모든 것이 아름다운 추억이 되었습니다.

많은 사람들이 선생님을 철학자이면서 동시에 수필가로 기억할 것입니다. 선생님의 수필은 정말 많은 사람들의 사랑을 받아 왔으며, 그 사랑은 또 앞으로도 변함없을 것입니다.『흐르지 않는 세월』은 아마도 세월을 뛰어넘어 문학과 철학을 융합하려는 시도의 영원한 모델이 될 것입니다.

저희들은 동시에 선생님을 사회운동가로 기억할 것입니다. 선생님께서는 어렵게 모은 사재를 모두 희사하는 어려운 결단을 내려, 심경문화재단과 철학문화연구소를 창설한 후, 철학의 대중화 운동을 20년이 넘게 실천해 오셨으며, 몇 년 전부터는 고령의 나이에도 불구하고 '성숙한 사회 가꾸기 모임'을 앞장서 이끌어 오셨습니다. 이러한 활동은 저희들에게 깊은 감동을 주었습니다.

선생님께서는 누군가의 선구적인 살신성인의 모범만이 사회개혁의 물꼬를 틀 수 있다고 강조하셨으며, 학문과 삶을 일치시켜야 한다고 말씀하셨습니다. 그뿐만 아니라 선생님께서는 진정한 철학은 현실을 기반으로 전개될 수밖에 없다는 신념을 가지고 계셨습니다. 이런 신념이 없었다면 그토록 치열했던 실천철학이 어찌 가능했겠습니까.

선생님, 이제 누가 있어 저희들에게 나아갈 방향을 제시해 줄 수 있으며, 흔들리는 우리 사회에 무게중심을 잡아주겠습니까. 누가 선생님의 자리를 대신할 수 있겠습니까. 너무나 가슴이 허전합니다.

　선생님은 한 마리 학이었습니다. 고고하면서도 다정다감했던 학은 이제 하늘 높이 날아오르고 말았습니다. 이제 더 이상 그 고고한 자태를 볼 수 없다는 생각에 가슴이 저며 옵니다.

　선생님, 마지막으로 선생님께 자세하게 보고 드리지 못한 일에 관해 말씀드리고자 합니다. 금년 선생님의 구순을 기념하여 선생님의 문하생들이 모여 선생님의 삶과 사상을 조명하는 책을 내기로 한 것은 선생님께서도 알고 계시지 않습니까. 이와 함께 선생님의 귀중한 저서와 논문들이 흩어져 유실되기 전에 전집도 간행하기로 뜻을 모았습니다. 저희들은 선생님의 저술들을 정리하다 광범위한 분야에 걸쳐 논의한 그 방대한 분량의 저술에 다시 한 번 놀랐습니다.

　처음 계획은 철학 저술과 수필집 모두를 함께 묶어 전집을 내려고 했지만, 너무나도 방대하여 1차로 철학 전집만 내기로 하고 수필 전집의 간행은 다음 기회로 미루지 않을 수 없었습니다. 철학 전집만 해도 5백 쪽 분량으로 15권에 이릅니다. 수필 전집의 분량도 이와 비슷할 것으로 생각됩니다. 15권 철학 전집의 출간은 한국 사상계의 한 획을 긋는 기념비적 사건이 될 것입니다.

　선생님 그동안 저희들에게 베풀어주신 가르침에 진심으로 감사드립니다. 선생님의 가르침을 받들고 선생님께서 뿌린 씨앗이 새로운 열매를 맺을 수 있도록 최선을 다해 노력하겠다는 말씀을 선생님 영전에 올립니다.

　선생님께서 자주 저희들에게 천하의 영재들을 제자들로 둔 일은 인생의 크나큰 즐거움이라고 하신 말씀이 기억납니다. 선생님의 기대를 흡족하게 충족시켜 드리지 못한 저희들로서 송구스러운 마음 금할 길이 없었습니다만, 저희들은 선생님을 스승으로 모실 수 있어서 한없이 기뻤으며, 선생님의 제자라는 사실이 너무나 자랑스러웠습니다. 이런 기쁨과 자랑스러움은 저희들이 살아 있는 한 그대로일 것입니다. 선생님은 저희들의 가슴속에 영원히 살아 계실 것입니다.

　선생님, 이제 그 치열했던 삶의 짐을 모두 내려놓으시고, 하늘나라에서 저희들을 지켜봐 주시기 바랍니다. 선생님 감사합니다.

2009년 5월 30일
문하생 이한구 올림

학은 가고 솔만 남아!

　우송 선생님, 이렇게 저희들 곁을 훌쩍 떠나셨다니 정말 믿기지가 않습니다. 수일 전 선생님을 뵈었을 때 병상에서도 저희들을 각기 알아보시고 평소와 다름없이 손을 꼭 잡아주시던 선생님! 조만간 훌훌 털고 일어나실 줄로 믿었건만 그것이 마지막 만남이었다니 너무나 가슴이 아프고 안타깝기 그지없습니다. 이제는 다시 못 뵈올 것이라 생각하니 살아 계실 적에 더 자주 찾아뵙고 정담을 나누지 못한 것이 죄송하고 미안할 따름입니다.

　선생님께서는 겉으로 차가운 듯 근엄하신 외모와는 달리 속내로는 정이 많고 마음이 따뜻한 스승님이셨습니다. 냉철한 머리와 따뜻한 가슴을 함께하신 선생님! 선생님은 언제나 맑고 고결한 한 마리 학과도 같으셨습니다. 우송이라 하여 소나무(松)의 벗(友)으로 불리셨으니 그것은 틀림없이 선비들이 그리도 좋아했던 장수를 누리는 순백의 학이십니다. 그래서 선생님은 항상 송학이 함께하는 장생의 상징이셨거늘 어찌 이리도 선뜻 떠나셨습니까. 학이 떠나버린 빈자리 소나무는 쓸쓸하기만 합니다.

　우송 선생님! 우리 제자들은 지금 큰 스승님을 잃은 상실감과 비통함에 젖어 있습니다만 이제 저희들도 슬퍼만 하기에는 선생님이 남기신 과제가 너무나 많은 듯합니다. 저희 제자들은 선생님이 평생 추구하시고 못 다한 큰 뜻을 받들기 위해 서로 화합하고 힘을 모을 것입니다. 선생님이 계실 때는 그 앞에서 어리광 부리듯 저희들끼리 서로 다투기도 하고 투정을 부리기도 했지만 이제 저희들도 어른이 되어야 하겠습니다.

성숙한 사회 가꾸기, 그리고 철학의 현실화를 통한 현실의 철학화는 선생님이 저희 후학들에게 남기신 영원한 숙제가 아닐 수 없습니다. 선생님이 남기신 큰 뜻과 염원을 가슴 깊이 새기면서 못난 제자들이지만 더 성숙한 세상을 향해 노력을 아끼지 않겠습니다. 하늘에서나마 굽어 살피시고 저희들을 격려하며 지켜주십시오.

선생님, 이제 모든 시름에서 벗어나 평안히 쉬십시오. 하느님의 은총과 축복이 선생님과 유족들에게 듬뿍하시기를 진심으로 기원합니다.

황경식

아버지 영전에 드리는 편지

아버지!

제가 중학교 때, "생신날 어떤 선물을 드릴까요?"라고 여쭈었을 때 "아버지에 대한 글을 하나 써서 줄래?"라고 대답하셨지요. 비록 생신은 아니지만, 그때 아버지께서 원하셨던 선물을 이제야 드리게 됨을 용서하세요.

아버지는 너무나 건강하셔서 이렇게 빨리 가실 줄은 꿈에도 생각하지 못했습니다. 작년 여름에 학술원 회장을 그만두실 때만 하더라도 적어도 5년은 더 사시리라고 생각했지요. 인명은 재천이라고 하더니, 정말 그렇군요. 돌이켜 보면, 아버지와 마지막으로 했던 것들이 하나씩 떠오릅니다. 2007년 어머니께서 무릎 수술로 입원하셨을 때, 제가 어머니 침대에서 아버지와 함께 자면서 아침을 준비해 드린 것이 아버지와 마지막으로 같은 방에서 잔 것이었고, 2008년 8월 만해상을 받으러 백담사에 가셨을 때 제가 따라갔던 것이 아버지와 마지막으로 한 여행이었습니다. 2009년 5월 23일 입원하시기 전에 동네 병원으로 모시고 간 것이 제가 차로 모신 마지막이었고요.

사실 5월 23일에 입원을 하실 때만 해도, 저희는 사태가 심각하게 되리라고 전혀 생각하지 않았습니다. 다만 거동이 불편하셔서 걷는 것이 회복될 때까지 입원을 하셔서 요양을 하시라는 뜻이었는데 무엇이 그리 급하셔서 입원한 지 5일 만에 세상을 뜨셨는지요. 결과적으로는 자식들 고생 안 시키시려고 그러신 것 같아서 너무 송구스럽습니다.

　23일에 간단한 검사를 받으러 동네 병원에 갔다가, 의사 선생님께서 "워낙 고령이시고 거동도 불편하시니 입원을 하시는 것이 좋겠다."는 권유를 하셔서 갑자기 입원을 결정한 것이었습니다. 구급차를 타고 응급실로 가기는 했지만, 구급차를 부른 것도 아버지께서 승용차에 오르내리는 것을 힘들어 하셔서 그런 것이었고, 응급실로 간 것도 그날이 토요일이라 일반 진료가 없었기 때문에 입원을 위한 불가피한 선택이었습니다. 응급실에서 호흡보조기를 착용할 때만 해도 기침 때문에 폐활량이 부족하다고만 여겼으며, 도리어 "응급 환자가 아니니 집으로 가셨다가 월요일에 외래로 오시라"는 말이 나올까 봐 걱정을 하고 있었을 정도였습니다. 그 정도로 저희는 아버지의 건강이 위협을 받고 있다고 생각하지 않았습니다. 병실을 배정받고 오히려 저희는 아버지께서 집보다 조금은 편하게 계실 수 있으리라는 기대에 안도를 했지요. 기침을 조금 하셨지만 곧 완치되리라 믿어 의심치 않았고 다만 어떻게 하면 아버지의 걸음걸이가 예전처럼 돌아올 수 있을까에 대해서만 걱정하고 있었습니다. 마지막이라는 생각을 안 했기에, 친척이나 제자들께도 입원 사실을 적극적으로 알리지 않았으며, 24일에 제 두 딸을 데리고 병실을 찾았을 때도 일상적인 병문안 정도로만 생각했습니다. 특히 고 3인 큰아이에게 "힘내라"고 말씀을 하실 때, 대학생이 된 손녀의 모습을 못 보실 것이라고는 꿈도 꾸지 않았습니다.

상황이 심각하다는 것은 26일 밤에 온 전화에서 느꼈습니다. "앞으로 2-3일이 고비"라는 의사 선생님의 말씀에 깜짝 놀란 누나가 전화를 했고, 자정이 다된 시간에 병실로 달려오면서, 어쩌면 이 고비를 못 넘기실 수도 있겠다는 생각을 처음으로 했습니다. 그날 밤을 무사히 넘기셔서 27일 아침 수업을 위해서 새벽에 집으로 돌아왔다가, 아침 9시경에 병원에서 전화를 받고 다시 병실을 찾을 때는 운전하는 내내 울면서 왔습니다. 이제는 마지막이라는 생각이 들었던 모양입니다. 그날 아침에 한동안 연락이 없었던 제자가 뜬금없이 보내준 문자가 "여호와는 나의 목자시니 내가 부족함이 없으리로다."였던 것도 그날의 앞일을 암시하고 있었나 봅니다.

이렇게 빨리 가실 줄 알았으면 입원하신 중에 물이라도 마음껏 드시게 할 걸 하는 후회가 듭니다. 폐렴기가 있었기에 물을 잘못 마시게 되면 악화될 수 있어서 아버지의 입술과 혀가 가뭄 든 논처럼 갈라지는 상황에서도 물기 있는 수건으로 닦아드리기만 했지요. 물을 달라는 아버지의 요청을 들어드리지 못하고 "의사 선생님이 안 된다고 하셨어요."라고 대답하면 이내 속상한 표정으로 체념을 하셨던 아버지의 얼굴이 떠올라 지금도 죄송스러워서 견딜 수가 없습니다. 요즘도 물을 마실 때마다, 힘들어하시던 아버지의 얼굴을 생각하면 눈물이 납니다.

돌아가시기 3일 전에, 어머니께서 문병을 마치시고 댁으로 돌아가려고 하실 때, 아버지께서 "나도 같이 가."라고 말씀하셨던 것도 가슴 아픈 기억으로 남아 있습니다. 아버지는 평생 입원을 서너 번밖에 안 하셨을 정도로 건강하셨기에 병원이라는 곳이 여러모로 불편하셨겠지요. 15년을 사신 분당 집이 아버지께는 너무나 익숙한 곳이었을 것이고요. 삶과 죽음의 경계선을 오가는 과정에서 낯선 병실의 풍경은 아버지께서 느끼시던 두려움과 외로움을 더욱 크게 했겠네요. 그 때문에 어머니께서 그날 병실을 나오시면서 마음이 무거워서 견디기 어려웠다고 여러 번 말씀하셨습니다.

어쩌면, 저희들과는 달리, 아버지께서는 삶의 마지막 자락을 이미 느끼고 계셨는지도 모르겠습니다. 얼마 전, 제가 박치과에 갔을 때, 아버지께서 마지막으로 그 치과에 방문했던 이야기를 들었습니다. 4월 말경에 치과에서 치료를 받고 나오시면서, 아버지께서 "우리가 알게 된 것이 몇 년이나 되었지요?"라고 의사 선생님께 물으셨더군요. 그 치과는 사당동에 살 때부터 다니다가, 우리가 분당으로 이사 왔을 때 그 치과도 우연히 분당으로 이전을 해서 인연이 매우 깊었던 곳이었지요. 약 25년 이상을 잘 알고 지내던 분께 던진 그 질문 하나에서 의사 선생님은 이것이 마지막임을 직감하셨다고 제게 말씀해 주셨습니다.

아버지라고 왜 그런 느낌이 없으셨겠어요? 누구도 대신할 수 없는, 그리고 누구나 한 번은 실존적으로 대면해야 하는 죽음 앞에서 아버지도 두려움과 외로움을 느끼셨겠지요. 가보지 않은 길을 홀로 가야 한다는 것, 그리고 그 길을 되돌아올 수 없다는 것만큼 고독을 느끼게 하는 일은 없을 것입니다. 그렇게 외로웠을 한 달 동안, 저는 아무런 도움이 되지 못한 것 같아서 지금도 가슴이 아파 옵니다.

덕분에 아버지께서는 하나님을 받아들이셨습니다. 4월 말에 치료를 위해서 5일 정도 입원을 하셨다가 퇴원하시던 날, 집에서 점심을 드시면서 기독교를 받아들이겠다고 하셨을 때 온 가족이 박수를 치면서 기뻐했습니다. 이런 날이 오기는 올까 하면서 반신반의했던 저희들에게 아버지의 그 말씀은, 아버지의 기력이 떨어지기 시작한 이후에 들었던 유일한 희소식이었습니다. 아버지의 영접은 저희에게 주신 가장 큰 선물이었고 가슴 아프게 아버지를 보내드려야 했던 짧은 과정에서도 마음 한구석에 평안을 느끼게 하는 큰 위로였습니다.

마지막으로 입원하시던 23일 아침에 어머니 다니시는 교회의 목사님을 모시고 세례를 받으신 것도 지금 생각해 보면 절묘했습니다. 아직 시간이 많이 남았다고 생각했지만 이왕 이야기가 나온 김에 추진을 하자고 했던 것이었는데 그때가 아니었으면 기회가 없을 뻔했다는 생각이 듭니다. 아버지 돌아가시던 날 아침에도 병실로 목사님을 모시고 예배를 드렸지요. 온 가족이 예배를 드리면서 눈물을 감추느라 애쓰던 그 자리에서 오히려 아버지께서는 평안해 하셨습니다. 그때 이미 아버지는 가야 하는 길이 비록 돌아올 수는 없지만 혼자 가는 길은 아님을 느끼신 것 같았습니다. 그 예배를 드리던 오전이 아버지께서 의식을 잃지 않았던 마지막 시간이었음을 생각하면 비록 짧은 시간이었지만 참으로 알뜰하게 믿고 가셨다는 생각이 듭니다.

아버지의 빈소에는 참으로 많은 분들이 오셨습니다. 일가친척, 철학계를 비롯한 학계의 지인들, 아버지 제자들, 학술원 회원 그리고 수필가들이 다녀가셨습니다. "한국철학회의 학술회의보다 철학자들이 더 많이 왔네."라는 황 선생님의 말씀만 보더라도 아버지의 마지막 가시는 길이 쓸쓸하지는 않았습니다. 빈소에 도착한 화환만 해도 엄청나게 많아서 다 진열을 하기가 어려울 정도였습니다. 이렇게 말씀드리면 대단히 송구스럽지만, 장례 절차를 치르는 3일 동안 정말 끊임없이 찾아오는 조문객을 맞이하며 아버지께서 제가 평소에 생각했던 것보다 훨씬 더 유명한 분이라는 것을 깨달았습니다.

제가 어렸을 때, 아버지께서는 "도식이가 나보다는 훌륭한 사람이 되어야지."라고 여러 번 말씀하셨습니다. 저는 그것을 당연하게 생각했지요. 이렇게 말씀드려도 되는 것인지는 모르겠지만, 어렸을 때 제가 느꼈던 아버지는 그냥 평범한 사람이었습니다. 아마도 제가 사립 초등학교를 다니면서 주변에 부잣집을 많이 볼 수 있었기 때문에 그런 생각을 했는지도 모르겠습니다. 제가 대학에서 전공을 철학으로 선택한 후에야 아버지의 위상이 대단함을 알기 시작했습니다. 철학계에서 아버지 이름 석 자를 말하면 모르는 사람이 없을 정도이니까요. 제가 불혹의 나이를 지난 지금도 '건국대 철학과 교수'보다는 아버지의 아들로 소개되는 경우가 심심치 않게 있을 정도로 아버지의 명성은 대단했습니다. 게다가 이번에 아버지 전집을 준비하면서 평생 쓰신 저서들을 정리하다 보니 학자로서의 아버지는 감히 따라가는 것이 어려울 정도로 많은 업적을 내신 것을 확인했습니다. 그리고 빈소를 찾아오신 각계각층의 분들을 뵙고, 아버지의 명망이 철학계에 한정된 것은 아니었음을 새삼 깨닫게 되었습니다. 하긴, 학술원의 회원이 되는 것만으로도 학자로서는 최고의 영광인데 학술원의 회장을 역임하셨으니 무슨 말이 더 필요하겠습니까?

 어렸을 때는 제가 당연히 아버지보다 나은 사람이 될 수 있다고 생각했지만, 이제는 "내가 과연 아버지보다 일부분이라도 나은 점이 무엇일까?"를 고민해야 하는 상황입니다. 그래도 제가 아버지보다 비교적 자신 있게 낫다고 말할 수 있는 것은 테니스가 아닌가 싶습니다. 초등학교 2학년 때부터 아버지를 따라다니며 옛날 문리대와 의대 코트에서 배우기 시작했지요. 테니스라는 운동은 처음에 시간 투자를 많이 해야 재미를 느낄 수 있기에 많은 사람들이 포기를 하는데, 저는 어린 나이에 무슨 동기로 테니스를 계속하게 되었을까에 대한 질문을 스스로 던진 적이 있습니다. 물론 제가 운동을 좋아하는 편이고 테니스 자체에도 흥미를 느꼈던 것이 사실이지만 무엇보다도 아버지를 따라 테니스를 다녔던 큰 이유 중 하나는 거스름돈 10원이었습니다. 보통 테니스를 마치면 택시를 타고 집에 오는 경우가 많았는데 테니스장에서 집까지는 기본요금 90원 거리여서 백 원짜리 지폐를 내면 거스름돈 10원을 돌려받았습니다. 그 10원을 항상 저에게 주셨습니다. 그 당시 10원이면 작은 돈이 아니어서 삼립빵을 하나 사 먹을 수 있었습니다. 그 거스름돈을 받는 재미가 테니스를 배우는 것만큼 컸던 기억이 납니다. 그래서 요즘도 1970년대에 발행된 10원짜리를 수중에 넣게 되면 기념으로 보관하곤 합니다. 지금의 10원이란 하잘 것 없는 금액이지만 그때 받았던 10원의 거스름돈을 생각하면서 아버지와의 추억을 떠올릴 수 있기 때문이지요.

테니스와 관련된 추억은 여러 가지가 있습니다. 1980년대 중반에 MBC에서 개최한 가족테니스대회에 출전했던 것이 그 중 하나입니다. 여의도 어딘가에 있었던 테니스장에서 열렸는데 저희는 부자(父子) 조로 신청을 했습니다. 선수 출신의 상대를 1회전에 만나서 단 한 경기만을 하고 탈락하기는 했지만 나름 선전을 했고, 그때 기념품으로 받은 티셔츠를 함께 입고 테니스를 즐겼던 기억이 있습니다.

그 이후로도 아버지와 테니스를 함께 했던 날들은 많이 있었습니다. 제가 박사학위를 마치고 돌아온 후에 철학 전공을 하시는 분들이 모여서 1년에 두 번씩 서울교대에서 테니스를 칠 기회가 있었습니다. 때로는 아버지와 한 조가 되어서, 때로는 아버지를 상대로 시합을 했지만 승패와 관계없이 아버지와 함께 운동을 할 수 있다는 것만으로도 충분히 즐거웠습니다. 아버지께서도 테니스를 노년까지 즐기셔서 불과 작년에도 일주일에 한두 번 정도는 테니스를 하셨는데 이렇게 갑자기 세상을 떠나셔서 아버지의 라켓을 볼 때마다 가슴이 저려옵니다.

아버지와의 공통적인 추억을 떠올리라면 아무래도 '철학'이 빠질 수는 없을 것 같습니다. 대학 입학 전까지 아버지께서는 제게 철학이 무엇인지를 설명해 주신 적이 없으셨습니다. 물론 제게 "철학을 해보는 것이 어떠냐?"고 권하신 적도 없었고요. 철학이 무어냐고 몇 번 여쭈어본 적은 있었지만 대학에 들어가면 가르쳐주겠다고만 대답하셨지요. 나중에 들은 이야기지만, 제가 고 3 때 철학이 무엇인지도 모르고 철학과를 지망하겠다고 결정했을 때, 아버지께서는 반가워하셨다고 들었습니다. 아버지의 발자취를 자식이 따라간다는 것은 지금 생각해도 좋은 것 같습니다. 누나들이 전공으로 철학을 선택하지는 않았기에 제가 마지막 보루였는데 다행히 저도 철학에 흥미를 갖게 되어 이렇게 아버지의 길을 따라가고 있습니다.

같은 전공의 아버지를 같은 학교에 둔다는 것은 일장일단이 있습니다. 모르는 것을 쉽게 배울 수 있는 기회가 남들보다는 훨씬 많이 있었던 점은 제게 큰 축복이었습니다. 제가 대학 1학년 때 플라톤의 이데아를 잘 이해할 수 없어서 아버지께 질문을 드렸더니 삼각형을 가지고 아주 쉽게 설명을 해주셨습니다. 그 설명은 제 기억에 너무나 또렷이 남아 있어서 지금 제가 '철학의 이해' 수업에서 플라톤을 설명할 때 삼각형의 이야기로부터 시작을 합니다. 또 남들은 선배들을 쫓아다니면서 알아가야 했던 1학년 1학기의 수강 신청도 저는 아버지의 도움으로 쉽게 과목을 선택할 수 있었습니다. 이젠 저도 교수가 되어 신입생들의 수강 지도를 할 때 설명할 것이 한두 가지가 아님을 몸소 체험하고 있는데 오히려 제가 신입생 때는 아버지 덕분에 그것이 어려운 일인지도 모르고 넘어간 기억이 있습니다.

반면에 단점이라고 하면 제가 느끼게 되는 부담감입니다. 특히 아버지처럼 워낙 지명도가 높으신 경우에는 제 일거수일투족이 저 하나의 문제가 아니라 아버지와도 연결될 수 있다는 점이 저에게는 부담으로 다가왔습니다. 게다가 아버지의 철학적 업적이 워낙 출중하셔서 후학인 제가 도저히 따라가기 어렵다는 점도 제게는 항상 마음의 짐으로 남아 있었던 것 같습니다.

또 하나의 단점이라면, 대학생 때 친구들은 교재를 사면서 거스름 돈을 착복하는 경우가 많았는데 저는 책값을 달라고 하면 아버지가 돈 대신에 책장에서 책을 뽑아 주셨기에 떼어먹을 돈이 생기지 않았던 점입니다. 가장 아쉬웠던 기억은 칸트의 『순수이성비판』을 사야 하는 3학년 때였습니다. 원서 강독을 했기에 독일어판 8천 원짜리를 사면서 친구들은 다 만 원을 받아 2천 원의 수입을 올리고 있을 때, 저는 서재에 있던 아버지의 책을 받아야만 했습니다. 좀 억울한 생각이 들어서 번역본도 필요하다고 했더니 영어책인 스미스(Norman Kemp Smith)의 번역본과 최재희 선생님의 번역본을 함께 주셔서 아무 소리 못하고 받아 온 적이 있었습니다. 그때는 아버지가 철학자라는 것이 좀 원망스럽더군요.

제가 철학과에 진학하게 되면서 생긴 에피소드도 많이 있습니다. 아버지 과목인 윤리학이 2학년 전공필수 과목이었는데 동기들은 아들인 제가 수강생으로 있다는 것이 불만이었습니다. 이유는 아버지께서 수업 시간에 윤리의 상대성을 설명하시면서 귀한 손님이 오면 자신의 부인을 들여보내는 에스키모 종족의 풍습을 이야기하실 때, 저 때문에 선배들의 수업 때보다 서술 방식이 적나라하지 못했다는 것이었습니다. 덕분에 "너만 아니었으면 좀 더 노골적인 내용을 들을 수 있었을 것"이라는 친구들의 질타를 들었던 기억이 있습니다. 또 하나 생각나는 것은, 제 노트 필기가 그리 신통치 않은 편이어서 평소에는 제 노트를 복사하겠다는 친구들이 없었는데 유독 윤리학 노트만큼은 그 안에 무언가 범상치 않은 내용이 있을 것 같다고 느껴졌는지 복사를 하겠다는 친구들이 많이 있었습니다.

제가 수강한 아버지 수업과 관련해서 또 하나 기억에 남는 것은 아버지의 채점이었습니다. 자식의 답안지를 채점해야 하는 상황에서 공정성을 유지하기 위하여 입시 답안지 채점하듯이 이름 부분을 완전히 가리고 채점을 하셨습니다. "제 글씨체를 모르세요?"라고 질문을 드렸더니, "채점해야 하는 전체 분량 중 약 반 정도는 네 글씨체가 아닌 것을 알겠는데, 나머지 반 중에서 어떤 것이 네 답안지인지는 모르겠다."고 대답하셨습니다. 2학년 때 들었던 윤리학은 아들에게 A+를 주시기가 좀 그렇다고 하시면서 제 점수부터 A를 주셨습니다. 다른 일반적인 수업이었으면 A+를 받을 수도 있는 답안지였나 봅니다. 3학년 때 수강한 현대 윤리학은 제 답안지가 최고점인 것을 확인하시고는 "아들이라고 불공평하게 할 수는 없지."라고 하시면서 A+를 주셨습니다. 그때부터 저는 이미 '공정'이 무엇인지를 아버지로부터 배웠던 것 같습니다.

제가 아버지로부터 배운 현대 윤리학은 정년을 앞두신 아버지의 마지막 강의였습니다. 종강을 하시던 날, 기자도 몇 명 강의실 안에 있었고 수업 내용도 이전까지의 내용과 연결되기보다는 윤리학 전반에 대한 아버지의 입장을 표현하셨던 것으로 기억하고 있습니다. 수업을 마치고 박수 소리와 함께 과대표인 학생이 아버지께 꽃다발을 드렸습니다. 아버지께는 말씀을 안 드렸지만 그 꽃은 제가 준비한 것이었습니다. 아버지로서가 아닌 은사로서의 아버지에게 자식이 아닌 제자 도식이가 드렸던 감사의 표시였습니다. 그때 당시에는 너무 생색내는 것 같아서 말씀을 못 드렸고 그 이후에도 쑥스러워서 말씀을 못 드렸는데 결국은 끝내 말씀을 못 드리게 되었네요.

아버지의 전공이 철학이기에 일상에서 아버지를 설득시키려면 저는 논리적이어야 했습니다. 아버지께서 받아들이는 전제를 사용하여 제가 원하는 결론을 도출해야 했지요. 제 철학적 소양은 어쩌면 이런 분위기에서 시작되었을지도 모르겠습니다. 아버지께서 동의하시는 대표적인 전제는 "건강이 중요하다."는 것과 "시간을 아끼기 위해서는 돈을 써도 좋지만 시간과 돈을 함께 쓰는 것은 어리석은 일이다." 등이었습니다. 제가 아버지를 설득해서 구입한 것 중 기억에 나는 것은 대학생 때 했던 렌즈와 유학생 때의 자동차입니다.

저는 중학교 때부터 안경을 착용했는데 아버지께서는 학생이 금테 안경 쓰는 것을 싫어하셨습니다. 저는 뿔테가 싫었지만 아버지를 설득할 명분이 없어서 내내 뿔테를 쓰다가 대학생 때 렌즈를 끼는 것이 안경보다 시력이 덜 나빠진다는 근거로 렌즈를 샀던 기억이 납니다. 저는 렌즈를 사달라고 하면서도 큰 기대를 안 하고 있었는데 시력에 좋다고 말씀을 드리니 바로 사주셨습니다.

유학생 시절에 자동차를 살 때도 저는 논증적이어야 했습니다. 처음에 아버지는 약 3천 달러 정도의 차를 구해보라고 하셨고 저는 마침 동네에서 누가 싸게 내놓은 6천 달러짜리의 차를 사고 싶었습니다. 3천 달러짜리를 유학 마칠 때까지 타면 되팔 때 천 달러 정도를 받을 수 있는 반면 6천 달러짜리는 약 3천 달러를 받을 수 있기에, 6천 달러짜리를 사더라도 궁극적으로 더 들어가는 비용은 천 달러 정도이고 그동안 6천 달러짜리는 3천 달러짜리보다 고장이 덜 날 것이므로 수리비를 절약한다는 측면에서 금전적으로도 큰 손해가 아니면서 고장 때문에 시간과 마음고생을 하는 것까지 고려하면 이익이라는 식으로 설득을 했지요. 덕분에 저는 6천 달러짜리 좋은 중고차를 살 수 있었습니다. 저는, 아버지께서 강조하시던, 철학의 현실 적용을 이미 집안에서부터 충분히 배워온 셈입니다. 덕분에 저는 학문적인 분야뿐 아니라 일상적으로도 논리적이고 합리적인 사고를 할 수 있는 토양을 마련할 수 있었지요.

아버지에 대한 추억은 다 풀어놓기 어려울 정도로 많이 떠오릅니다. 초등학교 때 만리포와 경포대에 놀러갔던 기억, 스카라 극장에서 이소룡 영화를 함께 보고 반포에 있는 '준'에서 함박스테이크를 먹었던 일, 어렸을 때 무슨 장난감을 사달라고 했다가 허락받지 못하고 속상해 했던 일, 초등학교 3학년 때 팔을 다쳐서 열한 바늘을 꿰맨 후 아버지께 혼나지 않을까 두려워하고 있는데 막상 아버지는 제 걱정을 해주신 일, 제 첫사랑에게 꽃봉투의 편지가 배달되었을 때 아버지께 들킬까 봐 걱정하고 있었는데 의외로 아버지는 어떻게 아셨는지 데이트하라고 용돈을 더 주신 일. 이 모든 일에 대한 회상을 다 하려면 밤을 새워도 모자랄 것입니다.

사실 아버지께서 이렇게 갑작스럽게 떠나시지 않았다면, 어렸을 때부터 지금까지 아버지와 있었던 일들을 돌아보며 이런 이야기들을 아버지와 나누고 싶었습니다. 그때 아버지께서 어떤 마음으로 이런저런 결정을 하셨는지, 그 당시 제 마음은 어떠했는지 등을 얘기하고 싶었습니다. 하지만 아버지께서 너무 급하게 가셔서 결국 제가 드리고 싶었던 말들을 다 못하고 보내드렸습니다. 보내는 마음에 아쉬움과 회한이 없지는 않지만 그래도 천상에서 다시 만날 것이기에 그때 하고 싶은 이야기를 마저 하기로 하고 편안한 마음으로 아버지를 보내드리려고 합니다.

아버지!

낳아주시고, 길러주시고, 많은 추억을 함께하게 해주셔서 정말로 감사합니다. 앞으로도 아버지 명예에 흠이 가지 않는 자식이 되도록 노력하겠습니다. 그럼 천국에서 다시 뵐 그날까지 편히 쉬시기를 기도드립니다.

아들 김도식 올림

[필자]

이명현 _ 서울대 명예교수/전 교육부장관
고봉진 _ 민영통신사 '뉴시스' 상임고문/수필문우회 부회장
김경동 _ KDI국제정책대학원 초빙교수/대한민국학술원 회원
김광수 _ 전 한신대 철학과 교수
김도식 _ 건국대 철학과 교수
김영진 _ 인하대 명예교수
박영식 _ 전 교육부장관/대한민국학술원 부회장
박이문 _ 시몬스 대학 및 포항공대 명예교수
서승덕 _ 전 경북대 전임강사
손봉호 _ 고신대 명예교수
송상용 _ 한림대 명예교수/한국과학기술한림원 원로회원
송영배 _ 서울대 명예교수
신영무 _ 법무법인 세종 대표변호사
엄정식 _ 서강대 명예교수
오병남 _ 서울대 명예교수/대한민국학술원 회원
우애령 _ 소설가
이영호 _ 성균관대 명예교수
이정화 _ 동국대 명예교수
이한구 _ 성균관대 철학과 교수
정대현 _ 이화여대 명예교수
정명환 _ 전 서울대 교수/대한민국학술원 회원
황경식 _ 서울대 철학과 교수

우송 김태길 선생의 삶과 사상

지은이	이명현 외

1판 1쇄 인쇄 2010년 5월 20일
1판 1쇄 발행 2010년 5월 25일

발행처	철학과현실사
발행인	전춘호

등록번호	제1-583호
등록일자	1987년 12월 15일

서울특별시 종로구 동숭동 1-45
전화번호 579-5908
팩시밀리 572-2830

ISBN 978-89-7775-722-6 93100
값 15,000원

• 잘못된 책은 교환해 드립니다.